# 实用口才训练

## 第二版

主编　张静　周久云

好口才成就个人魅力
好口才帮你心想事成
好口才助你事业成功

東華大學出版社
·上海·

## 内容提要

本书采用模块化编排体系，注重运用任务驱动、项目教学等方法设计训练目标与内容，突出技能训练方式、方法的指导。书中依次介绍了普通话训练、口语表达基础训练和朗诵综合训练的方法，分别讲解了演讲、论辩、交际、求职、行业等几个专题的口才训练技巧，并根据训练目标设计相应的情境模拟练习予以强化。本书既可作为高职高专相关专业的教材使用，也可让感兴趣的人士根据自身实际需要有针对性地组合训练，掌握相关训练科目的语言技巧，拥有相应的口语表达能力与语言应变能力。

**图书在版编目(CIP)数据**

实用口才训练/张静，周久云主编．—2版．—上海：东华大学出版社，2016.5

ISBN 978-7-5669-1054-7

Ⅰ．实…　Ⅱ．①张…　②周…　Ⅲ．口才学　Ⅳ．H019

中国版本图书馆CIP数据核字(2016)第105481号

**责任编辑**　杜燕峰

**封面设计**　闫少石　魏依东

**实用口才训练(第二版)**　　张　静　周久云　主编

东华大学出版社出版　　上海市延安西路1882号

新华书店上海发行所发行　　句容市排印厂印刷

开本：720 mm×1 000 mm　1/16　印张：19　字数：342千字

2016年5月第2版　　2021年1月第4次印刷

ISBN 978-7-5669-1054-7　　定价：36.00元

# 前言

美国口才教育专家戴尔·卡耐基曾说:“一个人的成功,15%取决于知识和技术,85%取决于沟通——发表自己意见的能力和激发他人热忱的能力。”在当今这个高速发展的信息时代,随着传播手段的日益现代化,社会竞争的日趋激烈,口才作为现代人才必备的素质和能力,日益显现出举足轻重的作用。口才训练也受到越来越多的院校重视,被列为必修或选修课。

《实用口才训练》是一本内容紧密结合教学,训练针对学习实际,重在培养口语能力的教材。编写中本着求实创新、因材施教的原则,坚持“结构模块化,技能系统化,内容弹性化,训练层次化”的指导思想,采用模块化编排体系,注重运用任务驱动、项目教学等方法设计训练目标与内容,并根据训练目标设计相应的情境模拟练习,使学习者通过训练掌握相应的语言技巧,具有专业所需的口语表达能力,具备一定的语言应变能力。

全书由绪论和七个模块组成,由周久云(绪论、模块一之项目3、模块二之项目2至4、模块四之项目1至3、模块六、模块七之项目1)、张静(模块一之项目1至2、模块二之项目1、模块三、模块五、模块七之项目2)、关山(模块一之项目4、模块二之项目5、模块四之项目4、模块七之项目5)、曹国钰(模块七之项目3、孙群伟(模块七之项目4)编写。全书由张静统稿,周久云审定。

本书在编写过程中,参考了大量的文献与资料,在此谨向已注明和未注明的专著、报刊与文章的编著者表示诚挚的感谢。

由于教材涉及面广,编者学识水平有限,书中难免有错误和疏漏,恳请专家、同行及广大读者在使用中予以批评指正。

编　者

2016年2月

# 目 录

# 绪　论

# 实用口才训练总述

## 学习目标

1. 理解掌握口才的含义。
2. 了解口才的功能、应具备的能力和衡量的标准。
3. 理解口才训练的意义。
4. 明确口才训练的目标。

## 学习任务

口才概述

口才训练

从古埃及、古罗马到现在的欧美各国，他们一直把口才当作一门学问来对待并对它进行深入的研究。早在第二次世界大战期间，美国人就把“口才、金钱和原子弹”看作是赖以在世界上生存和竞争的三大法宝。如今虽然“电脑”代替了“原子弹”，但是“口才”仍居三大法宝之首。

## 一、口才概述

### （一）口才的含义

口才指口语表达能力，即善于用口语准确、生动地表达自己的思想感情的一种能力。换言之，口才就是说话的才能，指在某种场合，面对众多听众，在准备不充分或完全没有准备的情况下，表达正确，条理清楚，巧妙有趣，也就是人们常讲的“会说话”。

**范例** 有一次，周恩来总理在京举行记者招待会，当介绍我国经济建设的成就及对外方针之后，一位西方记者提问道：“请问，中国人民银行有多少资金？”这实际上是讥笑我国贫穷。周恩来风趣地回答：“中国人民银行货币资金嘛，有十八元八角八分。”这一回答，全场愕然，场内鸦雀无声，静听他细作解释：“中国人民银行发行面额为十元、五元、二元、一元、五角、二角、一角、五分、二分、一分的十种主辅币人民币，合计为十八元八角八分。中国人民银行是由全中国人民当家作主的金融机构，有全国人民作后盾，信用卓著，实力雄厚，它所发行的货币，是世界上最有信誉的一种货币，在国际上享有盛誉。”一番话，语惊四座，激起了场内听众的热烈掌声。

美国前总统尼克松曾说，周恩来在谈话中有四个特点：“精力充沛，准备充分，谈判中显示出高超的技巧，在压力下表现得泰然自若。”周恩来的口才蜚声海内外，他应变机敏，气魄非凡，言辞犀利，柔中有刚，就连敌手在震慑畏惧之后，也情不自禁地露出赞叹之词。

### （二）口才的功能

1. 表白功能。口才主要是传达说话人的信息与感受。如自我介绍、赞美他人等。

2. 认识功能。发话人又是自己的受话人，这是一种内部言语，或称作思维活动；有时要预想指望得到的反馈，预测受话人的反应。如政治演讲、谈心等。

3. 人际功能。在口语活动中，可以确立角色地位，建立和保持人际关系。

如见面时的寒暄、日常聊天等。

4. 信息功能。通常被视为口才最重要的功能，可以沟通理性信息，改变受话人的认识状况。如学术演讲、商务谈判等。

5. 指令功能。口才可以影响受话人行为。如教师授课、导游解说等。

6. 执行功能。口才可以改变受话人的状况。如主持授奖仪式、法庭宣判等。

7. 情感功能。口才可以影响受话人的情绪，打动观众或读者。如即兴演讲、商品营销等。

8. 美感功能。可以利用恰当的修辞手法，巧妙的安排，悦耳的韵律，严密的逻辑及鲜明的过渡，引人入胜，使人得到美的享受。如诗文朗诵、命题演讲等。

### （三）口才应具备的能力

1. 思维能力。口才施展的根本，指说话时思路清晰，概括能力强，逻辑推理严密。思维能力的强弱与口才好坏成正比。

2. 表达能力。是指将内部语言迅速转化为外部语言的能力。具体来说，表达能力就是按照思维所设定的说什么和怎么说，先说什么和后说什么，哪些详说和哪些略说，用什么观点和材料，迅速组合语言，使其符合条理性、得体性要求的一种能力。

3. 修辞能力。是指说话时能正确、恰当地选择词语，善于运用比喻、借代、双关、设问、排比、对偶等修辞方法的能力。善用修辞的说话者，总是娴熟地驾驭自己的语言，把抽象的事物具体化，深奥的道理浅显化，从而绘声绘色地表达自己的思想，达到启发、影响听众的目的。

4. 表演能力。是指说话者对自己的发声技巧、眼神、表情、手势、体姿等的综合运用能力。

5. 交际能力。是指在人际交往中，对语境、对象的分析和适应能力。交际是否成功取决于在语言运用过程中事先对人际关系的把握。

6. 应变能力。是指说话者针对具体交流情景中出现的各种因素，灵活、恰当、迅速地调整谈话内容，快速处理语言交流中出现的各种意外情况的能力。迅速应变可以将言谈中出现的意外情况“化险为夷”，使自己免于尴尬的处境。

7. 记忆能力。是指一个人记住事物形象或事情经过的能力。说话离不开记忆力，有了较强的记忆能力，说话才能思维敏捷，文思泉涌。

8. 写作能力。演讲、报告、教学等都离不开写作文稿，只有文稿写得“精”，口语表达才能“妙”。

### （四）好口才的标准

1. 适人。是指说话人能根据不同的社交谈话对象，采用不同的谈话方式。

2. 适位。是指说话人能根据自己的身份，确定自己站在哪个角度、说些什么，以及怎样说。

3. 适时。是指说话人在该说时说，在该止处止。

4. 适量。是指说话人懂得适可而止，绝不滔滔不绝而一发不可收拾。

5. 适度。是指说话人能根据不同的对象把握言谈的深浅度，根据不同场合把握言谈的得体度，根据自己的身份把握言谈的分寸度，给听者留下有礼节、有教养、有学识的印象。

## 二、口才训练

### （一）口才训练的意义

在现实生活中，我们经常见到这样的情形：有的人在熟人面前能说会道，而一旦遇到陌生的客人，就找不到谈论的话题，金口难开；有的人平时"侃大山"，眉飞色舞，情趣盎然，可参加正式谈判，变得木讷愚钝，出言拘谨；有的人台下谈锋尚健，可一旦走上台来却又面红耳赤，舌头发硬，不知所云等。有些人把口才看作是"嘴巴上"的"功夫"，希望能够找到出口成章、力排众议的窍门；有些人甚至艳羡那些嘴巴会"耍把戏"的人，无论遇到什么场合，都能口若悬河，天南地北，滔滔不绝，甚至在是非之争中，明明理亏心虚，却能像"变戏法"一般，凭着"三寸不烂之舌""起死回生"，让本来有理的一方莫名其妙地变得瞠目结舌，有口难辩……

我们每个人都希望自己在众人面前可以做到：演讲时滔滔不绝，口若悬河；回答问题时，有条不紊，对答如流；进行辩论时，一针见血，针锋相对；与人交谈时，善谈、善赞、善劝、善评，给人以亲切感，并令人赞赏。因此，有步骤、有目的地加强口才训练，应当成为每个人的必修课。下面几点更说明了口才的重要性：

1. 口才训练符合社会发展的需要。今天，人类已进入信息时代，现代通讯传输手段日益发达，社会信息量日益增加，口才的作用日显重要。上至国家元首，下至平民百姓，一个人无论从事何种工作，都离不开口才。因此，进行口才训练，培养良好的口才，正是为了适应社会发展的需要。

2. 口才训练是开发综合智能的需要。口才是一个人综合能力的体现。那些腹中空虚的胡扯瞎吹，浅薄庸俗的油嘴滑舌，枯燥空洞的陈词滥调绝非口才。口才，不仅是口语表达能力，而且需要以丰富的知识、敏捷的思维、高度的概括、严密的分析论证和对事物的真知灼见为根基。人的学识愈广，自身素质愈高，口才就愈有了扎实可靠的根基。正所谓“慧于心而秀于言”。同时，我们要具备良好口才的意识愈强烈，愈会促使我们处处留心，广泛涉猎，像海绵一样，汲取和储备各方面的知识和信息。因此，口才训练并不是一种单纯的口语表达训练，而应当成为一种综合智能的开发训练。

3. 口才训练是培养开拓型人才的需要。口才是开拓型人才必备的一种才能。“是人才未必有口才，有口才者必定是人才”。现代人才学主张把口才作为选拔人才的一个重要条件，“茶壶煮饺子”的人才，做一些具体工作尚可，要想干出一番惊天动地的伟业却实在困难。因此，口才应成为我们培养人才的一个重要手段。

4. 口才训练是培养和建立自信心的有效途径。良好的口才，可以使一个人的才华得到更充分的展示。长期坚持口才训练，可以不断改变一个人的心理状态。要想使一个人具备积极、健康、向上的心态，最有效的途径是去做想做而不敢做的事情，把羞于、怯于自我表现变为敢于、乐于自我表现。

### （二）口才训练的目标

1. 练普通话。普通话是口语交流的前提。学练普通话，要掌握基本的现代汉语语音知识，克服方言，掌握正确的发音、发声技巧，经过练习，能够将普通话讲得较为准确、流利。

2. 练心理。心理素质是口语表达的条件，只有具备良好的心理素质，才能在大庭广众之下，无论面对什么情况，都能大胆从容地表达自己的思想。

3. 练思维。口语传达的是人的思想，口才训练同时也需对思维进行训练，要求思维有一定的敏捷度、清晰度和深度。为适应知识经济时代的需要，特别要培养创新思维能力，使训练者做到既能思又会想。

4. 练态势。在口语表达的同时，人们往往还会使用一定的形体语言，即态势语言。通过态势语训练，可以帮助人们更好地表情达意。

5. 练朗诵。朗诵是口语表达的基础，它是建立在朗读基础之上的一种口语表达形式。一般要求脱稿、感情表达得体、态势大方、能运用一定的声音技巧，做到声情并茂、富有美感。

6. 练演讲。演讲要以讲为主，辅之以演。演讲内容要观点鲜明、材料典型、结构清楚，注意做到与听众在思想与情感方面相互认同，注意演讲者的声音、语言、形象、表演、时空构成上的综合展现。

7. 练论辩。论辩是口语表达的高级形式。论辩双方就同一话题，运用准确的语言、严密的逻辑，针锋相对地立论与驳论，辨明是非、曲直与利弊。

8. 练交谈。交谈是口语表达中最富个性色彩的形式，交谈双方互为信息传播的主客体。交谈时要把握对方心理，做到主题鲜明、条理清楚、内容简明、气氛融洽、从容不迫、不卑不亢。

此外，口才训练的内容涉及语言学、语音学、逻辑学、心理学、美学、行为学等多种学科，因此，在掌握一定语言表达技巧的基础上，平时还要注重学习和掌握相关学科的知识，全方位提高自身的整体素质和各种能力。只有这样，才能达到使自己既是“人才”又有“口才”的总目标。

## 强化训练

**【训练要求】**

严格按照各项练习的具体要求进行，明确训练目标与意义。

**【训练指导】**

教师要引导学生充分认识口才训练的意义，端正训练的态度，组织以学习小组或同桌为单位进行训练，并适时进行点评。

学生要结合自身实际，认真进行准备与练习。

**训练一** **结合具体实例，谈谈对下列说法的认识与理解。**

1. “口才”训练，就是练“耍嘴皮的功夫”。
2. “一言可以兴邦，一言可以误国”。
3. “一人之辩，重于九鼎之宝；三寸不烂之舌，强于百万之师”。
4. “是人才未必有口才，有口才者必定是人才”。
5. “知识就是力量，口才就是资本。”

**训练二** **分析评价自己目前的口才状况，结合本门课程，制定具体的学习目标。**

**训练三** **登台进行“一分钟狂想”。**

**模块一**

# 普通话训练

## 学习目标

1. 了解《汉语拼音方案》，掌握普通话发音部位和基本要求。
2. 了解普通话声母的发音方法，通过训练能够准确地发音与辨音。
3. 了解普通话韵母的发音方法，通过训练能够准确地发音与辨音。
4. 了解普通话的四声，通过训练能够读准四声。
5. 了解变调、轻声、儿化等语流音变的基本规律，通过训练能够准确认读。

## 核心能力

1. 通过训练掌握普通话声母发音与辨音。
2. 通过训练掌握普通话韵母发音与辨音。
3. 通过训练能够读准普通话的四声。

## 学习任务

- 项目1 普通话语音训练基础
  - 汉语拼音方案
  - 普通话发音部位
  - 语音训练基本要求
- 项目2 普通话声母训练
  - 普通话声母发音
  - 普通话声母辨正
- 项目3 普通话韵母训练
  - 普通话韵母发音
  - 普通话韵母辨析
- 项目4 普通话声调及语流音变训练
  - 普通话声调
  - 普通话语流音变

# 项目1 普通话语音训练基础

普通话是以北京语音为标准音、以北方话为基础方言、以典范的现代白话文著作为语法规范的现代汉民族共同语。同时，普通话也是联合国六种工作语言之一。1955年，在第一次全国文字改革会议上正式规定汉民族的共同语为“普通话”。2000年10月31日，第九届全国人民代表大会常务委员会第十八次会议通过的《中华人民共和国国家通用语言文字法》第十九条规定：“凡以普通话作为工作语言的岗位，其工作人员应当具备说普通话的能力。”因此，说好普通话，既是口语交际的需要，也是现代经济和社会发展的需要，更是一个现代中国公民应具备的基本素质之一。

## 一、汉语拼音方案

汉语拼音方案是采用国际通用的拉丁字母，采用音素化的音节结构拼写以北京语音为标准音的普通话的一种方案。它是中华人民共和国法定的拼音方案，是世界文献工作中拼写有关中国的专用名词和词语的国际标准。1958年2月11日，第一届全国人民代表大会第五次会议正式通过并批准公布推行。

汉语拼音方案的主要用处是给汉字注音，作为推广普通话的工具。此外，汉语拼音方案还可以用来作为我国各少数民族创制和改革文字的共同基础，用来帮助外国人学汉语，用来音译人名、地名和科学术语，以及用来编制索引和代号等。

汉语拼音方案由五部分组成：

### (一) 字母表

| | | | | | | | |
|---|---|---|---|---|---|---|---|
| 字母 | Aa | Bb | Cc | Dd | Ee | Ff | Gg |
| 名称 | ㄚ | ㄅㄝ | ㄘㄝ | ㄉㄝ | ㄜ | ㄝㄈ | ㄍㄝ |
| | Hh | Ii | Jj | Kk | Ll | Mm | Nn |
| | ㄏㄚ | ㄧ | ㄐㄧㄝ | ㄎㄝ | ㄝㄌ | ㄝㄇ | ㄋㄝ |
| | Oo | Pp | Qq | Rr | Ss | Tt | |
| | ㄛ | ㄆㄝ | ㄑㄧㄡ | ㄚㄦ | ㄝㄙ | ㄊㄝ | |
| | Uu | Vv | Ww | Xx | Yy | Zz | |
| | ㄨ | ㄪㄝ | ㄨㄚ | ㄒㄧ | ㄧㄚ | ㄗㄝ | |

V 只用来拼写外来语、少数民族语言和方言。
字母的手写体依照拉丁字母的一般书写习惯。

(二) 声母表

| b | p | m | f | d | t | n | l |
|---|---|---|---|---|---|---|---|
| ㄅ玻 | ㄆ坡 | ㄇ摸 | ㄈ佛 | ㄉ得 | ㄊ特 | ㄋ讷 | ㄌ勒 |
| g | k | h | | j | q | x | |
| ㄍ哥 | ㄎ科 | ㄏ喝 | | ㄐ基 | ㄑ欺 | ㄒ希 | |
| zh | ch | sh | r | z | c | s | |
| ㄓ知 | ㄔ蚩 | ㄕ诗 | ㄖ日 | ㄗ资 | ㄘ雌 | ㄙ思 | |

在给汉字注音的时候，为了使拼式简短，zh、ch、sh 可以省作 ẑ、ĉ、ŝ。

(三) 韵母表

| | i<br>ㄧ　衣 | u<br>ㄨ　乌 | ü<br>ㄩ　迂 |
|---|---|---|---|
| a<br>ㄚ　啊 | ia<br>ㄧㄚ　呀 | ua<br>ㄨㄚ　蛙 | |
| o<br>ㄛ　喔 | | uo<br>ㄨㄛ　窝 | |
| e<br>ㄜ　鹅 | ie<br>ㄧㄝ　耶 | | üe<br>ㄩㄝ　约 |
| ai<br>ㄞ　哀 | | uai<br>ㄨㄞ　歪 | |
| ei<br>ㄟ　欸 | | uei<br>ㄨㄟ　威 | |
| ao<br>ㄠ　熬 | iao<br>ㄧㄠ　腰 | | |
| ou<br>ㄡ　欧 | iou<br>ㄧㄡ　忧 | | |
| an<br>ㄢ　安 | ian<br>ㄧㄢ　烟 | uan<br>ㄨㄢ　弯 | üan<br>ㄩㄢ　冤 |
| en<br>ㄣ　恩 | in<br>ㄧㄣ　因 | uen<br>ㄨㄣ　温 | ün<br>ㄩㄣ　晕 |

（续 表）

| | | | |
|---|---|---|---|
| ang<br>ㄤ 昂 | iang<br>ㄧㄤ 央 | uang<br>ㄨㄤ 汪 | |
| eng<br>ㄥ亨的韵母 | ing<br>ㄧㄥ 英 | ueng<br>ㄨㄥ 翁 | |
| ong<br>（ㄨㄥ）轰的韵母 | iong<br>ㄩㄥ 雍 | | |

（1）“知、蚩、诗、日、资、雌、思”等七个音节的韵母用 i，即知、蚩、诗、日、资、雌、思等字拼作 zhi，chi，shi，ri，zi，ci，si。

（2）韵母儿写成 er，用作韵尾的时候写成 r。例如：“儿童”拼作 er tong，“花儿”拼作 huar。

（3）韵母ㄝ单用的时候写成 ê。

（4）i 行的韵母，前面没有声母的时候，写成 yi（衣），ya（呀），yao（腰），you（忧），yan（烟），yin（因），yang（央），ying（英），yong（雍）。

u 行的韵母，前面没有声母的时候，写成 wu（乌），wa（蛙），wo（窝），wai（歪），wei（威），wan（弯），wen（温），wang（汪），weng（翁）。

ü 行的韵母，前面没有声母的时候，写成 yu（迂），yue（约），yuan（冤），yun（晕）；ü 上的两点省略。

ü 行的韵母跟声母 j，q，x 拼的时候，写成 ju（居），qu（区），xu（虚），ü 上的两点也省略；但是跟声母 n、l 拼的时候，仍然写成 nü（女），lü（吕）。

（5）iou，uei，uen 前面加声母的时候，写成 iu，ui，un。例如 niu（牛），gui（归），lun（论）。

（6）在给汉字注音的时候，为了使拼式简短，ng 可以省作 ŋ。

### （四）声调符号

| 阴平 | 阳平 | 上声 | 去声 |
|---|---|---|---|
| ˉ | ˊ | ˇ | ˋ |

声调符号标在音节的主要母音上，轻声不标。例如：

| 妈 mā | 麻 má | 马 mǎ | 骂 mà | 吗 ma |
|---|---|---|---|---|
| （阴平） | （阳平） | （上声） | （去声） | （轻声） |

### （五）隔音符号

a，o，e 开头的音节连接在其他音节后面的时候，如果音节的界限发生混淆，用隔音符号（’）隔开，例如 pi’ao（皮袄）。

## 二、普通话发音部位

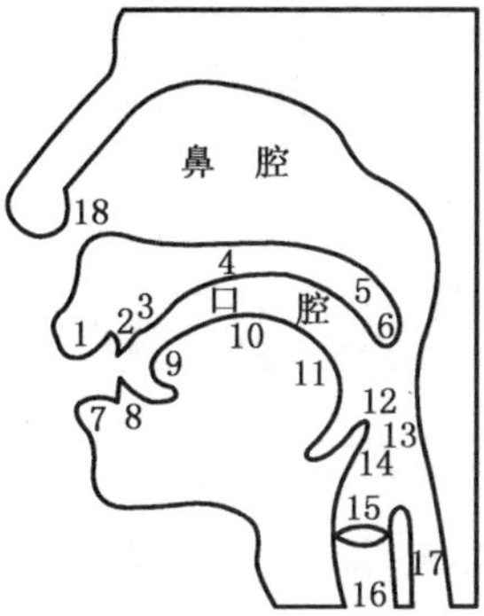


普通话发音部位图

1—上唇　2—上齿　3—上齿龈　4—硬腭　5—软腭　6—小舌
7—下唇　8—下齿　9—舌尖　10—舌面　11—舌根　12—咽头
13—咽壁　14—会厌　15—声带　16—气管　17—食道　18—鼻孔

## 三、语音训练基本要求

### （一）发音准确

发音准确是语音学习最基本的要求。通过学习训练，主要是准确掌握普通话的声母、韵母和声调，准确掌握普通话语音中的基本音节及其各种规律。准确掌握普通话的发音部位，通过练习克服方言中的发音习惯，从而学会用准确、标准的普通话同各种人交流。

### （二）吐字清晰

说话时不但要求说话者发音准确，还要求说话者能够灵活自如地调节自己的发音器官，讲究吐字归音，使发出的声音圆润纯正、饱满而富有弹力。

### （三）声音响亮

在交际过程中，人与人并不总是面对面地进行语言交流的，在有些特定的、有较大空间、面对众人的场合，往往需要说话者发音响亮，才能使在场的每个人自始至终清晰地听到讲话。

(四) 口耳并重

语音训练是以口语训练为主,但也不能忽视练耳,即练习耳朵对语音的听辨能力。因为有了较高的对语音的听辨能力,就可以更好地指导自己正确地发音,纠正自己的错误发音,从而提高自己普通话语音的准确性。

## 强化训练

**【训练要求】**

严格按照各项练习的具体要求进行,明确训练目标与意义。

**【训练指导】**

教师要引导学生充分体会到普通话语音训练的重要性,组织以学习小组或同桌为单位进行练习,并适时进行点评。

学生要结合自身实际,认真进行讨论分析与演练总结。

**训练一** **演练分析**。

1. 先将全班学生按照生源地的不同分成若干小组,再请每一组选派两名代表,一名代表用家乡话介绍“家乡美”,另一名代表再“翻译”成普通话,看大家听懂了多少。

2. 以小组为单位,讨论分析学习普通话的意义、重点与方法。

**训练二** **案例分析**。

朗读下面案例中女艺人的回答,讨论分析其原因,并联系实际谈谈对你的启示。

解放前,北京有一位京韵大鼓女艺人,形象俊美,特别是一口洁白而又整齐的牙齿,使人注目。一次,女艺人因事故掉了两颗门牙。应邀赴宴时,她坐在宾客中,尽量避免开口说话。万不得已有人问时,她才这样答话:如“贵姓?”“姓伍。”“多大年纪?”“十五。”“家住哪里?”“保安府。”“干什么工作?”“唱大鼓。”后来,等到这位女艺人的牙齿修配好了,再与人交谈时,对答又变成了这样:“贵姓?”“姓李。”“多大年纪?”“十七。”“家住哪里?”“城西。”“干什么工作?”“唱戏。”

**训练三** **试绘出普通话发音器官简图,并注明各个发音器官的部位**。

# 项目 2
# 普通话声母训练

学习普通话必须兼顾语音、语法、词汇三个方面，而普通话又是相对方言而言的。汉语方言的分歧突出表现在语音方面，不但各大方言区之间的语音系统差别大，就是一个地区、一种方言内部也常在语音方面有明显的差异。可以说，语音差异是造成交际困难的主要原因。所以，学习普通话的关键是学习以北京语音为标准的标准音，学习语音必须专注地通过口、耳的训练才能学好。

## 一、普通话声母发音

普通话共有 21 个声母，声母处于音节的首位。根据其发音部位的不同，声母可以分为七大类：双唇音、唇齿音、舌尖前音、舌尖中音、舌尖后音、舌面音和舌根音。根据其发音方法的不同，声母又可分为五大类：塞音、塞擦音、擦音、鼻音和边音。

### （一）双唇音

双唇音是指发音时双唇阻塞而形成的音，有 b、p、m 三个。

b　双唇闭合，软腭上升，堵住鼻腔通路，声带不颤动，较弱的气流冲破双唇阻碍，迸裂而出爆发成音。

p　发音与 b 相近，只是发音时有一股较强的气流冲开双唇。

m　双唇闭合，软腭下降，气流颤动声带并从鼻腔流出。

**范例**

| | | | | |
|---|---|---|---|---|
| bǎibān<br>百般 | bèibāo<br>背包 | biànbié<br>辨别 | biǎobái<br>表白 | bīngbáo<br>冰雹 |
| péngpài<br>澎湃 | pīpàn<br>批判 | piānpáng<br>偏旁 | pǐpèi<br>匹配 | pīnpán<br>拼盘 |
| mámù<br>麻木 | máimò<br>埋没 | měimiào<br>美妙 | mímàn<br>弥漫 | mìngmíng<br>命名 |

### （二）唇齿音

唇齿音是指发音时下唇接近上齿而形成的音，只有 f 一个。

f 下唇接近上齿，形成窄缝，气流从唇齿间摩擦而出，声带不颤动。

**范例**

| | | | | |
|---|---|---|---|---|
| fāfèn<br>发奋 | fāngfǎ<br>方法 | fēngfù<br>丰富 | fēifán<br>非凡 | fūfù<br>夫妇 |

(三) 舌尖前音

舌尖前音是指发音时舌尖抵住或接近上齿背而形成的音，有 z、c、s 三个。

z 舌尖平伸抵住上齿背，气流冲开一条窄缝摩擦而成，声带不颤动。

c 发音时与 z 相近，只是发音时气流较强。

s 舌尖接近上齿背，气流从窄缝中摩擦而出，声带不颤动。

**范例**

| | | | | |
|---|---|---|---|---|
| zàizào<br>再造 | zāngzì<br>脏字 | zōngzú<br>宗族 | zuìzé<br>罪责 | zǒuzú<br>走卒 |
| cāicè<br>猜测 | cáncún<br>残存 | cōngcuì<br>葱翠 | cūcāo<br>粗糙 | cóngcǐ<br>从此 |
| sèsè<br>瑟瑟 | sīsuǒ<br>思索 | sǎsǎo<br>洒扫 | sìsàn<br>四散 | sùsòng<br>诉讼 |

(四) 舌尖中音

舌尖中音是指发音时舌尖抵住上齿龈而形成的音，有 d、t、n、l 四个。

d 舌尖抵住上齿龈，软腭上升，堵塞鼻腔通路，较弱的气流冲破舌尖的阻碍，迸裂而出，爆发成音，声带不颤动。

t 发音与 d 相似，只是发 t 时气流较强。

n 舌尖抵住上齿龈，软腭下降，打开鼻腔通路，气流振动声带，从鼻腔通过。

l 舌尖抵住上齿龈，软腭上升，堵塞鼻腔通路，气流振动声带，从舌头两边通过。

**范例**

| | | | | |
|---|---|---|---|---|
| dàdù<br>大度 | dǎodiàn<br>导电 | dòngdàng<br>动荡 | děngdài<br>等待 | dìngduó<br>定夺 |
| táotài<br>淘汰 | tāntú<br>贪图 | tuántǐ<br>团体 | tuītuō<br>推托 | téngtòng<br>疼痛 |

| | | | | |
|---|---|---|---|---|
| niúnǎi<br>牛奶 | nánnán<br>喃喃 | nǎonù<br>恼怒 | niǔní<br>忸怩 | nínìng<br>泥泞 |
| láilín<br>来临 | lánlù<br>拦路 | lěngluò<br>冷落 | lǐlùn<br>理论 | liáoliàng<br>嘹亮 |

(五) 舌尖后音

舌尖后音是指发音时舌尖上翘，抵住或接近硬腭前部而形成的音，有 zh、ch、sh、r 四个。

zh 舌尖上翘，抵住硬腭前部，软腭上升，堵塞鼻腔通路，声带不颤动，较弱的气流把阻碍冲开一条窄缝，摩擦而出。

ch 发音与 zh 相近，只是发 ch 时气流较强。

sh 舌尖上翘接近硬腭前部，留出窄缝，气流从中挤出，摩擦成音，声带不颤动。

r 发音与 sh 相近，只是发 r 时声带颤动。

**范例**

| | | | | |
|---|---|---|---|---|
| zhuāngzhòng<br>庄重 | zhǎnzhuǎn<br>辗转 | zhōuzhé<br>周折 | zhēnzhū<br>珍珠 | zhèngzhì<br>政治 |
| cháchuī<br>茶炊 | chāochǎn<br>超产 | chángchéng<br>长城 | chūncháo<br>春潮 | chūchuàng<br>初创 |
| shǎnshuò<br>闪烁 | shāngshén<br>伤神 | shèshǒu<br>射手 | shǐshī<br>史诗 | shúshuì<br>熟睡 |
| rǎnrǎn<br>冉冉 | ruǎnruò<br>软弱 | rěnràng<br>忍让 | réngrán<br>仍然 | rúruò<br>如若 |

(六) 舌面音

舌面音是指发音时舌面前部抵住或接近硬腭前部而形成的音，有 j、q、x 三个。

j 舌面前部抵住硬腭前部，软腭上升，堵塞鼻腔通路，声带不颤动，较弱的气流把阻碍冲开，形成一条窄缝，摩擦而出。

q 发音与 j 相似，只是发 q 时气流较强。

x 舌面前部接近硬腭前部，留出窄缝，软腭上升，堵塞鼻腔通路，声带不颤动，气流从窄缝中挤出，摩擦成声。

**范例**

| | | | | |
|---|---|---|---|---|
| jījí<br>积极 | jiānjìn<br>监禁 | juéjù<br>绝句 | jùnjié<br>俊杰 | jìngjiè<br>境界 |

| | | | | |
|---|---|---|---|---|
| qǐqiú<br>企求 | qiàqiǎo<br>恰巧 | qínqiāng<br>秦腔 | qiūqiān<br>秋千 | qīnqiè<br>亲切 |
| xiāoxián<br>消闲 | xīngxiù<br>星宿 | xiàoxùn<br>校训 | xíngxiàng<br>形象 | xuéxí<br>学习 |

(七) 舌根音

舌根音是指发音时舌根抵住或接近软腭而形成的音，有 g、k、h 三个。

g　舌根抵住软腭，软腭后部上升，堵塞鼻腔通路，声带不颤动，较弱的气流冲破舌根阻碍，爆破成音。

k　发音与 g 相似，只是发 k 时气流较强。

h　舌根接近软腭形成窄缝，让气流从缝中摩擦而出，声带不颤动。

**范例**

| | | | | |
|---|---|---|---|---|
| gǎigé<br>改革 | gǔgàn<br>骨干 | gǎnguāng<br>感光 | guǎigùn<br>拐棍 | gǒnggù<br>巩固 |
| kǎnkǎn<br>侃侃 | kāngkǎi<br>慷慨 | kāikěn<br>开垦 | kuānkuò<br>宽阔 | kèkǔ<br>刻苦 |
| héhuā<br>荷花 | húnhòu<br>浑厚 | hénghuò<br>横祸 | huānhū<br>欢呼 | huīhuáng<br>辉煌 |

## 二、普通话声母辨正

各地方言的声母同普通话声母不尽相同，造成部分声母相混，而相混地区的人学习声母主要存在两方面的困难，一是读不准音，二是分不清字。为帮助方言区的人更好地学习普通话，将容易混淆的几组声母加以辨析。

(一) 分辨 n 和 l

在汉语方言中，n、l 混读的现象相当普遍。如西南官话的大部分（如成都话、汉口话）、江淮官话的部分地区（如扬州话、南京话）、兰银官话的部分地区（如兰州话）都存在这一现象。南方湘、赣、闽等方言也有大片 n、l 混读的地区，如长沙话常把“南、兰”都说成 nan，南昌话却把“南、兰”都说成 lan。

读准 n、l 这两个音，关键在于控制软腭的升降。因为这两个音都是舌尖抵住上齿龈发的音，不同主要在于有无鼻音，n 是从鼻腔出气，l 是从舌头两边出气。因此，可以用捏鼻孔的方法来辨别练习。捏鼻孔后发音，如果觉得发音困难，而且耳膜有鸣声，就是 n 音；如果发音不困难，而且耳膜无显著鸣声，就是

l 音。

分辨母 n、l 这两个音，关键在分清 n、l 声母的字。其一，借助声旁来类推。例如声旁是“内”的字，声母往往是 n，如“纳、呐、衲、钠、讷”；声旁是“仑”的字，声母往往是 l，如“抡、沦、论、轮、伦、囵、纶”等。其二，不能类推的，可记少丢多。如记住较少的声母是 n 的字“男、女、牛、闹、拗、耐、尿、溺、凝、馁、挠、难、能、弄、拟、年、腻、逆、暖、嫩、碾、粘、孽、娘、酿、拿”等，其他的自然就是声母 l 的字了。

**范例**

| | | |
|---|---|---|
| liúliàn 留恋 —— liúniàn 留念 | nǚkè 女客 —— lǚkè 旅客 | nóngnóng 浓浓 —— lónglóng 隆隆 |
| nǎonù 恼怒 —— lǎolù 老路 | wúnài 无奈 —— wúlài 无赖 | náqù 拿去 —— láqù 拉去 |

（二）分辨 zh、ch、sh 和 z、c、s

在普通话语音里，舌尖前音 z、c、s 和舌尖后音 zh、ch、sh 是两组发音截然不同的声母。可是在许多方言区却只有 z、c、s，没有 zh、ch、sh，因而把“主力 zhǔlì”说成“阻力 zǔlì”，如上海话、苏州话、广州话、长沙话、汉口话、成都话等；还有少数方言区只有 zh、ch、sh，没有 z、c、s，因而把“粗布 cūbù”说成“初步 chūbù”，如湖北钟祥旧口话、湖北京山杨峰话；有的方言区虽然两组声母都有，但是各自管辖的具体字跟普通话不完全一致，如西安话。

读准这两组音，关键要找出它们的差别来，发舌尖后音时，舌尖要翘起来，对准硬腭前部；发舌尖前音时，舌尖不翘，抵住或接近上齿背。

分辨这两组音，关键是弄清哪些字的声母该读 zh、ch、sh，哪些字该读 z、c、s。其一，根据声旁进行类推。汉字中形声字是主体，而同声旁的字往往声母相同。例如：“者”是翘舌音字，以“者”为声旁的字如“诸、猪、著、奢、署、煮、暑”都念翘舌音。“次”是平舌音字，以“次”为声旁的字如“瓷、茨、姿、咨、恣、趑”都念平舌音。其二，借助声韵调配合规律来分辨。例如：ua、uai、uang 只与翘舌声母相拼，所以“抓、拽、庄、窗、双”等字只能是翘舌。普通话只有 song，没有 shong，所以“松、耸、宋、诵、送、颂”等字只能是平舌。其三，记少丢多。普通话中翘舌音较多，平舌音较少。因此，主要只记平舌音的字，大量的翘舌字就可以放心地发翘舌音了。其四，记翘舌音字。由于汉语方言中平、翘不分的地方，主要是 zh、ch、sh 混入 z、c、s。所以，直接记翘舌音字也是一种区分平、翘舌字的好办法。可先记住一部分最常用的，如“十、上、是、这、吃、穿”等，使 z、zh 声母的字能有所区别，然后再扩大翘舌音字的数量和范围，最终实现区分平、翘舌字的目的。

**范例**

| zhǔfù | zǔfù | zhīshi | zīshì | zhìlì | zìlì |
|---|---|---|---|---|---|
| 嘱咐 —— | 祖父 | 知识 —— | 姿势 | 智力 —— | 自立 |
| chūqì | cūqì | chíxù | cíxù | yúchì | yúcì |
| 出气 —— | 粗气 | 持续 —— | 词序 | 鱼翅 —— | 鱼刺 |
| shùlì | sùlì | shīqù | sīqù | shīyǔ | sīyǔ |
| 树立 —— | 肃立 | 失去 —— | 撕去 | 施与 —— | 私语 |

(三) 分辨 f 和 h

普通话中的唇齿音 f 和舌根音 h 分得很清楚，但我国南方湘、赣、客家、闽、粤等方言大都不能分清 f 和 h，北方方言的江淮官话、西南官话也不同程度地存在着类似现象。有的地方 f 与 h 分混的方式与普通话也有差异。多数地方是把部分 h 声母的字混入 f，如长沙话、南昌话、重庆话，把合口呼的“湖”说成 fu；也有的地方把 f 混入 h，如厦门话、潮州话、湖北巴东话，把“飞”、“风”说成“灰”、“烘”。

读准这两个音，关键在于找出其差别。f 和 h 都是清擦音，区别只在阻碍的部位上。f 是上齿和下唇形成阻碍，h 是舌根和软腭形成阻碍。

f、h 不分的地区必然弄不清哪些字的声母是 f，哪些字的声母是 h。因此，分辨的重点应放在常用字的记忆上，弄清哪些字的声母是 f，哪些字的声母是 h。

**范例**

| fānténg | huānténg | fángfēng | huánghūn | fǎngfú | huǎnghū |
|---|---|---|---|---|---|
| 翻腾 —— | 欢腾 | 防风 —— | 黄昏 | 仿佛 —— | 恍惚 |
| huìhuà | fèihuà | huāshēng | fāshēng | bāofàn | bāohuàn |
| 会话 —— | 废话 | 花生 —— | 发生 | 包饭 —— | 包换 |

## 强化训练

**【训练要求】**

反复朗读，要认真体会不同声母的发音部位和发音方法；读时要仔细分析这些声母是发音方法不同造成的，还是发音部位不同造成的；声音清晰响亮，读准声调。

【训练指导】

教师可自己示范，学生跟读；可指定部分学生领读，其他学生跟读；可组织学生同桌二人为一组轮流读，或分组齐读，或全班齐读；也可以组织学生以竞赛的形式分小组或个人速读。在此过程中，教师要注意及时纠正发音。

学生可根据自身实际，边听录音，边小声跟读；可同桌为一组，边读边纠正；可个人自由朗读，仔细体会与分辨。在掌握了声母的发音部位和发音方法后，由慢到快反复练习。

**训练一** b、p、m、f **的训练。**

| | | | | |
|---|---|---|---|---|
| bēnbō<br>奔波 | běnbù<br>本部 | biāobīng<br>标兵 | bǔbào<br>补报 | búsùzhīkè<br>不速之客 |
| piáopō<br>瓢泼 | pīngpāng<br>乒乓 | pīpíng<br>批评 | pūpái<br>铺排 | pòbùjídài<br>迫不及待 |
| míngmù<br>名目 | mómiè<br>磨灭 | mòmò<br>默默 | mùmín<br>牧民 | méifēisèwǔ<br>眉飞色舞 |
| fēnfán<br>纷繁 | fēifǎ<br>非法 | fēngfàn<br>风范 | fùfāng<br>复方 | fēngqǐyúnyǒng<br>风起云涌 |

• 民兵排，选标兵，六班的标兵，七班的标兵，八班的标兵。评比台前比先进，先进比先进，比比谁更先进，选拔八名全排标兵上北京。

• 白猫黑鼻子，黑猫白鼻子。黑猫的白鼻子，碰破了白猫的黑鼻子。白猫的黑鼻子破了，剥个秕谷皮儿补鼻子。黑猫的白鼻子没破，不必剥秕谷皮儿补鼻子。

• 八百标兵奔北坡，炮兵并排北边跑，炮兵怕把标兵碰，标兵怕碰炮兵炮。

• 红方糖，黄方糖，红黄方糖双方糖。红方糖，放红糖；黄方糖，放黄糖。方糖放糖分红黄。

**训练二** z、c、s **的训练。**

| | | | | |
|---|---|---|---|---|
| zēngzǔ<br>曾祖 | zìzūn<br>自尊 | zǔzōng<br>祖宗 | zǒngzé<br>总则 | zàijiēzàilì<br>再接再厉 |
| cāngcuì<br>苍翠 | cāngcù<br>仓促 | cǎocè<br>草测 | cǎocóng<br>草丛 | cuòzōngfùzá<br>错综复杂 |
| sàsà<br>飒飒 | sāosī<br>缫丝 | sēnsēn<br>森森 | sēngsú<br>僧俗 | suíxīnsuǒyù<br>随心所欲 |

• 隔着窗户撕字纸，先撕横字纸，后撕竖字纸，撕了四十四张湿字纸。

• 狮子山上狮山寺，山寺门前四狮子。狮子看守狮山寺，山寺保护石狮子。

• 司机买雌鸡，仔细看雌鸡，四只小雌鸡，叽叽好欢喜，司机笑嘻嘻。

**训练三** d、t、n、l **的训练**。

| | | | | |
|---|---|---|---|---|
| dǐdá | dúduàn | duìdiào | dūndiǎn | dàxiāngjìngtíng |
| 抵达 | 独断 | 对调 | 蹲点 | 大相径庭 |
| tàntǎo | tángtū | tītián | tǐtiē | tíxiàojiēfēi |
| 探讨 | 唐突 | 梯田 | 体贴 | 啼笑皆非 |
| niǎonuó | niúnán | nínào | nínán | nòngxūzuòjiǎ |
| 袅娜 | 牛腩 | 泥淖 | 呢喃 | 弄虚作假 |
| lìlü | línlí | lǐnglù | liúluò | lǚjiànbùxiān |
| 利率 | 淋漓 | 领路 | 流落 | 屡见不鲜 |

• 东洞庭，西洞庭，洞庭山上一根藤，藤上挂铜铃，风吹藤动铜铃动，风停藤定铜铃停。

• 牛牛要吃河边柳，妞妞赶牛牛不走，妞妞护柳拧牛头，牛头扭头瞅妞妞。妞妞拧牛牛更拗，牛牛要顶小妞妞，妞妞拣起小石头，吓得牛牛扭头走。

• 老龙恼怒闹老农，老农恼怒闹老龙，龙怒龙恼农更怒，龙闹农怒龙怕农。

• 牛郎年年恋刘娘，刘娘连连念牛郎，牛郎恋刘娘，刘娘念牛郎，郎恋娘来娘念郎。

**训练四** zh、ch、sh、r **的训练**。

| | | | | |
|---|---|---|---|---|
| zhǐzhāi | zhōngzhuǎn | zhùzhái | zhuānzhù | zhōu’érfùshǐ |
| 指摘 | 中转 | 住宅 | 专注 | 周而复始 |
| cháchí | cháchāo | chāichú | chāochē | chízhīyǐhéng |
| 茶匙 | 查抄 | 拆除 | 超车 | 持之以恒 |
| shānshuǐ | shànshì | shǎngshí | shēnshù | shěnshíduóshì |
| 山水 | 善事 | 赏识 | 申述 | 审时度势 |
| rǎorǎng | rěnrǎn | róngrěn | róuruǎn | rúshìzhòngfù |
| 扰攘 | 荏苒 | 容忍 | 柔软 | 如释重负 |

• 试将四十七支极细极细的紫丝线，试织成四十七只极细极细的紫狮子。此细紫丝线是试织细紫狮子，而细紫丝线却织成了死紫狮子。

• 三山撑四水，四水绕三山；三山四水春常在，四水三山好村庄。

• 长虫围着砖堆转，转完砖堆钻砖堆。

**训练五** j、q、x **的训练**。

| | | | | |
|---|---|---|---|---|
| jíjié | jiājìng | jiǎnjié | jiànjiàng | jǔzúqīngzhòng |
| 集结 | 家境 | 简洁 | 健将 | 举足轻重 |
| qíquán | qiānqiáng | qiánqū | qiànquē | qiánpūhòujì |
| 齐全 | 牵强 | 前驱 | 欠缺 | 前仆后继 |

| | | | | |
|---|---|---|---|---|
| xūxiàn | xuānxiè | xuèxìng | xúnxù | xiōngyǒuchéngzhú |
| 虚线 | 宣泄 | 血性 | 循序 | 胸有成竹 |

• 小曲和小菊，同到银行去储蓄，小菊存二千一百七十一元一角七，小曲存一千七百一十七元七角一。

• 田连贤前天从前线回到家乡田家店，只见家乡变化万千，繁荣景象在眼前。连绵不断的青山，一望无边的梯田，新房连成一片，高压电线通向天边，家乡美如画，天堂美景在人间。

**训练六** g、k、h **的训练**。

| | | | | |
|---|---|---|---|---|
| gōnggòng | guàngài | guǒgǎn | guìguān | gùmíngsīyì |
| 公共 | 灌溉 | 果敢 | 桂冠 | 顾名思议 |
| kāikǒu | kǎnkě | kěkào | kuākǒu | kuàizhìrénkǒu |
| 开口 | 坎坷 | 可靠 | 夸口 | 脍炙人口 |
| hánghǎi | hǎohàn | hòuhuǐ | hūhào | hǎishìshènlóu |
| 航海 | 好汉 | 后悔 | 呼号 | 海市蜃楼 |

• 老华工葛盖谷，归国观光，来到港口观看故国港口风光。昔日港口空空旷旷，如今港口盖满楼阁，街道宽广。过去高官克扣港口渔工，鳏寡孤独尸骨抛山岗。如今桅杆高挂，渔歌高亢唱海港。归国观光的葛盖谷感慨故国港口好风光。

• 黑化肥发灰，灰化肥发黑。黑化肥发黑不发灰，灰化肥发灰不发黑。

**训练七　声母辨正训练**。

服务员：刘先生，您对房间有什么要求吗？我们宾馆有每晚 560 元的套房，也有每晚 108 元的标准间，您希望要哪一种？

客人：我想要一间朝南的单人间。

服务员：真抱歉，您需要的房间没有了，您是否考虑一下别的房间？

客人：那就要标准间吧。

服务员：先生，给您 606 房间，好吗？请问有没有贵重物品要存放？如果有，您最好存放在服务台。

## 项目 3　普通话韵母训练

普通话共有 39 个韵母，韵母是指紧跟在音节中声母后面的部分，它是每个音节不可缺少的成分，按其结构的不同可分为单韵母、复韵母、鼻韵母三大类。

根据其开头发音口型的不同，又可分为开口呼、齐齿呼、合口呼和撮口呼四大类，简称为"四呼"。不以 i、u、ü 起头的韵母属于合口呼，以 i 起头的韵母属于齐齿呼，以 u 起头的韵母属于合口呼，以 ü 起头的韵母属于撮口呼。

## 一、普通话韵母发音

### (一) 单韵母

单韵母是指由一个元音构成的韵母，其发音特点是口型自始至终不变，舌位不移动。有 ɑ、o、e、ê、i、u、ü、-i[ɿ]、-i[ʅ]、er 等，可分为以下三类：

1. 舌面韵母，有 ɑ、o、e、ê、i、u、ü 七个。

ɑ　舌面、中、低、不圆唇元音。发音时，口腔大开，舌头前伸，舌位低，舌头居中，唇形不圆。

o　舌面、后、半高、圆唇元音。发音时，口腔半合，舌位半高，舌头后缩，嘴唇拢圆。

e　舌面、后、半高、不圆唇元音。发音时，状况大体像 o，只是双唇自然展开形成扁形。

ê　舌面、前、半低、不圆唇元音。发音时，口腔半开，舌位半低，舌头前伸，舌尖抵住下齿背，嘴角向两边自然展开，唇形不圆。在普通话里 ê 很少单独使用，经常出现在 i、ü 后面，书写时可写成 ie、üe。

i　舌面、前、高、不圆唇元音。发音时，口腔开度很小，舌头前伸，前舌面上升接近硬腭，气流通路狭窄，但不发生摩擦，嘴角向两边展开，呈扁平状。

u　舌面、后、高、圆唇元音。发音时，口腔开度很小，舌头后缩，后舌面上升接近硬腭，气流通路狭窄，但不发生摩擦，嘴唇拢圆成一小孔。

ü　舌面、前、高、圆唇元音。发音时，口腔开度很小，舌头前伸，前舌面上升接近硬腭，但气流通过时不发生摩擦，嘴唇拢圆成一小孔。发音情况和 i 基本相同，只是嘴唇是圆的。

**范例**

| | | | | |
|---|---|---|---|---|
| dàshà<br>大厦 | dǎchà<br>打岔 | lāzá<br>拉杂 | fādá<br>发达 | hǎdá<br>哈达 |
| bóbó<br>勃勃 | bómó<br>薄膜 | mópò<br>磨破 | pōmò<br>泼墨 | mómo<br>馍馍 |
| gègè<br>各个 | kèchē<br>客车 | hégé<br>合格 | tèsè<br>特色 | zhéhé<br>折合 |

| | | | | |
|---|---|---|---|---|
| qìxī | dìlǐ | jìyì | lìyì | jīqì |
| 气息 | 地理 | 记忆 | 利益 | 机器 |
| shǔshù | pùbù | chūzū | gūdú | dúshū |
| 数数 | 瀑布 | 出租 | 孤独 | 读书 |
| nǚxu | qūyù | xùqǔ | jùjū | yǔjù |
| 女婿 | 区域 | 序曲 | 聚居 | 语句 |

2. 舌尖韵母，有-i[ɿ]、-i[ʅ]两个。

-i[ɿ]　舌尖前、高、不圆唇元音。发音时，舌尖前伸，靠近上齿背，距离很窄，气流不受阻，嘴唇向两边展开。

-i[ʅ]　舌尖后、高、不圆唇韵母。发音时，舌尖翘起，靠近前硬腭，距离较窄，气流不受阻，嘴唇向两边展开。

**范例**

| | | | | |
|---|---|---|---|---|
| zìsī | sìzǐ | cìsī | cǐcì | zìcí |
| 自私 | 嗣子 | 刺丝 | 此次 | 字词 |
| zhīchí | zhírì | shìshí | zhīshi | zhìzhǐ |
| 支持 | 值日 | 事实 | 知识 | 制止 |

3. 卷舌韵母，只有 er 一个。

er　卷舌、央、中、不圆唇元音。发音时，口形略开，舌位居中，稍后缩，唇形不圆，舌尖向硬腭卷起。其中，r 不代表音素，只是表示卷舌动作的符号，所以，er 虽用两个字母标写，但仍是单韵母。

**范例**

| | | | | |
|---|---|---|---|---|
| érzi | érnǚ | ěrduo | értóng | érgē |
| 儿子 | 儿女 | 耳朵 | 儿童 | 儿歌 |

### （二）复韵母

复韵母是指由两个或三个元音构成的韵母。其发音特点是从一个元音快速向另一个元音过渡时，舌位的高低前后、口腔的开合、唇形的圆展都是逐渐变动的，气流不中断，没有明显的界限，发的音形成一个整体。同时，各元音响度不同，韵头发音短轻，韵尾音值含混，只有韵腹声音响亮、清晰。复韵母有 ai、ei、ao、ou、ia、ie、ua、uo、üe、iao、iou、uai、uei 等，可分为以下三类：

1. 前响复韵母，即韵腹＋韵尾构成的韵母，有 ai、ei、ao、ou 四个。

ai　发 a 比单发时舌位稍前，i 比单发时口腔稍开。

ei　发 e 比单发时舌位靠前，i 比单发时口腔稍闭。

ao　发 a 比单发时舌位靠后，o 比单发时口腔稍闭。

ou　发 o 比单发时口腔稍闭，o 比单发时口腔稍开。

**范例**

| | | | | |
|---|---|---|---|---|
| nǎinai<br>奶奶 | mǎimài<br>买卖 | hǎitái<br>海苔 | báicài<br>白菜 | cǎidài<br>彩带 |
| mèimei<br>妹妹 | hēiméi<br>黑霉 | pèibèi<br>配备 | féiměi<br>肥美 | běifēi<br>北非 |
| pǎodào<br>跑道 | zǎocāo<br>早操 | láokào<br>牢靠 | hàozhào<br>号召 | tǎohǎo<br>讨好 |
| lòudǒu<br>漏斗 | kǒutóu<br>口头 | chóumóu<br>筹谋 | shōugòu<br>收购 | zǒugǒu<br>走狗 |

2. 后响复韵母，即韵头＋韵腹构成的韵母，有 ia、ua、ie、üe、uo 五个。

ia　发 a 比单发时口腔稍闭。

ie　发 e 应发成 ê 音，但 ê 比单发时口腔稍闭。

ua　发 a 比单发舌位靠后。

uo　发 o 比单发时口腔稍闭。

üe　发 e 为 ê，但 ê 比单发时口腔稍闭。

注意：ia、ie、ua、uo、üe 自成音节时，韵头 i、u、ü 必须写成 y、w、yu。

**范例**

| | | | | |
|---|---|---|---|---|
| yājià<br>压价 | jiǎyá<br>假牙 | jiájiá<br>戛戛 | xiàjiā<br>下家 | jiāyā<br>加压 |
| tiēqiè<br>贴切 | jiéyè<br>结业 | jiějie<br>姐姐 | jiētiě<br>揭帖 | xièxie<br>谢谢 |
| wāwā<br>哇哇 | shuǎhuá<br>耍滑 | huāwà<br>花袜 | guāguā<br>呱呱 | guàhuà<br>挂画 |
| guòcuò<br>过错 | huózhuō<br>活捉 | duōsuo<br>哆嗦 | huǒguō<br>火锅 | tuōluò<br>脱落 |
| quèyuè<br>雀跃 | juéjué<br>决绝 | lüèlüè<br>略略 | yuēlüè<br>约略 | yuèyuè<br>月月 |

3. 中响复韵母，即韵头＋韵腹＋韵尾构成的韵母，有 iao、iou、uai、uei 四个。

iao　发音时由 i 降到 a，再由 a 升到 o。

iou　发音时由 i 降到 o，再由 o 升到 u。

uai　发音时由 u 降到 a，再由 a 升到 i。

uei　发音时由 u 降到 e，再由 e 升到 i。

注意：iao、iou、uai、uei 中的 iou、uei 前面加声母时，要省写成 iu、ui。如 niù(牛)、guì(归)。不跟声母相拼时，不能省写，用 y、w 开头。

**范例**

| | | | | |
|---|---|---|---|---|
| piāomiǎo<br>飘渺 | xiāoyáo<br>逍遥 | jiàotiáo<br>教条 | qiǎomiào<br>巧妙 | miáotiao<br>苗条 |
| jiùjiu<br>舅舅 | yōuxiù<br>优秀 | yōujiǔ<br>悠久 | niúyóu<br>牛油 | xiùqiú<br>绣球 |
| shuāihuài<br>摔坏 | wàikuài<br>外快 | guāiguāi<br>乖乖 | huáichuāi<br>怀揣 | kuàikuài<br>块块 |
| guīduì<br>归队 | huíwèi<br>回味 | cuīhuǐ<br>摧毁 | zhuìhuǐ<br>坠毁 | wěisuí<br>尾随 |

（三）鼻韵母

鼻韵母是指由元音后面带上鼻辅音构成的韵母。有 an、ian、uan、üan、en、in、uen、ün、ang、iang、uang、eng、ing、ueng、ong、iong 等。可分为以下两类：

1. 前鼻韵母，即用 n 作韵尾的鼻韵母，共有 an、ian、uan、üan、en、in、uen、ün 八个。

an、en、in、ün 在发音时，先发元音，紧接着舌尖向上齿龈移动，抵住上齿龈，气流从鼻腔通过，整个韵母的音发完后阻碍才解除。

注意：in、üe 自成音节时，写成 yin(因)、yun(晕)。

**范例**

| | | | | |
|---|---|---|---|---|
| sǎnmàn<br>散漫 | zhànlán<br>湛蓝 | fǎngǎn<br>反感 | hànshān<br>汗衫 | lángān<br>栏杆 |
| běnfèn<br>本分 | chénmèn<br>沉闷 | rénshēn<br>人参 | zhènfèn<br>振奋 | gēnběn<br>根本 |
| xīnqín<br>辛勤 | pīnyīn<br>拼音 | qīnjìn<br>亲近 | jìnlín<br>近邻 | jìnxīn<br>尽心 |
| jūnxùn<br>军训 | jūnyún<br>均匀 | yúnyún<br>云云 | jūnqún<br>菌群 | qūnxún<br>逡巡 |

ian、uan、üan、uen 在发音时，前面的韵头轻而短，紧接着发 an 或 en。

注意：uen 跟声母相拼时，省写作 un，如 lun(伦)；uen 自成音节时，仍写作 wen(温)。

**范例**

| | | | | |
|---|---|---|---|---|
| piānjiàn<br>偏见 | qiǎnxiǎn<br>浅显 | xiānyàn<br>鲜艳 | qiánmiàn<br>前面 | tiánjiān<br>田间 |
| guànchuān<br>贯穿 | zhuǎnhuàn<br>转换 | zhuānkuǎn<br>专款 | huànguān<br>宦官 | huánkuǎn<br>还款 |

| | | | | |
|---|---|---|---|---|
| yuánquán<br>源泉 | yuánquān<br>圆圈 | quánquán<br>全权 | xuānyuán<br>轩辕 | quányuán<br>全员 |
| wēncún<br>温存 | lùnwén<br>论文 | kūnlún<br>昆仑 | chūnsǔn<br>春笋 | hùndùn<br>混沌 |

2. 后鼻韵母，即用 ng 作韵尾的鼻韵母，共有 ang、iang、uang、eng、ing、ueng、ong、iong 八个。

ang、eng、ing、ong 在发音时，先发元音，紧跟着舌根向软腭移动，抵住软腭发 ng。

注意：ing 自成音节时，写成 ying(英)。

**范例**

| | | | | |
|---|---|---|---|---|
| bāngmáng<br>帮忙 | āngzāng<br>肮脏 | chángláng<br>长廊 | tàngshāng<br>烫伤 | shāngchǎng<br>商场 |
| zēngshēng<br>增生 | fēngshèng<br>丰盛 | shēnglěng<br>生冷 | gēngzhèng<br>更正 | fèngchéng<br>奉承 |
| qīngjìng<br>清静 | mìnglìng<br>命令 | míngxīng<br>明星 | dìngxíng<br>定型 | yīngmíng<br>英明 |
| dònggōng<br>动工 | kōngdòng<br>空洞 | lóngzhòng<br>隆重 | zǒngtǒng<br>总统 | gōnggòng<br>公共 |

iang、iong、uang、ueng 在发音时，前面的韵头轻短，只表示舌位开始从那里移动，紧接着发 ang、ong、eng。

注意：这几个音自成音节时，韵头 i、u 要改写成 y、w。

**范例**

| | | | | |
|---|---|---|---|---|
| xiǎngliàng<br>响亮 | xiǎngxiàng<br>想像 | liǎngyàng<br>两样 | xiàngyàng<br>象样 | liàngxiàng<br>亮相 |
| xiōngqióng<br>芎䓖 | qióngqióng<br>茕茕 | qióngjiǒng<br>穷窘 | xiōngxiōng<br>汹汹 | xiōngyǒng<br>汹涌 |
| kuángwàng<br>狂妄 | zhuānghuáng<br>装潢 | chuāngkuàng<br>窗框 | shuānghuáng<br>双簧 | shuāngwáng<br>双亡 |
| wēnggū<br>翁姑 | wēngjiāng<br>滃江 | wēngwēng<br>嗡嗡 | wěngyù<br>蓊郁 | wèngchéng<br>瓮城 |

## 二、普通话韵母辨析

有些方言的韵母跟普通话韵母不完全相同，学习普通话时必须分辨清楚。

### (一) 前鼻韵母和后鼻韵母辨析

有些方言两种鼻韵母分不清楚，或者都读成鼻音 n 收尾的，或者都读成鼻音 ng 收尾的。这种混同现象，多数表现为 en 和 eng，in 和 ing 不分，an 和 ang，ian 和 iang，uan 和 uang 混同的较少。例如，南京话、长沙话一般把这五对韵母的韵尾读成前鼻韵尾 n；上海话、昆明话、兰州话、桂林话一般把 en 和 eng，in 和 ing 的韵尾读成前鼻韵尾 n；而广西灵川话却把 an 和 ang，en 和 eng，in 和 ing，uan 和 uang 的韵尾读成后鼻音尾 ng。在西北方言中，不少地区如宁夏话，把 en、in、uen、ün 的韵尾一般读成后鼻韵尾 ng。

读准这两组音，关键要找出它们的差别，发准 n 和 ng 这两个鼻音。练习发韵尾 n 时，舌尖轻轻抵住上齿龈；练习发韵尾 ng 时，舌根轻轻抵住软腭，受阻时都不发音。先单独练习，后交替练习，直至熟练掌握。

分辨前后鼻音，关键是弄清哪些字念前鼻音，哪些字念后鼻音。其一，借助声旁来类推。例如声旁是“分”的字，韵母往往是前鼻韵母，如“芬、纷、吩、汾、粉、份、忿”等；声旁是“风”的字，韵母往往是后鼻韵母，如“枫、疯、沨、砜、讽”等。其二，记少丢多。记住较少的，如 d 与 en/eng 相拼，只有“扽”为前鼻韵母；n 与 in/ing 相拼，只有“您”为前鼻韵母，因此，其他的自然都念后鼻韵母。其三，借助声韵调配合规律来分辨。如 t、l 不能与 en 相拼，d、t 不能与 in 相拼，因此，能与之相拼的自然都念后鼻韵母。

**范例**

| | | |
|---|---|---|
| píngfán 平凡 —— píngfáng 平房 | bānshǒu 扳手 —— bāngshǒu 帮手 | dānxīn 担心 —— dāngxīn 当心 |
| chénjiù 陈旧 —— chéngjiù 成就 | zhěnduàn 诊断 —— zhěngduàn 整段 | huāpén 花盆 —— huāpéng 花棚 |
| rénmín 人民 —— rénmíng 人名 | tánqín 弹琴 —— tánqíng 谈情 | jīnyín 金银 —— jīngyíng 经营 |

### (二) i 和 ü 的辨析

有些方言如昆明话、客家话和广西钦州地区方言等没有撮口呼韵母。i 和 ü 都念成 i。

不习惯发 ü 的人，可用唇形变化的办法来练习，先展开嘴唇发 i，舌位不动，慢慢把嘴唇拢圆，就能发出 ü 来了。

学会发音，还要进一步记住哪些字的韵母是 i 和以 i 开头的，哪些字韵母是

ü 和以 ü 开头的。

**范例**

| | | |
|---|---|---|
| jīnyú　jīnyí<br>金鱼——金姨 | jíjù　yǔyī<br>急剧——雨衣 | píjiàn　píjuàn<br>皮件——疲倦 |
| jùjué　jìjié<br>拒绝——季节 | yìqǐ　yìqǔ<br>一起——一曲 | qiánxiàn　quánxiàn<br>前线——全线 |
| jùhuì　jìhuì<br>聚会——忌讳 | xìjù　xìjì<br>戏剧——细记 | fāngyán　fāngyuán<br>方言——方圆 |

(三) o 和 e 的辨析

有些方言韵母 o 和 e 不分。例如，东北不少地方的方言把 o 韵母的一些字读成了 e 韵母的，西南不少方言把 e 韵母的一些字读成了 o 韵母的。

o 和 e 的发音情况大致相同，区别在于 o 发音时唇形圆，e 发音时唇形不圆。我们可以用唇形变化的办法来练习，掌握这两个韵母的发音方法。

掌握普通话声韵配合规律是分辨圆唇元音与不圆唇元音的关键。如圆唇元音 o 是不能与舌根音 g、k、h 相拼的，那么将方言里的 go、ko、ho 等音节改读为同一位置上的展唇音 e 就行了。如唱歌、一个；可以、上课；喝水、祝贺等。o 基本不能自成音节，而 e 却可以，常用字有阿、俄、饿、鹅、额、鄂、鳄、厄、扼、遏、蛾、恶等。此外，还要注意弄清哪些字的韵母是 e，哪些字的韵母是 o 或 uo。

## 强化训练

**【训练要求】**

反复朗读，读时仔细体会韵母的发音方法；声音清晰响亮，声调准确。

**【训练指导】**

教师可自己示范，学生跟读；可指定部分学生领读，其他学生跟读；可组织学生同桌二人为一组轮流读，或分组齐读，或全班齐读；也可以组织学生以竞赛的形式分小组或个人速读。在此过程中，教师要注意及时纠正学生发音。

学生可根据自身实际，边听录音，边小声跟读；可同桌为一组，边读边纠正；可个人自由朗读，仔细体会分辨。在掌握发音方法后，由慢到快反复练习。

**训练一　单韵母训练。**

| | | | | |
|---|---|---|---|---|
| dǎbǎ | mǎdá | shāfā | làbā | dàtóngxiǎoyì |
| 打靶 | 马达 | 沙发 | 腊八 | 大同小异 |

| | | | | |
|---|---|---|---|---|
| mòmò<br>默默 | pópo<br>婆婆 | bópó<br>伯婆 | bōbo<br>饽饽 | hánqíngmòmò<br>含情脉脉 |
| gègè<br>各个 | géhé<br>隔阂 | tèshè<br>特赦 | gēshě<br>割舍 | hèhèyǒumíng<br>赫赫有名 |
| bǐjì<br>笔记 | bǐlì<br>比例 | mídǐ<br>谜底 | yìyì<br>意义 | yīyī bùshě<br>依依不舍 |
| fúwù<br>服务 | cūshū<br>粗疏 | zhùfú<br>祝福 | sùdù<br>速度 | yīguānchǔchǔ<br>衣冠楚楚 |
| xūyú<br>须臾 | qūyú<br>趋于 | yǔjù<br>雨具 | lǚjū<br>旅居 | qūqūxiǎoshì<br>区区小事 |
| zìsì<br>恣肆 | sīsī<br>嘶嘶 | cìsǐ<br>刺死 | sīzì<br>私自 | zīzībújuàn<br>孜孜不倦 |
| zhízhì<br>直至 | zhǐshì<br>指示 | shǐshī<br>史诗 | shìshì<br>逝世 | zhìzhībùlǐ<br>置之不理 |
| érqiě<br>而且 | érhuà<br>儿化 | ěrjī<br>耳机 | èrhú<br>二胡 | yīngxióng'érnǚ<br>英雄儿女 |

• 哥哥弟弟坡前坐，坡上卧着一只鹅，坡下流着一条河。哥哥说：宽宽的河，弟弟说：肥肥的鹅。鹅要过河，河要渡鹅，不知是鹅过河，还是河渡鹅。

• 清早起来雨稀稀，王七上街去买席，骑着毛驴跑得急，捎带卖蛋又贩梨。一跑跑到小桥西，毛驴一下失了蹄，打了蛋，撒了梨，急得王七眼泪滴，又哭鸡蛋又骂驴。

• 鼓上画只虎，破了拿布补。不知是布补鼓，还是布补虎。

**训练二　复韵母训练。**

| | | | | |
|---|---|---|---|---|
| cǎizhāi<br>采摘 | cǎipái<br>彩排 | hǎidài<br>海带 | zāihài<br>灾害 | dàidàixiāngchuán<br>代代相传 |
| lěilěi<br>累累 | bèilěi<br>蓓蕾 | měiměi<br>每每 | běibèi<br>北碚 | xiǎngrùfēifēi<br>想入非非 |
| bāochāo<br>包抄 | cǎogǎo<br>草稿 | gāokǎo<br>高考 | láosāo<br>牢骚 | tāotāobùjué<br>滔滔不绝 |
| hóutóu<br>喉头 | kǒuzhào<br>口罩 | shǒuhòu<br>守候 | shǒutóu<br>手头 | kǒukǒushēngshēng<br>口口声声 |
| jiāyā<br>家鸭 | xiàyá<br>下牙 | qiàqià<br>恰恰 | jiājiā<br>家家 | yáyáxuéyǔ<br>牙牙学语 |
| jiéliè<br>节烈 | qièqiè<br>切切 | jiéjié<br>结节 | xiēyè<br>歇业 | jiējiēshíshí<br>结结实实 |
| huàhuà<br>画画 | wáwa<br>娃娃 | huāguà<br>花褂 | guāhuā<br>瓜花 | kuākuāqítán<br>夸夸其谈 |

| | | | | |
|---|---|---|---|---|
| huóluò | shuòguǒ | cuòluò | zhuózhuó | duōduōbīrén |
| 活络 | 硕果 | 错落 | 灼灼 | 咄咄逼人 |
| juéxué | quēlüè | quēyuè | juéshìyuè | yuèyuèyùshì |
| 绝学 | 缺略 | 缺月 | 爵士乐 | 跃跃欲试 |
| biàojiāo | liáoxiào | jiāojiǎo | diàoqiáo | yáoyáowúqī |
| 鳔胶 | 疗效 | 交角 | 吊桥 | 遥遥无期 |
| jiǔliú | liúniú | qiújiù | xiūxiū | báiyúnyōuyōu |
| 久留 | 瘤牛 | 求救 | 咻咻 | 白云悠悠 |
| wǎihuài | wàihuái | zhuàiwāi | kuàikuài | wāiwāiniǔniǔ |
| 崴坏 | 外踝 | 拽歪 | 快快 | 歪歪扭扭 |
| duìwèi | zhuīhuǐ | huíguī | cuìwēi | wěiwěidòngtīng |
| 对味 | 追悔 | 回归 | 翠微 | 娓娓动听 |

• 小艾小戴来买菜，小艾把菜给小戴，小艾比小戴多一倍菜，小戴把菜给小艾，小艾小戴就有一样多的菜。

• 大妹和小妹，一起去收麦。大妹割大麦，小妹割小麦。大妹帮小妹挑小麦，小妹帮大妹挑大麦。大妹小妹收完麦，噼噼啪啪齐打麦。

• 天上飘着一片霞，水上飘着一群鸭。霞是五彩霞，鸭是麻花鸭。麻花鸭游进五彩霞，五彩霞挽住麻花鸭。乐坏了鸭，拍碎了霞，分不清是鸭还是霞。

• 哥挎瓜筐过宽沟，赶快过沟看怪狗。观看怪狗瓜筐扣，瓜滚筐空哥怪狗。

• 一葫芦酒，九两六。一葫芦油，六两九。六两九的油，要换九两六的酒，九两六的酒，不换六两九的油。

**训练三　鼻韵母训练。**

| | | | | |
|---|---|---|---|---|
| nánkān | dāngàn | cànlàn | gǎnlǎn | hǔshìdāndān |
| 难堪 | 单干 | 灿烂 | 橄榄 | 虎视眈眈 |
| zhènfèn | shēnzhèn | chénmèn | běnrén | zhènzhènyǒucí |
| 振奋 | 深圳 | 沉闷 | 本人 | 振振有词 |
| línjìn | yīnqín | xīnjìn | qīnxìn | jīnjīnlèdào |
| 临近 | 殷勤 | 新近 | 亲信 | 津津乐道 |
| xúnxún | jūnqún | yúnyún | qúnqún | xúnzhāngzhāijù |
| 循循 | 军裙 | 芸芸 | 群群 | 寻章摘句 |
| biànqiān | qiánnián | tiānxiān | diànxiàn | piānpiānqǐwǔ |
| 变迁 | 前年 | 天仙 | 电线 | 翩翩起舞 |
| suānruǎn | wǎnzhuǎn | wànguàn | zhuānduàn | guānguānxiānghù |
| 酸软 | 婉转 | 万贯 | 专断 | 官官相护 |
| juānjuān | quánquán | quányuàn | xuányuǎn | yuányuánbúduàn |
| 涓涓 | 拳拳 | 全院 | 玄远 | 源源不断 |

| | | | | |
|---|---|---|---|---|
| gǔnlún<br>滚轮 | kùndùn<br>困顿 | wēnshùn<br>温顺 | lúndūn<br>伦敦 | wēnwén'ěryǎ<br>温文尔雅 |
| zhàngfáng<br>账房 | tángláng<br>螳螂 | gāngchǎng<br>钢厂 | mángcháng<br>盲肠 | yíbiǎotángtáng<br>仪表堂堂 |
| fēngshēng<br>风声 | gēngshēng<br>更生 | shēngchéng<br>生成 | chěngnéng<br>逞能 | zhēngzhēngrìshàng<br>蒸蒸日上 |
| níngjìng<br>宁静 | língxīng<br>零星 | língxíng<br>菱形 | jīngxǐng<br>惊醒 | xíngxíngsèsè<br>形形色色 |
| tōngróng<br>通融 | gōngzhòng<br>公众 | hōngdòng<br>轰动 | hóngzhǒng<br>红肿 | kōngkōngdòngdòng<br>空空洞洞 |
| liángxiǎng<br>粮饷 | jiǎngxiàng<br>奖项 | xiāngjiāng<br>湘江 | xiàngyáng<br>向阳 | yángyángdéyì<br>洋洋得意 |
| xiōngxiōng<br>汹汹 | xióngxióng<br>熊熊 | jiǒngjiǒng<br>炯炯 | yóngyóng<br>喁喁 | yōngyōnglùlù<br>庸庸碌碌 |
| zhuàngkuàng<br>状况 | huánghuáng<br>惶惶 | kuàngchuáng<br>矿床 | kuángwàng<br>狂妄 | láiláiwǎngwǎng<br>来来往往 |

• 山前有个颜远眼，山后有个袁眼圆，两个人爬上山来比眼，也不知是颜远眼的眼比袁眼圆的眼看得远，还是袁眼圆的眼比颜远眼的眼生得圆。

• 老彭拿着一个盆，路过老陈住的棚，盆碰棚，棚碰盆，棚倒盆碎棚压盆。老陈要赔老彭的盆，老彭要赔老陈的棚。

• 军车运来一堆裙，一色军用绿色裙。军训女生一大群，换下花裙换绿裙。

• 冬冬和锋锋，晴空放风筝。冬冬放蜻蜓，锋锋放雄鹰，迎面空中起东风，蜻蜓雄鹰乘风行。

• 天上七颗星，树上七只鹰，梁上七个钉，台上七盏灯。拿扇扇了灯，用手拔了钉，举枪打了鹰，乌云盖了星。

**训练四 韵母辨正训练。**

同学甲：闫珍在家吗？

同学乙：哟，是陈芹哪，快进来。

同学甲：我们一起出去看电影，好吗？

同学乙：等我练完琴，咱俩再出去玩儿好吗？我妈说，今天是晴天，练完琴可以在外面多玩一会儿。

同学甲：闫珍，告诉你一个好消息，咱们班要出去春游了。

同学乙：真的呀！我太高兴了，去哪儿春游哇？

同学甲：看把你乐的，一说春游就来精神。听程老师说，咱们班要到长峰岭去春游，那里靠近清江，绿草茵茵，树林茂盛，景色十分迷人。

同学乙：啊，我已经沉浸在幸福中啦！
同学甲：别陶醉了，快弹琴吧。
同学乙：好，我弹琴，你坐下来欣赏欣赏。

## 项目4 普通话声调及语流音变训练

### 一、普通话声调

声调是指一个音节发音时的高低升降。在汉语里，一个音节一般就是一个汉字，所以声调也叫字调。声调是音节结构中不可缺少的组成部分，担负着重要的辨义作用。声调高低升降的变化形式就是调值，也就是声调的实际读法。调值的记录一般采用五度标记法。对声调的分类就是调类，调类是根据声调的实际读法归纳出来的。普通话有四种基本的调值，所以归纳为四个调类，即阴平、阳平、上声、去声，习惯上称为第一声、第二声、第三声、第四声，也称为四声。

**范例**

| | | |
|---|---|---|
| chūntiānkāihuā<br>春天开花 | rénmíntuánjié<br>人民团结 | dǎngwěilǐngdǎo<br>党委领导 |
| chuàngzàoshìjiè<br>创造世界 | yīnyángshǎngqù<br>阴阳上去 | biānpáiyǒuxù<br>编排有序 |
| gāoyángzhuǎnjiàng<br>高阳转降 | fēichánghǎojì<br>非常好记 | yìkǒutóngshēng<br>异口同声 |
| yǔzhòngxīncháng<br>语重心长 | xìnyǐwéizhēn<br>信以为真 | zìlǐhángjiān<br>字里行间 |
| bǎiliànchénggāng<br>百炼成钢 | zhuōyǒuchéngxiào<br>卓有成效 | shēntǐlìxíng<br>身体力行 |

### 二、普通话语流音变

人们在说话发音的时候，不是孤立地发出一个个音节，而是根据需要将音节连贯地发出，这就形成语流。在语流中，由于音节与音节之间、音素之间相互影响，相互制约，就会产生种种语音上的变化，这就是语流音变。普通话的语流音变主要表现在以下几个方面：

### (一) 变调

变调是指音节与音节发音时，某些音节的声调变化。不过有的明显，有的不明显，在普通话里，明显的变调是上声和“一、不”两字的变调。

1. 上声变调。上声音节的调型属于降升调，其调值为 214，即发音时先由 2 度降到 1 度，再由 1 度升到 4 度。然而，在语流中，上声音节受后一个音节声调的影响，其调值发生变化。只有当上声音节单念或处于句子的末尾，没有后读音节的影响时，上声音节才会念原调。具体来讲，上声音节的变调有以下几种：

（1）上声音节在非上声音节（包括阴平、阳平、去声、轻声）前，上声音节的调值由降升调变为只降不升的低降调，变成了半上声，简称“半上”。

**范例**

| | | | | |
|---|---|---|---|---|
| běijīng | chǎngkāi | fǎnjī | hǎiguān | lǐngxiān |
| 北京 | 敞开 | 反击 | 海关 | 领先 |
| gǎigé | biǎoyáng | cǎoyuán | mǎnzú | fǎtíng |
| 改革 | 表扬 | 草原 | 满足 | 法庭 |
| yǐhòu | wěidà | dǎnliàng | měilì | nuǎnqì |
| 以后 | 伟大 | 胆量 | 美丽 | 暖气 |
| ěrduo | dǎting | mǔqin | dǐxia | lǎba |
| 耳朵 | 打听 | 母亲 | 底下 | 喇叭 |

（2）两个上声音节相连时，前一个上声音节的调值由降升调变为与阳平调值相当的高升调即 35 调值。

**范例**

| | | | | |
|---|---|---|---|---|
| yěxǔ | měigǎn | lǐngdǎo | guǎngchǎng | gǔwǔ |
| 也许 | 美感 | 领导 | 广场 | 鼓舞 |
| yǒnggǎn | chǎnpǐn | lǐjiě | gǔlǎo | gǔzhǎng |
| 勇敢 | 产品 | 理解 | 古老 | 鼓掌 |

（3）三个上声音节相连，根据音节组合情况，依次变调。如：上声＋（上声＋上声）→阳平＋阳平＋上声或（上声＋上声）＋上声→阳平＋阳平＋上声。

**范例**

| | | | |
|---|---|---|---|
| zhǐlǎohǔ | dǎngxiǎozǔ | xiǎoyǔsǎn | lǐchǎngzhǎng |
| 纸老虎 | 党小组 | 小雨伞 | 李厂长 |
| guǎnlǐzǔ | shǒuxiětǐ | shǒubiǎochǎng | měnggǔyǔ |
| 管理组 | 手写体 | 手表厂 | 蒙古语 |

2. “一、不”的变调。“一、不”单念或位于词末不受后读音节影响，以及“一”作为序数、基数时，不变调，即“一”为阴平，“不”为去声。“一”“不”在去声前念阳平，在非去声前念去声。

**范例**

| | | | | |
|---|---|---|---|---|
| yíyàng<br>一样 | yíbàn<br>一半 | yídìng<br>一定 | yímiàn<br>一面 | yígài<br>一概 |
| búyào<br>不要 | búyòng<br>不用 | búbì<br>不必 | búduàn<br>不断 | búcuò<br>不错 |
| yìshēng<br>一生 | yìlián<br>一连 | yìjǔ<br>一举 | yìshǒu<br>一手 | yìtóng<br>一同 |
| bùshuō<br>不说 | bùmáng<br>不忙 | bùxiǎng<br>不想 | bùmǎn<br>不满 | bùxíng<br>不行 |

(二) 轻声

汉语的每个音节都有声调，但在一定的场合，有的音节失去原声调，变成一种既短又轻的调子，这就叫轻声。轻声是由于音节读音弱化，在音高、音长等方面产生的一种音变现象，可以视为特殊的变调，但不是一个独立的调类。轻声的调值不决定于轻声音节原来的声调，而是取决于它前面音节的声调。普通话音节读轻声的情况主要有以下几种：

1. 名词后缀“子、头、们”等都读轻声。

**范例**

| | | | | |
|---|---|---|---|---|
| zhuōzi<br>桌子 | bèizi<br>被子 | tiántou<br>甜头 | shítou<br>石头 | rénmen<br>人们 |

2. 名词后表方位的“上、下、里、面、边”等都读轻声。

**范例**

| | | | | |
|---|---|---|---|---|
| tiānshang<br>天上 | dìxia<br>地下 | shuǐli<br>水里 | qiánbian<br>前边 | hòumian<br>后面 |

3. 结构助词“的、地、得”读轻声。

**范例**

| | | | | |
|---|---|---|---|---|
| chīde<br>吃的 | chuānde<br>穿的 | yòngde<br>用的 | tǎnshuàidejiǎng<br>坦率地讲 | fēnxīdeshēnkè<br>分析得深刻 |

4. 时态助词“着、了、过”读轻声。

**范例**

| | | | | |
|---|---|---|---|---|
| kànzhe<br>看着 | màile<br>卖了 | rēngle<br>扔了 | shuōguo<br>说过 | zuòguo<br>做过 |

5. 语气助词“吧、啊、呀、吗、呢”等读轻声。

**范例**

| | | | | |
|---|---|---|---|---|
| qùba | chī'a | kuàiya | qùma | tāne |
| 去吧 | 吃啊 | 快呀 | 去吗 | 他呢 |

6. 用在动词、形容词后表趋向的“来、去”等读轻声。

**范例**

| | | | | |
|---|---|---|---|---|
| nálai | qǐlai | guòlai | chūqu | jìnqu |
| 拿来 | 起来 | 过来 | 出去 | 进去 |

7. 名词或动词重叠，重叠的音节念轻声。

**范例**

| | | | | |
|---|---|---|---|---|
| xīngxing | tàitai | kànkan | shìshi | chángchang |
| 星星 | 太太 | 看看 | 试试 | 尝尝 |

8. 当中间嵌入“一、不”时，“一、不”轻读，重叠的音节仍念原调。

**范例**

| | | | | |
|---|---|---|---|---|
| kànyikàn | shuōbushuō | shìyishì | chángbucháng | chībuchī |
| 看一看 | 说不说 | 试一试 | 尝不尝 | 吃不吃 |

9. 习惯读轻声的词语。

**范例**

| | | | | |
|---|---|---|---|---|
| bāofu | xiānsheng | gūniang | gōngfu | jiēfang |
| 包袱 | 先生 | 姑娘 | 功夫 | 街坊 |
| xiōngdi | zhāohu | shūji | shūfu | zhīshi |
| 兄弟 | 招呼 | 书记 | 舒服 | 知识 |

### （三）儿化

普通话里的好些词常出现儿化现象。儿化是指在音节的末尾加上一个卷舌动作，使这个音节的韵母带上卷舌音的特点，成为卷舌韵母，这样的过程就是儿化。这样的音节被称作儿化音节，儿化音节的韵母，就叫儿化韵，其音变规律如下：

1. 韵母或韵尾是 a、o、e、ê、u 的韵母儿化，原韵母不变，只在韵母后面加上卷舌动作。

**范例**

| | | | | |
|---|---|---|---|---|
| hàomǎr | dòuyár | nǎoguār | dímór | chànggēr |
| 号码儿 | 豆芽儿 | 脑瓜儿 | 笛膜儿 | 唱歌儿 |

| | | | | |
|---|---|---|---|---|
| táijiēr | chǒujuér | yǎnzhūr | xiǎomāor | lǎotóur |
| 台阶儿 | 丑角儿 | 眼珠儿 | 小猫儿 | 老头儿 |

2. i、ü 两个韵母儿化，原韵母不变，在原韵母之后加 er 音。

**范例**

| | | | | |
|---|---|---|---|---|
| wányìr | xiǎojīr | máolǘr | méiqùr | xìnpír |
| 玩艺儿 | 小鸡儿 | 毛驴儿 | 没趣儿 | 信皮儿 |

3. 韵尾是 i、n 的韵母儿化，丢失韵尾 i、n，变成主要元音加卷舌动作。

**范例**

| | | | | |
|---|---|---|---|---|
| míngpáir | bǎobèir | tángkuàir | pèiduìr | zhúgānr |
| 名牌儿 | 宝贝儿 | 糖块儿 | 配对儿 | 竹竿儿 |
| péiběnr | xīnyǎnr | jiǎoyìnr | shǒujuànr | méizhǔnr |
| 赔本儿 | 心眼儿 | 脚印儿 | 手绢儿 | 没准儿 |

4. 韵尾是 ng 的韵母儿化，丢失韵尾 ng，主要元音鼻音化，加卷舌动作。

**范例**

| | | | | |
|---|---|---|---|---|
| yàofāngr | bǎndèngr | jiǔzhōngr | múyàngr | tiānchuāngr |
| 药方儿 | 板凳儿 | 酒盅儿 | 模样儿 | 天窗儿 |

5. 韵母是舌尖前元音-i 和舌尖后元音-i 儿化时-i 失落，变成 er。

**范例**

| | | | | |
|---|---|---|---|---|
| guāzǐr | tiāocìr | méishìr | shùzhīr | xiězìr |
| 瓜子儿 | 挑刺儿 | 没事儿 | 树枝儿 | 写字儿 |

(四)“啊”的音变

“啊”是在普通话里用来表达感情时常用的语气词，当它用在其他音节的后面，由于受前边音节末尾音素的影响，在连读的时候会发生音变现象，这时的“啊”要根据不同情况变成 ya、na、wa 等，书面上则通常写为“呀、哪、哇”等，也可以仍然写成“啊”。具体的变化规律如下：

1. 前面音节的末尾音素是 a、o、e、ê、i、ü 时，“啊”念 ya，书面上可写为“呀”。

**范例**

血运旺盛的热呼呼的土地呀，汗水发酵的油浸浸的土地呀！

你瞧，那回家去呀。

金灿灿、金灿灿的六月呀！

咦，你怎么又不说话呀！

说呀，这不是大姑娘上轿，说呀！

满桥豪笑满桥歌呀！

2. 前面音节末尾音素是 n 时，“啊”念 na，书面上可以写为“哪”。

**范例**

思考是生活的栅栏哪，别责备我的眉头。

爸爸，妈妈，雪大路滑，当心哪！

3. 前一个音节的末尾音素是 u 或 iao、ao 中的 o 时，“啊”念 wa，书面上可改写为“哇”。

**范例**

思考的路哇，一经开始便没有终点。

太阳他有脚哇，轻轻悄悄地挪移了。

条条皱纹，那是我层层心潮哇！

4. 前一个音节的末尾音素是 ng 时，“啊”念 nga，书面上仍然写为“啊”。

**范例**

人类在思考中飞腾啊！别责备我的眉头。

我们有自己的祖国，小鸟也有它的归宿，人和动物都一样啊，哪儿也不如故乡好！

5. 前一个音节原末尾音素是舌尖后元音[-i]和卷舌音 er 时，“啊”念 ra，书面上仍写作“啊”。

**范例**

是啊，那是一点也不错的。

儿啊，你还小。你爹爹是爱你们的。

6. 前一个音节的末尾音素是尖前元音[-i]时，“啊”念 za，书面上仍写作“啊”。

**范例**

可您总得说出个名字啊。

啊呀！你瞧，这孩子啊！

## 强 化 训 练

**【训练要求】**

反复朗读，读时重点体会方法，掌握规律；声音清晰响亮，声调准确。

【训练指导】

教师可以自己示范，学生跟读；可以指定部分学生领读，其他学生跟读；可以组织学生同桌二人为一组轮流读，或分组齐读，或全班齐读；也可以组织学生以竞赛的形式分小组或个人速读。在此过程中，教师要注意及时纠正发音。

学生根据自身实际，可边听录音，边小声跟读；可同桌为一组，边读边纠正；也可个人自由朗读，仔细体会，由慢到快反复练习。

**训练一　声调训练。**

| | | |
|---|---|---|
| jiāngshānduōjiāo | háoqíng'ángyáng | lǐxiǎngměihǎo |
| 江山多娇 | 豪情昂扬 | 理想美好 |
| rìyèbiànhuà | xīhújǐngzhì | tiānránměilì |
| 日夜变化 | 西湖景致 | 天然美丽 |
| shānmíngshuǐxiù | huāhóngliǔlǜ | wànmǎqíyīn |
| 山明水秀 | 花红柳绿 | 万马齐喑 |
| xiùshǒupángguān | jiùsǐfúshāng | zhōngyánnì'ěr |
| 袖手旁观 | 救死扶伤 | 忠言逆耳 |
| jísīguǎngyì | déxīnyìngshǒu | wúkěfēiyì |
| 集思广益 | 得心应手 | 无可非议 |

• 妞妞轰牛，牛拧，妞妞扭牛；姥姥喝酪，酪落，姥姥捞酪；舅舅架鸠，鸠飞，舅舅揪鸠；妈妈骑马，马慢，妈妈骂马。

• 石小四，史肖石，一同来到阅览室。石小四年十四，史肖石年四十。年十四的石小四爱看诗词，年四十的史肖石爱看报纸。年四十的史肖石发现了好诗词，忙递给年十四的石小四，年十四的石小四见了好报纸，忙递给年四十的史肖石。

**训练二　上声变调训练。**

| | | | | |
|---|---|---|---|---|
| qǔxiāo | tǒngyī | xiǎnfēng | lěngfēng | diǎnzhāng |
| 取消 | 统一 | 险峰 | 冷风 | 典章 |
| dǎogē | fěnshuā | jiǎndāo | jiǎshān | huǒchē |
| 倒戈 | 粉刷 | 剪刀 | 假山 | 火车 |
| tǎnbái | sǎomiáo | xuǎnzé | wǎnliú | pǐngé |
| 坦白 | 扫描 | 选择 | 挽留 | 品格 |
| bǎnquán | chǐlún | dǎoháng | huǒchái | gǎnjué |
| 版权 | 齿轮 | 导航 | 火柴 | 感觉 |
| bǎohù | fǎyuàn | jiěfàng | lǐmào | qǐngjià |
| 保护 | 法院 | 解放 | 礼貌 | 请假 |
| rěnnài | cǎisè | wǎnhuì | yǐnjiàn | xiǎngyìng |
| 忍耐 | 彩色 | 晚会 | 引荐 | 响应 |

| | | | | |
|---|---|---|---|---|
| xǐhuan | gǔtou | shǒuli | lǎoshi | yǐngzi |
| 喜欢 | 骨头 | 手里 | 老实 | 影子 |
| zuǐba | huǒji | nǎodai | mǎhu | shǎzi |
| 嘴巴 | 伙计 | 脑袋 | 马虎 | 傻子 |
| běnlǐng | suǒyǐ | pǐnzhǒng | dǎoyǔ | fǔdǎo |
| 本领 | 所以 | 品种 | 岛屿 | 辅导 |

| | | | |
|---|---|---|---|
| lěngshuǐjǐng | xiǎoliǎngkǒu | hěnyǒuhǎo | xiǎolǎoshǔ |
| 冷水井 | 小两口 | 很友好 | 小老鼠 |
| cǎogǎozhǐ | dǎnxiǎoguǐ | yǎnjiǎnggǎo | gǔdiǎnměi |
| 草稿纸 | 胆小鬼 | 演讲稿 | 古典美 |

• 短扁担，长扁担，长扁担比短扁担长半扁担，短扁担比长扁担短半扁担。

• 北边来了一个瘸子，背着一捆橛子。南边来了一个瘸子，背着一筐茄子。背橛子的瘸子打了背茄子的瘸子一橛子，背茄子的瘸子打了背橛子的瘸子一茄子。

**训练三** “一”“不”变调训练。

| | | | | |
|---|---|---|---|---|
| yímiàn | yídìng | yìcǎoyímù | yìjǔyídòng | yìmúyíyàng |
| 一面 | 一定 | 一草一木 | 一举一动 | 一模一样 |
| yìxīn | yìtiān | yìsīyìháo | yìyányìxíng | yìzhēnyíxiàn |
| 一心 | 一天 | 一丝一毫 | 一言一行 | 一针一线 |
| búlùn | búdàn | bùmíngbùbái | bùsānbúsì | bùlúnbúlèi |
| 不论 | 不但 | 不明不白 | 不三不四 | 不伦不类 |
| bùxíng | bùkěn | bùpiānbùyǐ | búshàngbúxià | búpòbúlì |
| 不行 | 不肯 | 不偏不倚 | 不上不下 | 不破不立 |

• 一个老僧一本经，一句一行念得清。不是老僧爱念经，不会念经当不了僧。

• 一帆一桨一渔舟，一个渔翁一钓钩。一俯一仰一场笑，一江明月一江秋。

• 不怕不会，就怕不学。一回学不会再来一回，一直学到会，我不信学不会。

**训练四** 轻声训练。

| | | | | |
|---|---|---|---|---|
| lǐzi | yāzi | yuànzi | zánmen | mùtou |
| 李子 | 鸭子 | 院子 | 咱们 | 木头 |
| tóushang | shuǐxia | xīnli | qiántou | xībian |
| 头上 | 水下 | 心里 | 前头 | 西边 |
| qīngde | tāde | huángde | zǐxìdekàn | tiàodegāo |
| 青的 | 他的 | 黄的 | 仔细地看 | 跳得高 |

| | | | | |
|---|---|---|---|---|
| xiàngzhe | zhànzhe | suànle | hǎole | zǒuguo |
| 向着 | 站着 | 算了 | 好了 | 走过 |
| láiba | hē’a | qùya | chīma | wǒne |
| 来吧 | 喝啊 | 去呀 | 吃吗 | 我呢 |
| jìnlai | guòlai | chūlai | shàngqu | náqu |
| 进来 | 过来 | 出来 | 上去 | 拿去 |
| dìdi | máomao | liáoliao | shuōshuo | wánwan |
| 弟弟 | 毛毛 | 聊聊 | 说说 | 玩玩 |
| liáoyiliáo | shuōyishuō | wányiwán | kànbukàn | shìbushì |
| 聊一聊 | 说一说 | 玩一玩 | 看不看 | 试不试 |
| xīgua | pútao | tèwu | tàidu | duìfu |
| 西瓜 | 葡萄 | 特务 | 态度 | 对付 |
| qīnqi | fēngzheng | shāngliang | hángjia | cōngming |
| 亲戚 | 风筝 | 商量 | 行家 | 聪明 |
| péngyou | píqi | miánhua | yámen | dígu |
| 朋友 | 脾气 | 棉花 | 衙门 | 嘀咕 |
| rènshi | tóufa | nánren | línju | jìzhu |
| 认识 | 头发 | 男人 | 邻居 | 记住 |
| hútu | xuéwen | hétong | piányi | lìhai |
| 糊涂 | 学问 | 合同 | 便宜 | 厉害 |
| kǒudai | biǎndan | niǔnie | mǎimai | nuǎnhuo |
| 口袋 | 扁担 | 扭捏 | 买卖 | 暖和 |
| xǐhuan | luòtuo | zhuàngyuan | shìqing | rènao |
| 喜欢 | 骆驼 | 状元 | 事情 | 热闹 |

• 张家有个小英子，王家有个小柱子。张家的小英子，自己穿衣洗袜子，天天扫地擦桌子，王家的小柱子，捡到一只皮夹子，还给后院大婶子。小英子，小柱子，他们都是好孩子。

• 石榴树，结樱桃，杨柳树上结辣椒。吹着鼓，打着号，抬着大车拉着轿。木头沉水底，石头上边飘。小鸡叼了个饿老鹰，老鼠捉了个大花猫。说的都是颠倒话，你说可笑不可笑。

• 婆婆和嬷嬷，来到山坡坡，婆婆默默采蘑菇，嬷嬷默默拔萝卜。婆婆拿了一个破簸箕，嬷嬷带了一个薄笸箩，婆婆采了半簸箕小蘑菇，嬷嬷拔了一笸箩大萝卜。婆婆采了蘑菇换饽饽，嬷嬷卖了萝卜买馍馍。

**训练五** **儿化训练。**

| | | | | |
|---|---|---|---|---|
| dāobǎr | píjiār | lèihuār | fěnmòr | dàhuǒr |
| 刀把儿 | 皮夹儿 | 泪花儿 | 粉末儿 | 大伙儿 |

| | | | | |
|---|---|---|---|---|
| ràodàor | shùmiáor | xiǎodiàor | guōtiēr | mùjuér |
| 绕道儿 | 树苗儿 | 小调儿 | 锅贴儿 | 木橛儿 |
| shāngēr | lùkǒur | dǐngniúr | niānjiūr | lípǔr |
| 山歌儿 | 路口儿 | 顶牛儿 | 拈阄儿 | 离谱儿 |
| wǎnbèir | chuāngtáir | guāiguāir | yīhuìr | huālánr |
| 晚辈儿 | 窗台儿 | 乖乖儿 | 一会儿 | 花篮儿 |
| bìnggēnr | bǐjiānr | fèijìnr | xiǎochuánr | yǎnquānr |
| 病根儿 | 笔尖儿 | 费劲儿 | 小船儿 | 眼圈儿 |
| huāqúnr | hǎowánr | zhòuwénr | héqúnr | mùpénr |
| 花裙儿 | 好玩儿 | 皱纹儿 | 合群儿 | 木盆儿 |
| bāngmángr | máshéngr | chōukòngr | shùyāngr | yóupíngr |
| 帮忙儿 | 麻绳儿 | 抽空儿 | 树秧儿 | 油瓶儿 |

• 有个小孩儿叫小兰，挑着水桶上庙台儿，摔了一个跟头拣了个钱儿。又打醋，又买盐儿，还买了一个小饭碗儿。小饭碗儿，真好玩儿，没有边儿，没有沿儿，中间儿有个小红点儿。

• 小小子儿，不贪玩儿。画小猫儿，钻圈圈儿；画小狗儿，蹲小庙儿；画小鸡儿，吃小米儿；画个小虫儿，顶火星儿。

• 有个老头儿上山坡儿，上了山坡儿唱山歌儿，唱罢山歌儿再干活儿，干完活儿再唱歌儿。小鸟儿叫，小兔儿乐，老头儿越唱越快活儿。

**训练六　语气词“啊”的训练。**

• 快吃西瓜啊！　　原来是他啊！　　这里好多啊！
• 还用说啊！　　是你哥哥啊！　　肚子好饿啊！
• 咱们一起学啊！　　注意节约啊！　　这花真美啊！
• 到底是谁啊？　　好大的雨啊！　　真是好闺女啊！
• 这是小秦啊！　　真能干啊！　　你来看啊！
• 在哪儿住啊？　　真神速啊！　　好粗的树啊！
• 真糟糕啊！　　你来瞧啊！　　大家跳啊！
• 一起唱啊！　　多动听啊！　　不一样啊！
• 才十四啊！　　快吃啊！　　怎么回事啊？
• 多么无私啊！　　好多次啊！　　这些猴子啊！

**训练七　综合训练。**

甲：那不是张师傅吗？好久没见了！
乙：哦，是李师傅！我们家搬到城外那边去了，就在市口儿东边的小梅村儿。
甲：你们家里有花园儿吗？

乙：有啊！花园不太大！种着葡萄，芍药，玫瑰，牡丹，茶花儿，菊花儿，还有些我叫不出名儿的花。

甲：哟！没想到您也这么爱花儿。要是有空儿，能上您家去看一看，玩一玩，一边儿赏花，一边儿聊天，那该多好啊！

乙：行啊！等下了班儿，咱俩一块去，先去农贸市场绕个弯儿，我买点儿小葱儿，豆角儿，土豆儿，豆芽儿，还有小白菜儿什么的，回去好做饭啊。

甲：别那么麻烦了，咱俩下了班儿，上对门儿小饭馆儿，买一斤锅贴儿，带上点儿爆肚儿，蒜瓣儿，再弄二两白干儿，到你家慢慢儿喝。

乙：好啊！那就这么定了。

## 模块二

# 口语表达基础训练

### 学习目标

1. 掌握气息控制、共鸣、吐字归音的要领，通过训练改善自己的声音。
2. 了解怯场的心理表现，掌握心理调节的方法，不断提高心理素质。
3. 掌握听解、听记、听辨的技巧，养成倾听的良好习惯。
4. 了解态势语的基本要求与规范，通过训练能够自如得体地运用。
5. 了解朗诵的语言技巧，通过训练能够恰当运用。
6. 学习各种体裁作品的朗诵技巧，能够按要求朗诵不同体裁的作品。

### 核心能力

1. 掌握克服怯场心理的方法，不断提高心理素质。
2. 通过训练能够自如得体地运用态势语。
3. 通过训练能够恰当运用朗诵的语言技巧。

### 学习任务

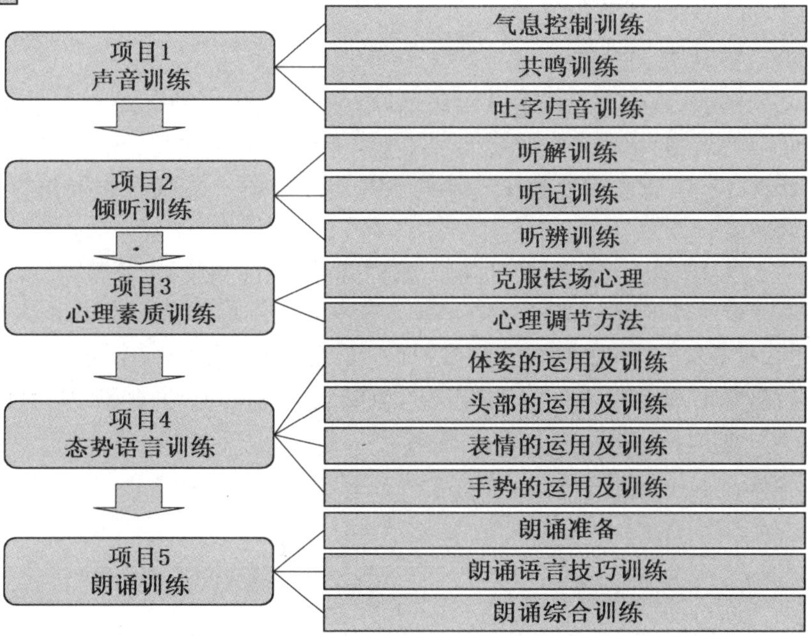

# 项目1 声音训练

## 一、气息控制训练

“气者，音之帅也。”气息是声音的动力来源，声音的强弱、高低、长短以及共鸣状况，与呼出气息的速度、流量、压力大小都有直接关系。气流的变化关系到声音的响亮度、清晰度、持久性，音色的优美圆润以及情绪的饱满充沛。声音的纵收自如仰赖于气息的纵收自如。著名表演艺术家李默然曾说：“练声先练气，气足声才亮。”因此，气息控制是吐字发声、形成声音魅力的根本一环。

正常情况下，说话是在呼气时进行的，停顿则是在吸气时进行的。如果是持续时间较长的讲话或朗诵，必然要求有比平时更强的呼吸循环，这时一般采用胸腹式联合呼吸。这种呼吸方法可以使腹部和丹田充满气息，为发音提供充足的“气”，同时，由于小腹向内收缩，胸前向外扩张，以小腹、后腰和后胸为支柱点，为发音提供了充足的“力”。“气”与“力”的融合，为优美的声音奠定了坚实的基础。

### （一）吸气训练

坐姿，身体重心在臀下当中椅子的前部，需坐满臀。腰直、胸含、肩松，自然叹一口气，将体内余气全部吐出，然后从容自然地吸气，当气吸到正常的程度时自然呼出。训练时注意体会小腹自然外突，两肋、后部及腰两侧自然张开、撑起的感觉。

站姿，重心在两脚之间，躯干略前倾，肩及前胸放松，颈直、腰直、胸微含，特别要注意放松下巴、舌根、喉头、锁骨及颈部肌肉。自然叹一口气，将体内余气全部吐出，然后从容自然地吸气，当气吸到正常的程度时自然呼出。训练时注意体会两肋后部渐张，腹肌渐渐向“丹田”集中，腹壁从松弛状到渐渐绷紧“站定”的感觉。

**练习一** 闻花香。站立，胸自然挺起，两肩下垂，小腹微收，自然叹一口气，将体内余气全部吐出，然后从容地如闻花香一样地吸气……觉两肋渐开，气吸进八成满时，控制一两秒钟，再缓缓呼出。

### （二）呼气训练

坐姿，保持吸气时的状态，然后在呼气时发出延长的不间断的“Si……”音，以声音来检验呼出气流的控制是否匀量、匀速。经过反复练习，吸一口气后的呼气持续时间逐渐延长，应达到吸一口气能呼 30～40 秒。训练时注意体会吸气肌与呼气肌在抗衡中的控制以及气的稳劲感。

采用站姿，按以上要求练习体会。

做以上练习时，凡是产生双肩上耸、颈静脉暴突、面部表情紧张、仰头抬下颌、低头下巴抵胸、过分挺胸收腹等现象，都说明呼吸控制的基本状态不对。如果声音过于尖锐或干涩而不圆润、不舒畅，或者声音忽大忽小、忽强忽弱，不稳定，也说明呼吸控制不协调、不正确。

**练习二** 吹蜡烛。取站姿或坐姿，想象眼前有许多支点燃的蜡烛，深吸一口气后均匀、缓慢地将其吹灭，尽可能延长吹的时间，达到 25～30 秒为合格。

### (三) 换气训练

换气一般可分为两种情况，一种情况是两句话之间有较大的停顿时间，可以正常地从容换气，以满足下一句话发声表达和生理气体交换的需要。另一种情况是由于思维和表达的需要，为维持较长时间的发声并已超出了生理能力需要补充气息又无补气时间的换气，这时的换气技巧通常叫“补气”。

补气的常用技巧有三种。一是偷气，即以极隐蔽的方式，不为人察觉地迅速进气。二是抢气，即在情感和内容表达有需要时，不顾及有没有杂音的短促强吸气。三是就气，即让听众听觉上有停顿的感觉，但实际上并没有进气，而是运用体内的余气予以补给，“就”着这口气说完后面一句话，以达到保持语意连贯的效果。

换气总的要求是句首无声到位，句中小量补充，句间从容不迫，句尾余气托送。

**练习三** 快速吸气，胸廓感觉像在给气球打气。呼气五六秒后补气，口鼻同时进气，两肋张开，然后缓缓呼气。反复十几次，练到每次呼气时可以自如控制为止。

### (四) 胸腹式联合呼吸训练

胸腹式联合呼吸是介于腹式呼吸和胸式呼吸之间，通过横膈膜的收缩和放松来进行呼吸。具体做法是：吸气时，小腹向内即丹田处收缩，大腹、胸和腰部同时扩张。呼气时，小腹要一直收住，使胸部、腰部在努力控制之下，将气慢慢散出，切忌一下子把气放出来。

在训练时，要注意以下几点：第一，呼吸时，尽量做到自然放松，吸入的气息量适中，切忌吸得过深或过浅；第二，充分利用讲话过程中存在的自然停顿进行换气，不要在讲完每一段或每一个层次后才大呼大吸；第三，只有挺胸抬头，肩背舒展时，才能使胸腹处于良好的呼吸状态。

**练习四** 发“嘶”声的训练。取站姿，自然吸入一口气后，通过气息的动作来推动声门，并推向前齿，发出“嘶”声。反复做 5～7 组，每一组要坚持 5 秒钟以上，逐渐延长至 15 秒以上。

## 二、共鸣训练

共鸣指人体器官因共振而发声的现象。每个人的声带所产生的音量很小，只占人们讲话时音量的 5%左右，其他 95%左右的音量，需要通过共鸣腔放大得来。人的声道共鸣器官主要有胸腔、口腔、鼻腔等。要想使说话的声音好听和持久，就要进行必要的共鸣训练。

### (一) 鼻腔共鸣训练

鼻腔共鸣是通过软腭来实现的，当软腭放松时，鼻腔通路打开，口腔的某些部位关闭，声音在鼻腔得到共鸣，如鼻辅音 m、n、ng 等。鼻腔共鸣能使声音明丽、高亢。当鼻腔与口腔同时打开，产生的是鼻化元音。少量的鼻化元音可以增加音色的明亮，但过多的鼻化会造成“囊鼻音”，影响发音效果。

**练习五** 学牛叫声，体会鼻腔共鸣。

**练习六** 鼻辅音+元音练习。声音沿着硬腭上行，头部有振动感，双唇发麻，找到鼻腔共鸣。

ma mi mu na ni nu

**练习七** 朗读下列同声韵四声字，体会鼻腔共鸣。

| | | | | |
|---|---|---|---|---|
| 吧拔把爸 | 囡南赧难 | 飞肥斐肺 | 颗咳可客 | 多夺躲剁 |
| 豁活火货 | 家夹甲价 | 妞牛钮拗 | 先贤显现 | 猪竹煮著 |
| 星行醒性 | 充虫宠冲 | 挖娃瓦袜 | 屈渠取去 | 村存忖寸 |
| 汪王网忘 | 薛学雪谑 | 晕云允运 | 嘬昨左座 | 知直指制 |

### (二) 口腔共鸣训练

口腔指硬腭以下、胸腔以上的共鸣体。运用共鸣体时，双唇要自然打开，笑肌提起，下腭自然放下，上腭抬起，呈微笑状，使整个口腔保持一定的张力，口腔壁、咽腔壁的肌肉处于积极状态。这样，声带发出的声音随气流的推动流畅向前，在口腔的前上部引起共鸣，形成共鸣效果。口腔共鸣能使声音结实、明亮。

**练习八** 学鸭叫声，体会口腔共鸣。挺软腭，口腔张开成一圆筒，边发“gaga”音，边仔细体会。如果共鸣运用得好，“gaga”音好听；共鸣运用得不好，“gaga”音枯燥、刺耳。

**练习九** 结合下列语音练习，体会口腔共鸣。

| | |
|---|---|
| b——a——ba | p——a——pa |
| b——ai——bai | p——ai——pai |
| b——an——ban | p——an——pan |
| b——ang——bang | p——ang——pang |
| bā——dā——gā | bā——dā——gā |
| pā——tā——kā | pā——tā——kā |

**练习十** 朗读拟声词，体会口腔共鸣。

| | | | | | |
|---|---|---|---|---|---|
| 哗啦啦 | 噼啪啪 | 咣啷啷 | 扑嗵嗵 | 胡噜噜 | 吧哒哒 |
| 滴溜溜 | 咕隆隆 | 淅沥沥 | 叮叮当 | 滴滴答 | 咚咚锵 |

### （三）胸腔共鸣训练

胸腔是指声门以下的共鸣腔体，属于“下部共鸣”。运用胸腔共鸣时，声带振动，声音反着气流的方向通过骨骼和肌肉组织壁传到胸腔，这时胸部明显感到振动，从而产生共鸣。胸腔共鸣能使声音浑厚、洪亮，它是口腔共鸣不可缺少的基础。

**练习十一** 用较低的声音发“ha”音，体会胸腔共鸣。声音不要过亮，逐渐降低音高，找到从胸腔发出的感觉。也可适当加大音量，并用手轻按胸部，用“a”做练习音，从高到低，从实到虚发长音，体会哪一段声音胸腔振动强烈，然后在这一声音阶段做胸腔共鸣训练，一般说来，较低又柔和的声音易于产生胸腔共鸣。

**练习十二** 进行夸张声调练习，体会胸腔共鸣。

| | |
|---|---|
| 黑——白——分——明—— | 融——会——贯——通—— |
| 清——正——廉——洁—— | 英——勇——顽——强—— |

## 三、吐字归音训练

吐字归音是中国说唱艺术特有的一种发声手段。根据汉语音特点，把一个字分为字头、字腹、字尾三部分，字头指声母和介音，字腹指韵母的韵腹，字尾指韵母的韵尾。吐字是对字头发音的要求，归音是对字腹尤其是字尾发音的要求。“字正腔圆”是对吐字归音的理想要求，即：读音正确、规范，字音清楚、不含混，声音饱满、润泽，发音集中、不散乱，语音连贯、自然。吐字归音运用得好，可以使字音清晰婉转，圆润连贯，增强语言表达的效果。

一个汉字的音程很短，大多在三分之一秒就会结束。要在短短的时间内兼顾声韵调和吐字归音，必须从日常训练开始严格要求。

### （一）口腔控制训练

1. 唇的训练：唇的力量要集中在唇的中央 1/3 处，否则会因力量分散而造成字音的不集中。

喷——双唇紧闭，阻住气流，突然放开爆发出 b 和 p 音。

撮——双唇紧闭，撮起，嘴角后拉交替进行。

撇——唇撮起用力向左、右歪，交替进行。

绕——双唇紧闭，左绕 360°，右绕 360°，交替进行。

2. 舌的训练：舌力集中一是将力量主要集中在舌的前后中纵线上，二是舌在发音过程中要取“收势”，收拢上挺。这样才能有力而灵活。

刮——舌尖抵下齿背，舌中用力，用上齿刮舌尖、舌面。

弹——力量集中于舌尖，抵住上齿龈，阻住气流，突然打开，爆发 t 音。

咳——咧唇，舌根抵软硬腭交界处，阻住气流，突然打开，爆发 g、k 音。

顶——闭唇，用舌尖顶左右内颊，交替进行。

绕——闭唇，用舌尖在唇齿间左右环绕，交替进行。

3. 打开口腔训练：打开口腔，可以使舌的运动空间加大，提高吐字质量；也可以适当发挥口腔共鸣的作用，提高声音质量。

提颧肌——颧肌用力上提时，口腔前部有展宽感觉，鼻孔也随着少许张大，同时使唇尤其是上唇贴近牙齿。

打牙关——上下颌之间的关节称牙关。像半打哈欠打开牙关，口不要大开，然后缓慢闭拢。用后牙咀嚼，动作可夸张些。打牙关可以丰富口腔共鸣，还可以使咬字位置适中，力量稳健。

挺软腭——加大口腔后部空间，改善音色，缩小鼻咽入口，避免声音大量灌入鼻腔而造成鼻音。

松下巴——在打开口腔方面比抬上腭更具有实质性效果。咬字的力量主要在口腔上半部。发音时，只有下巴自然内收才能放松。日常牙疼说话时，下巴一般是较松弛的。

### (二) 吐字训练

吐字也叫“咬字”。吐字时首先要注意口型,口型该大开时不能半开,该圆唇时不能展唇,尽量使声音立起来。再者要注意字头,字头是字音的开始阶段,指声母和介母,要求叼住弹出,“叼住”要叼得巧而不死,过紧则僵,过松则泄;“弹出”要弹得轻捷有力,不粘不滞。发音要有力量,摆准部位,蓄足气流,干净利落,富有弹性。要用这一阶段的力量去带动字腹和字尾的响度,使声音立得住,传得远。

**练习十三** 读地名训练。

世界知名的泰航将连接北京、广州、昆明、上海,经曼谷抵斯德哥尔摩、哥本哈根、伦敦、布鲁塞尔、阿姆斯特丹、巴黎、法兰克福、苏黎世、马德里、罗马、雅典、迪拜、马斯喀特、卡拉奇、科伦坡、加德满都、德里、加尔各答、达卡、仰光、普吉岛、合艾、槟城、吉隆坡、新加坡、雅加达、登马萨、诗里巴加湾市、马尼拉、清迈、金边、万象、胡志明市、河内、香港、高雄、台北、汉城、福冈、大阪、名古屋、东京、布达佩斯、墨尔本、悉尼、布里斯班、奥克兰、洛杉矶等70个目的地。乘泰航往曼谷及世界各地,飞翔万里,快捷舒适。

**练习十四** 字的对比练习。

| | | | | | |
|---|---|---|---|---|---|
| 滋—之 | 咂—扎 | 总—肿 | 最—坠 | 增—征 | 脏—张 |
| 擦—插 | 才—柴 | 蚕—蝉 | 草—吵 | 层—城 | 从—虫 |
| 洒—傻 | 赛—晒 | 色—社 | 三—山 | 搜—收 | 算—涮 |

**练习十五** 词的对比练习。

| | | | | |
|---|---|---|---|---|
| 资助—支柱 | 栽花—摘花 | 自力—智力 | 短暂—短站 | 小邹—小周 |
| 木材—木柴 | 推辞—推迟 | 仓皇—猖狂 | 姓岑—姓陈 | 藏身—长生 |
| 私人—诗人 | 四十—事实 | 散光—闪光 | 三哥—山歌 | 塞子—筛子 |

### (三) 归音训练

归音是指字腹到字尾这个收音过程。收音时,唇舌的动程一定要到位,字腹要拉开立起,即在字腹弹出后口腔随字腹的到来扯起适当开度,共鸣主要在这儿体现,然后收住,要收得干净利落,不拖泥带水,但也不能草草收住。如“天安门”三个字收音时舌位要平放,舌尖抵住上齿龈,归到前鼻韵母“n”音上,只有这样归音才到位,才有韵味,普通话才地道,不可收音时听不到“n”的尾音。但要注意做好“到位弱收”，不能用劲。收音恰当，到位与否对“字正”起着重要作用。语流中感情色彩的变化与延伸，多体现在韵尾上，归音时要注意归出“味儿”来。

**练习十六** 朗读下列成语。

| | | | | | |
|---|---|---|---|---|---|
| 一丝不苟 | 一衣带水 | 一字之师 | 一针见血 | 一言难尽 | 一鸣惊人 |
| 一知半解 | 一往无前 | 一面之词 | 一诺千金 | 一模一样 | 一蹴而就 |
| 十万火急 | 十风五雨 | 十年读书 | 十行俱下 | 十全十美 | 十羊九牧 |
| 十步芳草 | 十字街头 | 十室九空 | 十载寒窗 | 十恶不赦 | 十拿九稳 |
| 百口莫辩 | 百无禁忌 | 百发百中 | 百年大计 | 百折不挠 | 百步穿杨 |
| 百依百顺 | 百废俱兴 | 百思不解 | 百读不厌 | 百感交集 | 百端待举 |
| 千万买邻 | 千门万户 | 千夫所指 | 千里迢迢 | 千金买骨 | 千钧一发 |
| 千疮百孔 | 千载难逢 | 千真万确 | 千虑一得 | 千锤百炼 | 千篇一律 |
| 万人空巷 | 万马齐喑 | 万夫莫开 | 万无一失 | 万古长青 | 万死不辞 |
| 万众一心 | 万寿无疆 | 万里长征 | 万事大吉 | 万象更新 | 万籁俱寂 |

## 强化训练

**【训练要求】**

严格按照各项练习的具体要求进行，不要单纯追求快与多，重点放在各项训练要领的体会与掌握上。

**【训练指导】**

教师要根据具体要求做好示范与点评，组织学生以小组或同桌为单位进行练习。要将课堂练习与平时练习结合起来，将练习与考核结合起来。

学生根据自己的学习实际，有针对性地进行练习，一定要将自我练习与全班演练结合起来。

**训练一** 数数儿。

保持正确的基本呼吸状态，吸气至八成满后，以大约每秒一个数儿的速度数数儿：1、2、3、4……尽量延长呼气的控制时间。

**训练二** 一口气连续说短绕口令。

保持正确的状态吸气之后，用一口气又多又快地说简短的绕口令，比如“吃葡萄不吐葡萄皮儿”、“班干部不管班干部”和“红凤凰黄凤凰粉红凤凰花凤凰”等。

**训练三　一口气连续快读下面的绕口令。**

出东门，过大桥，大桥底下一树枣儿，拿着杆子去打枣儿，青的多，红的少。一个枣儿，两个枣儿，三个枣儿，四个枣儿，五个枣儿，六个枣儿，七个枣儿，八个枣儿，九个枣儿，十个枣儿，十个枣儿，九个枣儿，八个枣儿，七个枣儿，六个枣儿，五个枣儿，四个枣儿，三个枣儿，两个枣儿，一个枣儿。

**训练四　播报《三字经》，要求字的间隔要均匀，保持“中中重”格式。**

浑天仪，张衡制，圆周率，祖冲之。精医道，汉华佗，传织机，黄道婆。

李时珍，编本草，徐霞客，探险奥。我疆域，广无垠，黄土地，育斯民。

从昆仑，到海滨，山和水，皆可亲。有五岳，有五岭，或雄峻，或秀挺。

黄河阔，长江长，珠水秀，龙江壮。数宝岛，首台湾，连大陆，情相关。

古长城，气势雄，古运河，帆樯通。都江堰，水患息，丝绸路，联西域。

国境内，多民族，究其数，五十六。百千年，共一家，同携手，建中华。

龙传人，遍海外，赤子情，终不改。观风云，看世界，进则昌，退则败。

好儿女，细思量，读此经，当自强。乘长风，冲天起，振中华，齐努力。

**训练五　大声呼唤练习。**

假设某人在离自己100米处，大声呼唤。在呼唤时，注意控制气息，并注意延长音节，体会三腔共鸣。

1. 老王，等一等！苗—苗，早点回家！
2. 张——师——傅——，快——回——来——！
3. 喂——，那——里——危——险——，快——离——开——！

**训练六　朗读作品《长征》。**

要求放慢速度，有意识地夸张，尽量找出最佳共鸣效果。声音适当偏后些，使之浑厚有力。注意防止“囊鼻音”。

红—军—不怕—远—征—难，万—水—千山—只—等—闲。

五岭—逶迤—腾—细—浪，乌蒙—磅礴—走—泥—丸。

金沙—水拍—云—崖—暖，大渡—桥横—铁—索—寒。

更喜—岷山—千—里—雪，三军—过后—尽—开—颜。

**训练七　朗读下列诗句。**

第一步，用较慢的速度将音节清楚地读出，特别是韵脚音节要读得饱满（声母、韵母、声调都要到位）。第二步，结合诗的情景、情绪、意境，在朗读时要言有所指、情有所动，做到“声情并茂”。

1. 烟笼寒水月笼沙，夜泊秦淮近酒家。商女不知亡国恨，隔江犹唱后庭花。

——杜牧《泊秦淮》

2. 湖光秋月两相和，潭面无风镜未磨。遥望洞庭山水翠，白银盘里一青螺。

——刘禹锡《望洞庭》

3. 月落乌啼霜满天，江枫渔火对愁眠。姑苏城外寒山寺，夜半钟声到客船。

——张继《枫桥夜泊》

4. 渭城朝雨浥轻尘，客舍青青柳色新。劝君更尽一杯酒，西出阳关无故人。

——王维《送元二使安西》

5. 残灯无焰影幢幢，此夕闻君谪九江。垂死病中惊坐起，暗风吹雨入寒窗。

——元稹《闻乐天左降江州司马》

6. 杨柳青青江水平，闻郎江上唱歌声。东边日出西边雨，道是无晴却有情。

——刘禹锡《竹枝词》

**训练八** **朗读下列绕口令。**

请先分别找出每首绕口令中拗口的字，将它们归韵合辙熟读数遍，之后按慢读，连读，快读三步训练，直至一气呵成准确无误。

1. 老宋和老宗，二人去买葱。老宋把葱说成蒜，老宗把蒜说成葱。蒜是蒜，葱是葱，哪样说错都不行。

2. 破皮袄破了个破皮窟窿，会补破皮袄的来补破皮窟窿，不会补破皮袄的别来补破皮窟窿。

3. 苏州有个苏胡子，湖州有个胡胡子，苏州的苏胡子家里有个梳胡子的梳子，湖州的胡胡子家里有个梳子梳胡子。

4. 梁家庄有个梁大娘，梁大娘家盖新房。大娘邻居大老梁，到梁大娘家看大娘，赶上梁大娘家上大梁，老梁帮着大娘扛大梁，大梁稳稳当当上了墙，大娘高高兴兴谢老梁。

5. 铜钉和铜板，铜钉钉铜板，铜板钉铜钉，钉钉铜，铜钉钉。

6. 山上五株树，架上五壶醋，林中五只鹿，柜中五条裤，伐了山上树，取下架上醋，捉住林中鹿，拿出柜中裤。

7. 白石白又滑，搬来白石搭白塔。白石塔，白石搭，白石搭石塔，白塔白石搭。搭好白石塔，白塔白又滑。

8. 桃子李子梨子栗子橘子柿子槟子榛子栽满院子村子和寨子。刀子斧子锯子凿子锤子刨子尺子做出桌子椅子和箱子。蚕丝生丝熟丝缫丝染丝晒丝纺丝织丝自制粗丝细丝人造丝。名词动词数词量词代词副词助词连词组成语词诗词和唱词。

**训练九 跑步背诗。**

在户外或室内跑步机上训练皆可。在跑步出现轻微气喘时背一首短小的古诗。也可两人配合练习，并肩小跑，一人一句地背诵。

## 项目 2 倾听训练

听是人与生俱来的一种能力，是感觉器官对声音产生的一种生理反应。倾听是凭借听觉器官接受言语信息，进而通过思维活动达到认知、理解的全过程。对于个体来说，倾听是获取来自外界信息和提炼信息不可或缺的有效途径和必不可少的能力。在人们日常的语言活动中，“听”之所以占首位，是因为它是基础，没有听清楚、听明白，又怎么能回答，怎么能交流，怎么能对话呢？正是因为倾听，我们才得以了解别人的想法，才想学到别人的经验和知识，使自己得以进步。倾听是一项技巧，是一种修养，甚至是一门艺术，每个人都要学会倾听。

### 一、听解训练

倾听的第一步是听得懂、听得准。一般来讲，听话人很难把说话人的话语一字不漏地全部记下来。“听”不仅仅是声音的吸收，更在于理解。

1. 养成倾听的习惯。口语交际属于口耳相传，稍纵即逝。听话人在听的过程，稍一走神，就会间断听觉和思维次序，就不能完全、准确地获取对方的话语信息。因此，在与别人谈话时，要养成认真、专注地听别人说话的习惯与修养。努力做到“五心”倾听，即：专心地听，明主旨；用心地听，辨是非；细心地听，记要点；虚心地听，作对照；耐心地听，重细节。切忌心猿意马、三心二意。著名摄影记者伊斯阿克·麦克逊曾说：“人们之所以不能给别人留下很好的印象，就是因为不善于倾听。我们只关心自己要说些什么，而从来不会等对方把话讲完。许多名人都曾告诉我，他们喜欢的是那些善于倾听别人说话的人。倾听别人谈话的习惯，跟优秀的品格一样重要。”

**范例** 一位汽车推销员有一次向顾客推荐一种新型车，他热忱接待，并详尽地为客人介绍车子的性能、优点。客人很满意，并递上名片，有说有笑地随他一起走向办公室，准备办理购买手续。岂料，从展厅到办公室，短短几分钟，客人的脸色却越来越难看，突然决定不买了。这位顾客为什么突然变卦？推销员夜里辗转反侧，不能人眠。于是他向那位顾客拨了电话询问原因。“你在听我讲话吗？”顾客在电话里问道。“我在听。”“可是，今天你并没有用心听我说话。就在我签字之前，我提到我儿子即将进入大学，我还跟你说到他喜欢赛车和将来的抱负，我以他为荣。可你根本没听我说这些话！”听得出来，客户对他很不满意。对方继续说：“你只顾推销自己的汽车，根本不在乎我说什么。我不愿意从一个不尊重我的人手里买东西！”这位推销员恍然大悟。他从此引以为戒，外出推销不仅要带上自己的“嘴巴”，更要带上自己的“耳朵”。

2. 鼓励对方先开口。首先，倾听别人说话本来就是一种礼貌，表示我们愿意客观地考虑对方的看法，这会让说话人觉得我们很尊重他的意见，有助于建立融洽的关系，彼此接纳。其次，鼓励对立先开口，可以降低谈话中的竞争意味。倾听可以营造一种开放的氛围，有助于彼此交换意见。再者，对方先提出看法，我们就有机会在表达自己的意见之前，掌握双方意见的一致之处。这样就可以使对方更加愿意接纳我们的意见，更容易说服对方。

**范例** 享有“世界第一保险推销员”美誉的哈默里，他成功的秘诀就是真诚地倾听客户的谈话。一般情况下，他同客户谈话的时候，往往主要是做一个善于倾听的人；而当客户沉默寡言的时候，他就会想办法提出各种各样的问题，鼓励对方先说话。哈默里就是用这样的方法，使自己在一年之内做成了几千万美元的保险业务。

3. 善于听取关键词。在口语交际过程中，说话人常常把自己的思想、主张、观点隐含在一段话中。因此，我们在听话时，要善于听取关键词。透过这些关键词，可以看出对方喜欢的话题，也可显示出对方的兴趣和情绪，从而捕捉到说话者的主要观点，获取有价值的信息。此外，对方话中的关键词，还可以帮助我们决定如何响应对方的说法。

**范例** 一位商场金卡顾客到收银台持卡消费。

顾客问：金卡积了分没有？

收银员答：交款时才能积分。

顾客问：积进去了没有？

收银员答：已经输进电脑里，看收据上的内容就知道了。

顾客问：到底积了分没有？

收银员答：您可以直接到总台贵宾厅查询。

连问三次，还是得不到准确的答案，顾客勃然大怒……

引发这场纠纷的原因就是由于服务人员没有对顾客的询问“对症下药”，顾客关心的重点是积分是否进入金卡，而收银员仅仅是站在自己工作的角度，客观地介绍积分的过程。其实，“是的，金卡已经积了分。”一句话便可化解这场无谓的争辩与纠纷。

4. 及时回应。在交流过程中，要做一个积极的听众。倾听的时候，要用“嗯”、“噢”、“哦”等语言给对方以必要的回应，以不断鼓励对方说下去；也可适时提出自己不确定或有疑问的地方，与对方交流；还可适当复述说话人的谈话要点，可以是讲话者的话，也可以是自己的总结，以此来与说话人互动。

## 二、听记训练

学会倾听，还要在理解的基础上，科学地掌握、使用一些听记的方法，不断提高听话记忆力，即听话时快速记忆的能力。

1. “五到”记忆法。就是让眼、耳、口、手、脑同时参与、同步工作的强化记忆方法。运用多种器官，多方面获得感性知识，同时输入大脑并留下痕迹，这样手脑并用，学思结合，就比单纯的口读目记效率高，要记得快、记得更牢。有专家实验表明：在接受知识时，如果用眼耳结合的“视听法”，3 小时后能保持 85%，3 天后可保持 65%。

2. 趣味记忆法。就是边听、边联想与事物有趣味联系的事，以加深听记印象的方法。在日常生活中，总会有一些记忆材料是毫无意义或意义不大的，如不少姓名、地名、机构名称，甚至有些数字等，枯燥无味，不易记住。但是，如果给这样一些材料附加一种人为的谐音意义，或者故意与其他醒目、惊心的事物联系在一起，化抽象为具体，化枯燥为生动，就有趣好记多了。如数字 882——5252 可谐音为“爸爸饿，我饿我饿”，一下就记住了。

3. 重复记忆法。遗忘是记忆“痕迹”的淡漠或消失，重复是同遗忘作斗争的有力武器之一。心理学家艾宾浩斯的遗忘规律告诉我们：遗忘是先快后慢、先多后少。并且，学习、记忆的程度应达到 150%，将会使记忆得到强化。根据这一规律，刚刚习得的知识应当及时复习，开始复习时的次数要多，间隔的时间要短，以后再减少复习次数，扩大时间间隔。因此，把握规律及时巩固。不仅有修补、巩固记忆的作用，还可以深化记忆知识的理解。通过这样的重复，能逐渐达到知识的条理性、系统性。我国著名桥梁专家茅以升在 83 岁时，还能背诵出圆周率小数点后面 100 位的准确数值，有人问他为什么有这么好的记忆力，他的回答是："说起来很简单，重复！再重复！"

4. 口诀记忆法。就是把本身联系很少的材料，根据其内容要点，变成整齐对称、偶句押韵，便于记忆的语句。如我国是农业大国，我们的祖先根据丰富的农业气象经验，把一年分为二十四段，称为二十四节气，分别为：立春、雨水、惊蛰、春分、清明、谷雨、立夏、小满、芒种、夏至、小暑、大暑、立秋、处暑、白露、秋分、寒露、霜降、立冬、小雪、大雪、冬至、小寒、大寒，每个节气间隔约半个月。一般在7个月以前，每个月的2个节气，一个是6日，一个是21日；在7月以后，每个月内的2个节气，一个是8日，一个是23日，即使有出入，也不过是一两天。这些内容靠机械记忆比较困难，但如果编成口诀来记，就容易多了："春雨惊春清谷天，夏满芒夏暑相连，秋处露秋寒霜降，冬雪雪冬小大寒，上半年来六廿一，下半年来八廿三，每月两节日期定，最多相差一两天。"

此外，还有归类记忆法、对比记忆法、概括记忆法、交谈记忆法等。有人还总结了这样的经验：理解是记忆的基础，争论是记忆的益友，背诵是记忆的根本，重复是记忆的窍门，趣味是记忆的媒介，联想是记忆的动力，化简是记忆的助手，应用是记忆的要诀。总之，提高口语表达能力，切切不可离开记忆。

## 三、听辨训练

口语交际是一种复杂的社会现象，既有显性的成分，也有隐性成分。直言不讳，让人一听就懂，是显性言语行为。然而，在交际过程中，说话人往往不把本意在言辞上直接表露出来，而是隐含在话语深处，话中有话，意在言外。这就需要听话人要细心辨别，听懂对方的心声。

1. 听辨弦外之音。俗话说："听话听声，锣鼓听音。"很多人不直接说出自己真正的想法和感觉，他们往往会运用一些叙述或疑问，百般暗示；或使用双关、反语等一些修辞手段，曲折表达自己内心的看法和感受。倾听的人要学会听音辨调，察言观色，推测判断其真意。

**范例** 一位顾客去饭馆吃饭，米饭中有沙子，顾客就把它们吐出来一一放在桌子上。服务员见状很是不安，抱歉地说："净是沙子吧？"顾客摇摇头微笑着说："不，也有米饭。"从上述回答中，服务员可听辨出顾客表达出的不满与委婉的批评。

2. 观察并使用肢体语言。在口语交际过程中，一个人要表达的内容，并不一定全在他的话语中。因此，在聆听对方谈话时，还要注意对方的声调、表情、态度以及手势、动作等肢体语言，以便充分了解对方的本意。与此同时，如果听话人态度开放、很感兴趣，说话人就会受到鼓舞。因此，倾听时也要适当地使用一些肢体语言，如：自然的微笑，轻轻的点头，身体稍稍前倾，要注意看对方的眼睛，不要交叉双臂，不要把手放在脸上，不要低着头，更不要做一些与交谈无关的动作等。

## 强化训练

**【训练要求】**

按照各项练习的具体要求与步骤进行，要持之以恒。也可根据实际，自行设计，充分演练。

**【训练指导】**

教师要做好指导，组织学生以小组或宿舍为单位进行练习，引导学生进行点评与小结。

学生要根据自身实际，有针对性地进行练习，要将自我练习与全班演练结合起来。

**训练一　耳语传话。**

以教室纵向座位一列为一组，给第一排的同学发放一张事先写好一句话的纸条，在规定时间看完后，开始用耳语的形式快速往后传这一句话，以此顺传至最后一排的同学；最后一排同学把听到的话写在黑板上，看看与纸条上的话是否一致，并比比哪组最准最快。

**训练二　听辨记忆。**

以学习小组为单位，先请一组同学一一上台前说出自己的出生年月日、出生地点和个人爱好，再请其他小组同学的复述，看看准确性如何。

**训练三　分析下列各组对话中的言外之意。**

1. 杰克住在一个小镇上，他从未见过海。有一天，终于来到了海边，并遇到了一位水手。他们交谈起来。

“你怎么会爱海呢？”杰克问，“那儿弥漫着雾，又冷。”

“海不是经常都冷和有雾，有时候是明亮而美丽的。但不管什么天气，我都爱海。”水手说。

“当一名水手危险吗？”杰克问。

“当一个人热爱他的工作时，他不会想到什么危险。我们家庭的每一个人都爱海。”水手说。

“你的父亲现在何处?”杰克问。

“他死在海里。”

“你的祖父呢?”

“死在大西洋里。”

“那你的哥哥呢?”

“他在印度一条河里游泳时被鳄鱼吞食了。”

“既然这样,”杰克说,“如果我是你,我就永远也不到海里去。”

“那你愿意告诉我你的父亲死在哪里吗?”

“啊,他是在床上断的气。”杰克说。

“你的祖父呢?”

“也死在床上。”

“这样说来,如果我是你,”水手说,“我就永远也不到床上去。”

2. 里根在担任美国总统时,提出削减预算的方案。

讨论时,议员们议论纷纷。

里根笑着说:“有人告诉我,紫色的软糖都是有毒的。”然后拿起一颗紫色的软糖塞进嘴里。

3. 阿凡提与巴依老爷一起洗澡。

巴依问:“凭我这个模样到奴隶市场能卖几个元宝?”

阿凡提说:“10 个元宝。”

巴依火了:“胡说! 光我这条绣花围巾就值 10 个元宝!”

阿凡提说:“正是啊,高贵的巴依老爷!”

**训练四 倾听演练**。

1. 背景介绍:一架飞机坠落在荒岛上,只有 6 人存活。这时逃生工具只有一个能容纳一人的橡皮气球吊篮,没有水和食物。

2. 角色分配:1 名怀胎 8 个月的孕妇、1 名研究癌症疫苗取得突破性进展的医学家、1 名正在研究人类基因的发明家、1 名即将登上火星探索太空的宇航员、1 名负责热带雨林抢救工作的生态学家、1 名流浪汉

3. 演练过程:参与者针对由谁乘坐气球先行离岛的问题,先复述前一人的理由,再申诉自己的理由。大家根据复述别人逃生理由的完整性及陈述自身理由的充分性,共同决定可先行离岛的人。

4. 演练说明:自荐或推荐 6 名同学参与,其他同学作为观察者。每个角色都有优先逃生的理由,请大家不但要将自己的理由陈述充分,还要认真倾听别人

的话,记住别人的想法,这样别人才会相信你,才会让你先行离岛。演练结束后,参与者与观察者交流心得,感受倾听的重要性。

## 项目 3 心理素质训练

心理素质是人的个性所具有的基本特征和品质。它是人类在长期社会生活中形成的心理活动在个体身上的积淀,是一个人在思想和行为上表现出来的比较稳定的心理倾向、特征和能动性。在口语表达过程中,讲说者往往面临着生疏、频繁变化的对象和环境。为了能够消除不良环境的影响,战胜自己可能产生的怯场等心理障碍,充分发挥自己的口语才能,就必须进行心理素质的训练。

### 一、克服怯场心理

#### (一) 关于怯场心理

1. 怯场的具体表现。某些人当遇见陌生人或者一想到自己要在大庭广众之下讲话,便会出现心率加快、血压升高、汗腺分泌、喉头发紧、声音打颤、四肢僵硬、肌肉抽搐、头痛晕眩等生理反应,这些不自然的神态举动,便是怯场。它是人说话时出现的恐惧慌乱的心理。

2. 怯场的原因。产生怯场的原因主要有会场隆重严肃,听众过多,气氛特殊;有陌生感和孤独感,难以激起激情,怕失败;过分担心讲话内容,有恐惧情绪;面对各种干扰,情绪过度紧张等。

#### (二) 克服怯场心理的方法

1. 应有正确的认识。怯场是一种常见的心理表现,许多极具口才的著名人士在演讲时也不能幸免。例如罗马演说家西赛罗第一次演讲时“脸色苍白、四肢和心灵都在颤抖”;印度总理拉·甘地在讲演时“不是在讲话,而是在尖叫”;美国著名作家马克·吐温讲演时“嘴里仿佛塞满了棉花,脉搏快得像赛跑的运动员”。美国的研究人员曾在 3 000 多人中做了一个调查,题目是“你最担心的是什么?”约有40%的人认为,最令人担心也最令人痛苦的事是在大庭广众之下讲话。因此，每一个人都有惧怕的情绪，只不过程度不同。

2. 应有充分的自信。相信自己，就是自信。居里夫人说得好："我们应该有信心，特别是要有自信心。我们必须相信，我们的天赋是用来做某种事情的，无论什么代价，这种事情必须做到"。巴甫洛夫也曾说："如果我坚持什么，就是用大炮也不能把我打倒。"

自信心对于人的心理有重要的影响。一位心理学家曾做过这样的试验：当一位很胆怯又不具有自信心的女孩子，在被人有意地充分肯定、赞扬了一段时间后，其自信心大为增强，言谈举止与从前判若两人。有了自信心才能够在讲说前情绪饱满，意气风发，精力旺盛。在讲说中，克服怯场，情绪镇静，神态自若，思维敏捷，言语流利，才能使自己所讲的内容精当，从而更好地展示自己的口才。

自信绝不是自夸，自信要建立在充分准备的基础上。一个人说话成功的程度，跟说话之前所做的准备有很大关系。林肯曾说："即使是再有实力的人，如果没有精心的准备，也无法说出有系统、高水平的话来。"此外，我们一方面要进行必要的知识积累，说话是以大脑储备的知识为基础的；另一方面要加强对自信心的培养与训练。美国著名的演讲家戴尔·卡耐基认为："发展自信的方法，就是做你怕做的事，而得到一个成功的记录。"

3. 加强平时练习。要找出自己的弱点和不足，充分利用一切在众人面前讲话的机会，大胆地锻炼，不断地积累经验，锻炼越多，越大胆。反之，越胆小。同时，要排除各种杂念：不要去想是否失败，不要去想听众是否厌烦，不要去想是否冷场，不要去想听众地位的高低，不要考虑太多影响自己的情绪，使思绪受到阻碍。要做到："目中无人，心中有人。"（周恩来）这样，才能求得最佳的心理状态。

**范例** 英国的现代主义戏剧家萧伯纳才华出众，并且以幽默的演讲才能著称于世。然而，在他年轻时，胆子却很小，羞于见人。初到伦敦，上朋友家做客，他不敢直接去按门铃，在门前徘徊了很久。有一次，一位朋友邀请他参加一个学会辩论会，他怀着一颗非常紧张的心站了起来，做了有生以来的第一次公开演讲。当他讲完时，迎接他的不是掌声，而是喝倒彩和讥笑。这次下来，萧伯纳感到蒙受了莫大的耻辱。但是，萧伯纳并没有从此逃避在公开场合演讲，而是鼓足勇气，面对挑战，拿出超人的毅力参加了许多社团论辩。并且在社团论辩中，总是参与发言，据理力争。他每星期都找机会当众公开演讲，在市场、教堂、公园、码头，无论是面对成千上万的听众还是寥寥无几的听众，都慷慨陈词。终于，萧伯纳成为一名世界级的演说家。

## 二、心理调节方法

调节紧张情绪有许多具体方法，可根据对象、场合、时间的不同对主体心理或客体心理进行调节。

### （一）对主体心理的调节

1. 形象调节法。想象或回忆美好的经历，使自己保持身心愉快，消除焦虑。如你喜欢洗澡，可以想象自己浸泡在暖洋洋的澡盆里的舒服感；也可以回忆自己在花园里、沙滩上，躺着做日光浴的情形，这样，你的心情自然会平静下来。又如你可以闭上眼睛，在头脑中展现出一幅你进行演讲的图画：在灯火辉煌的大厅里，你用浑厚洪亮的声音，准确而生动地表述自己的观点，听众则聚精会神地听着，仿佛入了迷……

2. 呼吸调节法。即上场前均匀地作深呼吸，每次呼吸都要感觉到是从丹田提起又落回丹田之中。呼与吸的时间要相等，可以在吸时数 3 个数，呼时以相等的时间数 3 个数，一呼一吸在 6 秒钟内完成。这样反复多次，因怯场造成的紧张便会减弱直至消失。

3. 松紧交替法。取立姿或者卧姿，手笔直地伸向前方，手指大大张开，指尖、脚尖向内，吸气，屏息，全身肌肉尽量绷紧；稍停，大喊一声“哈”，指尖、脚尖同时向外摊开，全身肌肉放松。如此进行 3～5 次后，进行短时间的腹式呼吸进行调整。如场合不允许，也可以简单地收缩、放松肌肉，交替进行。此法对付精神压力有特效。

4. 表情扮演法。对镜凝视自己的形象，垂下眼帘，细眯着眼，然后慢慢地牵动嘴角向上（先左边后右边，然后均衡）；放松，其后，慢慢地牵动外眼角向上（先左边后右边，然后均衡）；各反复数次后稍停，嘴角、外眼角同时均衡地向上牵动。这时候，你完全可能忍俊不禁，真的笑起来，镜子中出现的是你自己愉快轻松的形象。如果你感到紧张，那么千万别握紧双拳，皱着眉头，否则只会加重这种状况。

5. 活动转移法。有意识地观察某一件事物，或者与人交谈不相干的话题，或者散散步，活动一下身躯等等，都能调节紧张情绪。

6. 自我暗示法。利用内部语言进行自我安慰、排解、鼓励。如“讲得好坏没关系，只要我讲完就是胜利”“听众是不会注意我的每句话的”“听众常常分心，他们爱想自己的事”等。

7. 争取支持法。主要运用于讲说中"孤独感"的缓解。你可以不理会那些冷漠呆板的表情，而寻找热情友好的目光，你仿佛只是在对这些听众演讲，而他们也需要你的演讲。

8. 临场熟悉法。要避免临场紧张，一定要提前到场，可熟悉一下环境，如走上讲台环视大厅，打量一下讲台的摆设等，作一次心理准备。也可以到观众中间去进行交谈，这样不仅可以了解听众的需要、特点等，也可以消除由于"陌生体验"而带来的紧张。

9. 饮料摄入法。摄入适当的饮料，如咖啡、茶、糖水等，不仅能解除因紧张而带来的不适，也能产生暂时的精力旺盛和舒适的情感，缓解因疲惫而形成的厌倦、紧张、焦虑、沮丧等不良情绪。

### （二）对客体心理的调节

1. 话题结论对听众的心理调节。话题的结论既有助于听众进一步接收理解表达的内容，还有助于听众加深对表达的理性记忆，对改变或稳定听众的心理定势有重要作用。

2. 分析方式对听众的心理调节。如果说话者预料听众可能持有的观点并有针对性地对问题进行正面或反面的分析，这样听众容易接受，并能使持反对态度的听众能够改变自己的观点。

3. 听众情绪的心理调节。心理学研究证明，感情容易取得暂时的、当时的理性、持久的心理定势。因此，在讲说活动中应综合运用情感和理性的心理调节。

## 强化训练

**【训练要求】**

严格按照各项练习的具体要求进行，要持之以恒。

**【训练指导】**

教师要根据具体要求做好示范与点评，组织学生以全班或小组为单位进行练习。要将课堂练习与平时练习结合起来，将练习与考核结合起来。

学生要根据自身实际，有针对性地进行练习，要将自我练习与全班演练结合起来。

**训练一　按要求"无语练胆"。**

要求：学生轮流昂首阔步走上讲台，然后微笑着目视台下最后一排同学而不讲话，让视线笼罩全场，使每位同学都感到你在关注着他，听众微笑着盯住台上同学的面部，时间为 2 分钟或直到台上学生不感到十分紧张为止。

**训练二　按要求“随意练口”。**

要求：上台学生需注意心中有情，目中无人，随便讲自己最快乐（气愤、难忘）的事，或者大声念“绕口令”，习惯于低声说话者要有意识提高音量，而习惯于声音洪亮者则相反。

**训练三　按要求“命意讲解”。**

要求：学生根据自己的理解分别以“普通话、表达方式、态势、语言、思维与表达、听与说”等为题进行讲解。

**训练四　快问快答。**

要求：根据全班人数设计几十组常识题（每组 5 题），每 2 人 1 组抽题上台，完成一组快问快答题（提问后 3 秒内回答）。计分评比，答对 10 分，超过 3 秒 0 分，答错扣 10 分。

常识题举例：

八只螃蟹几个爪？

冰变成水的最快方法是什么？

树上有五只鸟，打中一只剩几只？

房间里有两个女儿两个妈妈，至少有几人？

一斤铁重，还是一斤棉花重？

## 项目 4　态势语言训练

态势语言，是指通过人体某一部分姿态、动作的变化来交流思想、表达情感的一种辅助性语言表现方式。又称“体态语言”、“伴随语言”、“人体语言”、“动作语言”和“行为语言”等。

态势语言是一种没有声音的伴随性语言，在交际中主要对有声语言起辅助作用。人们常常借助态势语言来强调重要的问题、词句和情感，表达那些言不足意或不宜明言的信息，吸引听众，感染听众等。因此，态势语言和有声语言两者彼此互补、相得益彰，有效地提高口语表达的准确性、生动性和形象性。

“态势”主要由身体、头部、表情、手势等部分组成。

## 一、体姿的运用及训练

身体的态势，也叫体姿。一个人的体态往往反映着他对人或事所持的态度，也体现了一个人的风度。姿态语言丰富多彩，通常包括站姿、坐姿、走姿、蹲姿、俯姿、卧姿等，在人际交往中使用最多的是站姿、坐姿和走姿。

### (一) 站姿

1. 基本要求。端正、自然、稳重、亲切、精神饱满。

2. 具体要领。站正直立，身体重心放在两脚中间，头正目平、嘴微闭、微收下颌、表情自然、臂垂且中指对准裤线，肩平、挺胸、收腹、腿并，脚跟靠拢。

3. 不良站姿。探脖、斜肩、挺腹、弓背、东斜西靠、单腿抖动、双手叉腰、双手抱在胸前、手放在衣袋内等。

### (二) 坐姿

1. 基本要求。端正稳重、自然亲切、庄重安详、文雅自如。

2. 具体要领。入座时轻而缓，走到座位前转身，右脚后退半步，然后轻稳地坐下。女士穿裙装入座时，应将裙向前收拢一下再坐下。入座后，上体自然坐直，头正目平，嘴微闭，面带微笑；胸微挺，腰伸直，腰部微靠椅背(或只坐椅子三分之二处)；两腿自然弯曲，小腿与地面基本垂直，两脚平落地面，双腿并拢，臀部坐在椅子中央。女士两膝并拢，男士可分开一些，但不超过肩宽。起立时，双脚先向后收半步，然后站起。

3. 不良坐姿。跷二郎腿坐姿、搁腿坐姿、分腿坐姿、“O”型腿坐姿、前俯后仰、扭扭捏捏、抖动腿脚等。

### (三) 走姿

1. 基本要求。自然、端正、轻盈、敏捷、矫健、行如风、充满活力。

2. 具体要领。头部抬起，目光平视正前方，下颌微微内收。双肩平齐，大臂带动小臂自然摆动，胳臂摆到体前时稍向里扣(与身体呈 10°～15°夹角)。两脚行进方向明确，大腿带动小腿，脚跟先着地。一般情况下，男士步幅 40 厘米左右，女士 30 厘米左右；男士每分钟 108～110 步，女士每分钟 118～120 步；女士走出的轨迹应是一条直线，男士走出的轨迹趋近于一条直线。

3. 不良走姿。瞻前顾后、低头驼背、大摇大摆、左右摇晃、八字步态、脚拖地面、膝盖弯曲、双手插兜、方向不定、速度多变、声响过大等。

## 二、头部的运用及训练

头部是态势语言中一个不可缺少的组成部分。一般说来，头部端正表现正常的态度、自信、勇气、喜悦、自豪和威严；头部向上表示希望、请求、祈祷和祝愿；头部向下表示羞怯、谦逊、内疚和沉思；头部向前表示同情、倾听、期望；头部向后表示惊奇、恐惧、退让；头部左右摇摆表示否认、拒绝、不相识、不满意或强调；点头表示同意、赞许、应诺等。

## 三、表情的运用及训练

表情，是指交际时人们面部的变化。常常由眼睛、眉毛、嘴巴和面部表情肌肉等变化来体现，是人体语言最为丰富的部分，也是运用态势语言的关键所在，它能迅速、敏捷、准确、真实地反映情感，传递信息。

### （一）眼睛

眼睛在表情中起主导作用。社会心理学家认为，目光接触是态势语言沟通的主要信息来源，眼睛对内心情感的传达主要靠眼神。眼神在交际中可以反映交际者的交际态度，表达交际者丰富多彩的情感意识。

1. 注视的方式。有正视、直视、仰视、俯视、斜视、扫视、窥视和环视等。

2. 常见的目光语。正视表示庄重；斜视表示轻蔑；仰视表示思索；俯视表示羞涩；逼视表示命令；瞪视表示敌意；行注目礼表示尊敬；白他一眼表示反感；双目大睁表示吃惊；眨个不停表示疑问；眯成一线表示高兴；低眉偷觑表示困窘；不停地上下打量表示挑衅。总之，目光的方向、眼球的转动、眨眼的频率等都有特定的含义。

3. 注意事项。一要注意注视的时间。人们可以长时间地注视一件物品或一只动物，但不能长时间地注视一个人。一般说来，与对方目光接触的时间不能超过全部谈话时间的1/3。如果超过了，有可能被认为是很吸引人或怀有敌意。在社交中，目光无意相遇应自然对视1～2秒。与异性目光对视，不能超过10秒钟，否则将引起对方的无端猜测。二要注意注视的部位。注视对方的什么位置，传达的信息有区别，造成的气氛也相异。如业务洽谈、商务谈判、上级给下级布置任务时，可采用看“上额、眼”上三角区域，有居高临下之感，可以压住对方。在社交场合，采用看“眼、下额”倒三角区域，可形成平等感，能创造良好的社交氛围。

（二）眉毛

配合目光语的运用，眉毛所表达的语言也是很丰富的，能直接反映出复杂的内心世界。我国古代就有“眉目传情”的说法，如欢乐时眉开眼笑、眉飞色舞；愤怒时横眉立目、怒目圆睁；忧愁时双眉紧锁、愁眉苦脸；顺从时低眉顺眼；戏谑时挤眉弄眼；畅快时扬眉吐气等。

（三）嘴巴

嘴巴是一个人面部表情中比较显露突出的部位，它的表现力仅次于眼睛，是一种生动、多变的感情表达语言。嘴巴表情主要体现在口形变化上，如和谐宁静、端庄自然时嘴唇闭拢，半开时表示惊讶、疑问，全开时表示惊骇；向上表示喜悦、诙谐、礼貌、殷勤和善意；向下表示痛苦悲伤、无可奈何；不满时撅着嘴，愤怒时绷紧嘴等。

（四）笑容

笑是人们因感到喜悦而高兴的表情，是一种生理现象，也是一种社会现象。笑是眼、眉、嘴和颜面的动作集合，主要是由嘴部来完成的。

笑有多种形式，其中，微笑是一种世界通用语，在各种文化体系中其含义是基本相同的。微笑是人们对美好事物表达愉快心情的外露，是善良、友好、赞美的象征，是人们对他人的理解、关心和爱的表现。据调查，“微笑”是世界上最让人感官舒心的三大表情之一。因此，平时要坚持训练，注重养成，做到笑脸常开，真诚甜美，规范得体，自然大方。

## 四、手势的运用及训练

手势是富有生命力的，手的表达能力仅次于脸部的表情。恰当地使用手势是态势语要求中的重要环节。

1. 基本要求。自然优雅、规范、适度、落落大方，使用双方都理解的手势。

2. 常用的基本手势。手势的动作是多种多样的，它主要由手掌、拳头、手指构成。

（1）手掌的运用。一般来讲，手心向上、胳膊微曲、手掌稍向前伸等手势主要表示贡献、请求、赞美、欢迎等；手心向下、胳膊微曲、手掌稍向前伸等手势主要表示神秘、抑制、否认、制止、不喜欢等；两手叠加表示团结一致、联合、一事依赖于另一事或命运攸关、休戚与共等；两手分开表示分离、失望、空虚等；手心向外的竖式手势可表示分隔、对抗、不相容的矛盾或互不同意的观点。

（2）拳头的运用。一般来讲，握紧拳头，显示挑战、精诚团结、一致对外、警告等意义；举起双拳在空中晃动，有号召人们起来斗争、奋斗等意义。

（3）手指的运用。一般来讲，手指可表示人格，如伸出拇指表示称赞、夸耀，伸出小指表示轻视、挖苦人；也可表示事物和方向，如用手指指某一事物或方向让听众感知；还可用手指数来表示所讲事物的数目等。

在态势语言中，身体、头部、面部、手势等虽有各自的含义，可以单独表达某种思想或感情，但在实际中常常是配合使用，使态势语言更加丰富多彩。如用食指指一下自己的头，表示思考、盘算、疑问的意思；用手掌抚胸，表示自问的意思；用拳捶胸，则表示悲痛、难过等。

## 强 化 训 练

**【训练要求】**

严格按照各项练习的具体要求进行，重点放在各项要领的体会、运用与掌握上，要持之以恒，学以致用。

**【训练指导】**

教师要根据具体要求做好示范与点评，组织学生以小组、同桌或个人为单位进行练习。要组织学生将课堂练习与平时练习结合起来，将练习与考核结合起来。

学生要根据自身实际，有针对性地进行练习，可将自我练习与全班演练结合起来。

**训练一　按具体要求进行态势语单项训练。**

1. 标准站姿练习；
2. 标准坐姿练习；
3. 正确走姿练习；
4. 微笑练习。

**训练二** **结合不同语境，讨论说明在表达下列语意时常用的态势语。**

1. 表示“欢迎”的态势语；
2. 表示“不满”的态势语；
3. 表示“肯定”的态势语；
4. 表示“恭敬”的态势语；
5. 表示“提醒”的态势语；
6. 表示“蔑视”的态势语；
7. 表示“拒绝”的态势语。

**训练三** **根据下列各句中要表达的内容，设计恰当的态势语。**

1. 真理、荣誉、正义是他的动机。
2. 攀登吧，无限风光在险峰。
3. 欢呼、跳跃吧！我们成功了！
4. 他这人太卑鄙了，无法和他相处。
5. 高大的建筑物突然陷入地下。
6. 月光静静地泻在这一片叶子和花上。
7. 死一般的沉寂笼罩大地。
8. 风助火势，火乘风威，火苗越升越高。
9. 夜幕笼罩着群山。
10. 这虽很有诱惑力，但还是让他见鬼去吧！
11. 他用胳膊挡住了进攻。
12. 年轻的朋友们，我们的事业是伟大的，我们的前途是光明的，让我们为实现这崇高的目标奋斗拼搏吧！

**训练四** **模仿影视剧中某个人物的动作姿态或雕塑、绘画、摄影作品中的人物形态，以其他同学能否看出模仿的是谁为评判标准。**

## 项目5 朗诵训练

朗诵是一种艺术性的口头语言表述活动，是对文学艺术的延伸。朗诵是一种综合训练，是检验普通话是否标准的手段之一，同时也为直接学习演讲、论辩打下坚实的基础。朗诵不同于朗读，朗读是用清晰洪亮的声音把文章正确地念出来；朗诵是大声诵读诗文，把作品的感情表达出来。

## 一、朗诵准备

### （一）精心选择朗诵材料

朗诵是一种注重表演和传情的语言艺术。朗诵者要想引起听众共鸣，就要在朗诵材料的选择上下功夫。既要根据所确定的主题选择语言具有形象性而且适于上口的文章，又要根据朗诵者自身特点和听众的需要，精心挑选适合自己朗诵和感情抒发的作品。

### （二）正确理解和把握作品的思想内容

在选好朗诵作品后，首先要了解所选作品的相关背景资料，包括作者生平、当时的思想感情和写作的时代背景，认真揣摩和体会作者当时创作的环境和心境，把自己置身于作者所处的环境中，使自己的再创作能够达到作者创作时的境界与情感。其次要根据所选作品体裁的特点，在深刻理解作品主题思想，全面把握作品的基础上，用最短的时间熟悉其内容和结构，使自己尽快进入朗诵的意境和角色。

### （三）正确设计朗诵方案

对整个作品的朗诵方案应该有总体设计，要根据不同文体、题材、语言风格以及听众对象等确定朗诵的基调。例如以语言风格来说，对于轻松、欢快一类的文章，一般采用明快、轻淡的语调；对于凝重、深沉的文章，一般采用缓慢、厚重的语调；对于激昂、慷慨的文章，一般采用大起大伏的语调变化等。要结合表演艺术高度集中的特点，处理好作品的开头、发展、高潮、结尾四个部分。

### （四）反复试读练习

要依据设计好的方案反复进行朗诵练习，做到一边朗读，一边认真体会，一边揣摩设计。在试读过程中，如果发现方案有不恰当、不完善的地方，要随时进行修改，直到满意为止。

## 二、朗诵语言技巧训练

要使朗诵达到声情并茂的艺术境界，必须把感情理解与语言表达技巧结合起来，把握好重音、停顿、语调、语气、语速等语言技巧。

### （一）重音

重音就是一句话中听起来最清楚、最响亮的词或词组。一句话中往往读重音的词语便是这句话意义的主体，其他那些非重读的词语都是附体。只有把语句中的主体读得响亮突出，附体才能相应地清楚明晰，全句的意义才会表达得完整。

朗诵中的重音可分为以下两种：

1. 语法重音。指根据句子的语法结构，自然读出的重音。这种重音不带特殊的感情，而是由语句本身的自然节奏来决定的。其基本规律是：

(1) 谓语部分常重读。

**范例**

① 我是北京人。

② 她说的是普通话。

(2) 动词、形容词前的状语常重读。

**范例**

① 我每天坚持锻炼身体。

② 小李的嗓子真好。

(3) 动词、形容词后面的补语常重读。

**范例**

① 他跑得快。

② 他比我高出半头。

(4) 名词前的定语常重读。

**范例**

① 我们已经出色地完成了本年度的工作计划。

② 这是一本最近新出版的书。

(5) 疑问代词、指示代词常重读。

**范例**

① 谁在那里说话？

② 小王唱的这支歌儿真好听。

2. 逻辑重音。逻辑重音不受语法的限制，它可以根据语言环境的不同，鲜明地表示说话人的意图和态度，常常表现在为了表达强烈的感情而特意加强音量而读出的音节。

**范例**

① 妈妈吃了一块糖。（突出谁吃了糖）

② 妈妈吃了一块糖。（突出吃糖的动作）

③ 妈妈吃了一块糖。（突出吃糖的数量）

④ 妈妈吃了一块糖。（突出吃的东西是糖）

### （二）停顿

停顿是指词语之间、句子之间、段落之间或声音之间的间歇。适当安排停顿固然是为适应换气的需要，但更重要的是为了准确表达语意，自然转换情绪。

朗诵中的停顿大致有三种类型：

1. 气息停顿。指朗诵者因语句太长，一口气说不下来，生理上需要换气所作的停顿。调节气息的地方，必须是不妨碍语义表达，不割裂语法结构的地方。

**范例**

被你从你的公馆门口/一脚踢开的/那个讨钱的老太婆//现在怎么样了？

2. 语法停顿。指根据语法的内部关系安排的停顿，包括主谓语之间的停顿，宾语、状语之后的停顿，宾语、补语之前的停顿，在一些并列句中同等位置、同等关系的并列词语之间的停顿，转折句中转到相对或相反意思中间的停顿。还有就是按照标点符号的不同所做的停顿。一般来说，句号、问号、叹号后的停顿比分号、冒号长，分号、冒号后的停顿比逗号长，逗号的停顿比顿号长，段落之间的停顿比句子之间的停顿时间长。

**范例**

① 北国/风光，千里/冰封，万里/雪飘。望/长城内外，惟余/莽莽；大河/上下，顿失/滔滔。山舞/银蛇，原驰/蜡象，欲与/天公/试比高。须/晴日，看/红装/素裹，分外/妖娆。

② 清明时节雨纷纷，/路上行人欲断魂。//借问酒家何处有？//牧童遥指杏花村。

清明时节雨,/纷纷路上行人,/欲断魂。//借问酒家何处?//有牧童,/遥指杏花村。

3. 强调停顿。指为了加强语调、语意、观点或表达某种感情所作的停顿。主要体现在句子中,在没有标点和生理停顿的地方停顿,或者在有标点的地方做较大的停顿。包括在思索判断处安排停顿,在引起反思、回味处安排停顿,在紧张、惊愕处安排停顿,在感情哀怨、悲痛处安排停顿。同一句话或同一个语言片断,停顿不同,就可能得到几种不同的解释。

**范例**

① 我看见/他笑了。(笑的人是他)

② 我看见他/笑了。(笑的人是我)

另外,还应该注意句子的停顿,句子之间、段落之间的停顿,其时间的长短应根据语言环境和表达的需要恰当掌握。

### (三) 语调

语调是说话时声音高低升降的变化。在汉语里,字有字调,句有句调。我们平常称字调为声调,称句调为语调。读准句子的语调,才能细致、准确地传达思想感情。如果说字调主要表现在高低和长短的变化上,那么语调的高低变化主要体现在句子最末一个音节上。一般来说,我们把句末音节的语调大致分为四种类型:高升调("↗")、降抑调("↘")、平直调("→")和曲折调("～～～")。

1. 高升调。就是由平向上升,句末明显上扬。常用于疑问句和句子尚未终结时的停顿处。它常常表示喜悦、惊讶、号召、鼓动、命令、申斥、反问、疑问等语气。

**范例**

① 多漂亮的礼物,这是给我的吗?(表示喜悦与惊讶)

② 可笑?要是不偷,怎么会打断腿?(反问、疑问)

③ 难道真是有钱就有幸福吗?(反问)

2. 降抑调。就是先平后降,句末明显下抑。常用于祈使句、陈述句、感叹句中。它常常表示感叹、请求、命令、自信、沉重、劝阻、允许、坚决、赞扬、祝愿等感情。

**范例**

① 这就是白杨树,西北极普通的一种树,然而决不是平凡的树。(赞扬、肯定)

② 雷锋同志对待同志像春天般的温暖，对待工作，像夏天一样火热；对待个人主义，像秋风扫落叶一样；对待敌人，像严冬一样残酷无情。（坚决）

③ 风！你咆哮吧！咆哮吧！尽情地咆哮吧！（请求）

3. 平直调。就是全句没有明显的高低升降变化，句末音节与句子基调基本持平。常用于说明、叙述等句式之中。它常常表示严肃、庄重、沉吟、神秘、冷淡等感情。

**范例**

① 大门还没有关，丈夫还没有回来。（叙述）

② 今天是你们最后的一堂法语课，我希望你们多多用心学习。（严肃）

③ 他的英名和事业将永垂不朽！（庄重）

4. 曲折调。就是由高到低，或由低到高，使全句有上升或下降的曲折变化。常用于感叹句式中，表示含蓄、幽默、讽刺、惊讶、意外、烦躁、夸张、轻薄等感情。

**范例**

① 他说你又聪明，又漂亮，又有文化。（含蓄、幽默）

② 噢！金子，是真金子，足有 2 斤重！（夸张）

③ 海鸭也在呻吟着，——它们这些海鸭啊，享受不了生活的战斗的快乐：轰隆隆的雷声就把它们吓坏了。（嘲讽）

### （四）语气

语气指说话时的粗细、轻重、高低、虚实不同的口气，语气主要通过语气助词来表示。语气词的表情功用颇多，一般说来，表赞叹用“啊、呀”，句中常与“多”字搭配；表惊讶用“呀、嚯、咦、哟、哎哟”；表叹息用“唉、瞎”；表警醒用“哦、啊”；表制止、警告用“嘘、啊”；表揣测用“吧、吗”；表夸张用“呢、着呢”等。

1. 语音虚实、粗细的不同表达。实音为饱满、洪亮之声，虚音为压抑、柔弱之声，一明一暗，一粗一细，可以表达感情的复杂变化及不同的环境气氛。

**范例**

忽然教堂的钟敲了十二下，祈祷的钟声也响了。窗外又传来普鲁士士兵的号声——他们已经收操了。韩麦尔先生站起来，脸色苍白，我觉得他从来没有这么高大。

“我的朋友们啊。”他说：“我—我—”（渐弱、虚声），但是，他哽住了，他说不下去了。

他转身朝着黑板，拿出一支粉笔，使出全身的力量，写出几个大字："法兰西万岁！"

然后他呆在那儿，头靠着墙壁，话也不说，只向我们做了一个手势："散学了，——你们走吧。"

2. 不同对象场合的语气。语气还应根据对象场合的不同而相应变化。例如对小孩朗诵，语气应亲切而和蔼；对老人朗诵，语气应肃敬而柔和；对青年朗诵，语气应活泼而充满理解。轻松场合的朗诵，语气应欢快、自然；肃穆场合的朗诵，语气应低沉、平缓。

**范例**

① 干什么？（表示问对方在做什么）

② 干什么？（表示内心不耐烦）

③ 干什么？（表示对某些人提出疑问）

④ 干什么？（表示制止对方的某种动作行为）

### （五）语速

语速是指朗诵时语言的快慢，它是体现语言节奏、表达作品思想感情的重要手段。速度的快慢应根据作品内容的变化而变换。通常，说明叙述的内容、紧张急剧的形势、激动难抑的心情，用快速表达；抒情议论的内容、幽静严肃的环境、平静坦然的心情，用慢速表达。

**范例**

① 晚来的海风，清新而又凉爽。我的心里，有着说不出的兴奋和愉快。

② 在浩如繁星的茫茫人海中，曾有几人能万古流芳，具有永久的魅力？

③ "唉呀！那边过来一只船。唉呀，日本！你看那衣裳！快摇！"

在上述文字中，"——"表示稍慢，"."表示加快。快慢的参差运用，有助于表达作者波澜起伏的不平心境。

## 三、朗诵综合训练

### （一）诗歌的朗诵

诗歌是最适合朗诵的体裁。因为诗歌具有鲜明节奏与和谐的韵律，具有音乐性；加上诗歌本身就是运用凝练、简洁的语言反映丰富的思想内容，并借助想象展开丰富的联想进行创作，其语言具有言外之意与弦外之音的特点。

1. 格律诗的朗诵。格律诗，主要有五言、七言绝句，五言、七言律诗4种表现形式，因此就形成了不同的音步。五言诗为3个音步，如“明月/松间/照，清泉/石上/流”，即“2＋2＋1”或“2＋3”的节拍；七言诗为4个音步，如“两个/黄鹂/鸣/翠柳，一行/白鹭/上/青天”，即“2＋2＋1＋2”或“2＋2＋3”的节拍。不论是五言还是七言，每小节中都有相对固定的并与之相对应的平仄关系。此外，格律诗中还有“一三五不论，二四六分明”的押韵规则。

**范例**

登鹳雀楼

王之涣

白日/依山尽，黄河/入海流。
欲穷/千里目，更上/一层楼。

**【朗诵提示】**这首诗为3个音步、“2＋3”的节拍。朗诵时要注意每一个音步中的平仄关系，格律诗中每个音步中的第二个字，一般都有明确的平仄规定，因此，一般将重音放在每个音步的第二个字上。诗最后的三字尾平仄变化同韵脚有关联，在朗诵时要注意体会。

2. 自由诗的朗诵。自由诗是现代中国新诗的主要形式之一。诗歌运用现代白话写作，诗体不受任何框式的束缚，是一种完全自由体，每行字数不等，句数不拘，分节与否自便，每节长短也可以不整齐，押韵与否也比较自由。

**范例**

再别康桥

徐志摩

轻轻的我走了，
正如我轻轻的来；
我轻轻的招手，
作别西天的云彩。

那河畔的金柳，
是夕阳中的新娘；
波光里的艳影，
在我的心头荡漾。

软泥上的青荇，
油油的在水底招摇；
在康河的柔波里，
我甘心做一条水草！

那榆荫下的一潭，
不是清泉，是天上虹；
揉碎在浮藻间，
沉淀着彩虹似的梦。

寻梦？撑一支长蒿，
向青草更青处漫溯；
满载一船星辉，
在星辉斑斓里放歌。

但我不能放歌，
悄悄是别离的笙箫；
夏虫也为我沉默，
沉默是今晚的康桥！

悄悄的我走了，
正如我悄悄的来；
我挥一挥衣袖，
不带走一片云彩。

**【朗诵提示】**全诗共7节，每节4行，每行2顿或3顿，不拘一格而又法度严谨，韵式上严守二、四押韵，抑扬顿挫，琅琅上口。这优美的节奏像涟漪般荡漾开来，有一种独特的审美快感。七节诗错落有致地排列，韵律在其中徐行缓步地铺展，可以说，正体现了徐志摩的诗美主张。

此诗是一首写“离别”的名篇。深沉的爱使作者不忍惊扰康桥的夜，决定“悄悄”地走。在朗诵时，不论是金柳、青荇，还是清泉、彩虹，都充分表现了诗人对康桥的爱。在朗诵第二、三、四节时，要放慢语速，特别是每节的最后一行，要突出一个词并适当延长，以表达“一赞三叹，留连忘返，不忍离去”的思想感情。

**范例**

## 祖国啊,我亲爱的祖国

舒 婷

我是你河边上破旧的老水车,
数百年来纺着疲惫的歌;
我是你额上熏黑的矿灯,
照你在历史的隧洞里蜗行摸索;
我是干瘪的稻穗;是失修的路基;
是淤滩上的驳船
把纤绳深深
勒进你的肩膊;
——祖国啊!

我是贫困,
我是悲哀。
我是你祖祖辈辈
痛苦的希望啊,
是"飞天"袖间
千百年来未落到地面的花朵;
——祖国啊!

我是你簇新的理想,
刚从神话的蛛网里挣脱;
我是你雪被下古莲的胚芽;
我是你挂着眼泪的笑窝;
我是新刷出的雪白的起跑线;
是绯红的黎明
正在喷薄;
——祖国啊!

我是你十万万分之一,
是你九百六十万平方的总和;

你以伤痕累累的乳房
喂养了
迷惘的我，深思的我，沸腾的我；
那就从我的血肉之躯上
去取得
你的富饶、你的荣光、你的自由
——祖国啊
我亲爱的祖国！

**【朗诵提示】**本诗是舒婷的代表作之一，旨在表达诗人对祖国的一种深情。全诗立意新颖，感情真挚，从一个别致的角度吟唱祖国母亲。为表达这种赤子深情，诗人采用了由低沉缓慢走向高亢迅疾的节奏。低沉缓慢方能如泣如诉、似哀似怨；高亢迅疾才可热烈奔放、一往无前。为表达诗人对祖国的交融感与献身感，全诗运用了主体与客体交错换用、相互交融的手法。主体是诗人的“我”，客体是“祖国”，而在全诗的进展中，让其合二为一——我即是祖国，祖国也就是我。祖国是我的痛苦，我是祖国的悲哀；祖国是我的迷惘，我是祖国的希望；我是祖国的眼泪和笑涡，而祖国正在我的血肉之躯与心灵上起飞和奔跑。

### （二）散文的朗诵

散文题材广泛，朗诵时，切忌呆板和千篇一律。对于抒情性散文，应与诗歌朗诵的方法接近，感情要真挚，爱憎要分明，语言的轻重缓急、抑扬顿挫要随文中感情而变。对于侧重说理的议论性散文，风格要庄重一些，力求语言准确、速度均匀，以表现文章的逻辑性和说服力。散文是一个反映作者所见、所思、所悟的过程，朗诵时，一般基调是平缓的，没有太大的起伏，即使是在作品的高潮部分，也不会像演讲那样异峰突起、慷慨激昂。一般采用中等的速度，柔和的音色，并且常用拉长而不加重的方法来处理强调重音。散文讲究用词造句，词句或艳丽多彩，或清新自然，或气势磅礴，或淳朴平淡，朗诵时，一定要在深刻理解思想内容的基础上，把不同的语言气势和艺术风格体现出来。

**范例**

荷塘月色（节选）

朱自清

这几天心里颇不宁静。今晚在院子里坐着乘凉，忽然想起日日走过的荷塘，在这满月的光里，总该另有一番样子吧。月亮渐渐地升高了，墙外马路上孩子们的欢笑，已经听不见了；妻在屋里拍着闰儿，迷迷糊糊地哼着眠歌。我悄悄地披了大衫，带上门出去。

沿着荷塘，是一条曲折的小煤屑路。这是一条幽僻的路；白天也少人走，夜晚更加寂寞。荷塘四面，长着许多树，蓊蓊郁郁的。路的一旁，是些杨柳，和一些不知道名字的树。没有月光的晚上，这路上阴森森的，有些怕人。今晚却很好，虽然月光也还是淡淡的。

路上只我一个人，背着手踱着。这一片天地好像是我的；我也像超出了平常的自己，到了另一世界里。我爱热闹，也爱冷静；爱群居，也爱独处。像今晚上，一个人在这苍茫的月下，什么都可以想，什么都可以不想，便觉是个自由的人。白天里一定要做的事，一定要说的话，现在都可不理。这是独处的妙处，我且受用这无边的荷香月色好了。

曲曲折折的荷塘上面，弥望的是田田的叶子。叶子出水很高，像亭亭的舞女的裙。层层的叶子中间，零星地点缀着些白花，有袅娜地开着的，有羞涩地打着朵儿的；正如一粒粒的明珠，又如碧天里的星星，又如刚出浴的美人。微风过处，送来缕缕清香，仿佛远处高楼上渺茫的歌声似的。这时候叶子与花也有一丝的颤动，像闪电般，霎时传过荷塘的那边去了。叶子本是肩并肩密密地挨着，这便宛然有了一道凝碧的波痕。叶子底下是脉脉的流水，遮住了，不能见一些颜色；而叶子却更见风致了。

月光如流水一般，静静地泻在这一片叶子和花上。薄薄的青雾浮起在荷塘里。叶子和花仿佛在牛乳中洗过一样；又像笼着轻纱的梦。虽然是满月，天上却有一层淡淡的云，所以不能朗照；但我以为这恰是到了好处——酣眠固不可少，小睡也别有风味的。月光是隔了树照过来的，高处丛生的灌木，落下参差的斑驳的黑影，峭楞楞如鬼一般；弯弯的杨柳的稀疏的倩影，却又像是画在荷叶上。塘中的月色并不均匀；但光与影有着和谐的旋律，如梵婀玲上奏着的名曲。

荷塘的四面，远远近近，高高低低都是树，而杨柳最多。这些树将一片荷塘重重围住；只在小路一旁，漏着几段空隙，像是特为月光留下的。树色一例是阴阴的，乍看像一团烟雾；但杨柳的丰姿，便在烟雾里也辨得出。树梢上隐隐约约的是一带远山，只有些大意罢了。树缝里也漏着一两点路灯光，没精打采的，是渴睡人的眼。这时候最热闹的，要数树上的蝉声与水里的蛙声；但热闹是它们的，我什么也没有。

**【朗诵提示】**此文是朱自清的名作。它抒发了作者在月夜荷塘边独处时对荷塘月色的赞美与欣赏，也表达了作者想做“自由的人”的一种渴望。全文较长，此处所选六段。一、二、三段以叙述为主，可用平实的语调，中等语速朗诵。而第三段写自身独处的感受，要运用重音。例如："好像是我的""另一世界里""什么都可以想，什么都可以不想""一定要做的事，一定要说的话"。这样可以从对比中突出作者的观点。第四、五段是全文的精华所在。第四段是正面描写荷塘，要用柔和的嗓音朗诵，并且随着内容的变化，语速和音量也要有所变化。例如实见的花，可以音量较大，而虚写的歌声就宜轻。第五段是正面描写月色，要用轻柔的嗓音来朗诵，不可用明亮的嗓音。这样才能表现月色的"笼着轻纱"。

**范例**

### 理解万岁

佚　名

《论语》中有这么一句话："患不知人也。"意思是说，可担忧的是不理解他人。

的确，理解是人类多么宝贵的一种境界。理解自然、理解社会、理解人生……人类不也就是在这种境界之升华中行远自迩的吗！

乘着创世纪的诺亚方舟，理解是那只窥探到大自然，衔回了橄榄枝的鸽子；沿着千回百折的汨罗江，理解是屈原感叹社会而传唱至今的骚体长辞……

自然界在理解中求达平衡，社会在理解中求达和谐，而更重要的是人类在理解中求达进化。

人是需要理解的。每个人都渴望理解自己，也渴望理解他人。更渴望被他人理解。

不理解自己的人，难以把握人生的航向；不理解他人的人，难以团结生活和事业的同盟军；不被他人理解的人，则难以挣脱孤独和苦闷的阴影。只有理解自己，也理解他人，同时让他人理解的人，才能在求索的漫漫路途中不昏不聩，不傲不矜，不伶不孑。

有时候，理解是一股热源，给人以无穷尽的力量。镇守在亚热带南中国边疆的战士们，被一曲"十五的月亮"唱出了涌泉般的泪水，他们紧紧地抱在一起，陶醉在被理解之中，久久也不松开。一旦他们重新卧在堑壕里，那颗心便会化成山一样的屏障。

有时候，理解是一架罗盘，能改变人一生的走向。在工读学校里，一道理解的目光竟能使那个误入歧途的年轻人怦然心动，反省、疚悔，以至走向新岸。

有时候，理解是一道霓虹，它能给原本庄重的生活增添绮丽。读一读马克思给燕妮的书信吧，伟人们对理解的渴求，以及被理解后的欢愉和情爱，难道不会给你给我们或新或深的启迪吗？

当然，要达到这个境界，并不是件轻而易举的事。那么，就从一点一滴开始吧，用我们自己的心，自己的感情，自己的智慧，去理解自己的同志和朋友、父母和儿女，理解自己周围的每棵小草、每片树叶、每粒尘土和每缕风、每束光吧！

**【朗诵提示】**理解不仅是他人对自己的理解，也是自己主动付出的对他人对环境的理解。当人们都能敞开心扉，付出理解时，社会便会更和谐，人类便会更进步。文章辞藻丰富、语言华丽，运用了大量排比和比喻，增强了可读性。文章整体上，前半部分应舒缓平稳，后半部分有较多节奏上的变化。

全文从五个不同的层面加以阐述。在朗诵时，第一层用平实的语调，体现庄重。第二层用较为缓慢低沉的语调，体现沧桑感。第三层开始，要逐步加快节奏和语速，从反面说时可以稍稍放慢放低，以便和正面说有所对比。而最后一层，应该是引起听众深深思考的一节，朗诵时要放慢语速加重语气，给人以“语重心长”的感觉。

### (三) 童话、寓言的朗诵

朗诵童话、寓言，首先要深刻理解作品的寓意。寓言和童话常常将深刻的思想寓于朴素的故事之中，如果对作品缺乏细密的理解，就很难表达出它的深刻寓意。其次要用声音夸饰技巧来刻画人物形象。寓言、童话往往用拟人化的手法把所述事物人格化。诸如善良的山羊、聪明的兔子、骄傲的孔雀、狡猾的狐狸、凶恶的老狼以及愚蠢虚荣的乌鸦等，其性格特征、心理活动、行为动作，常从动物间彼此对话中得以表现。因此，要充分发挥自己的想象力，要朗诵得亲切新奇，有声有色，娓娓动听。

**范例**

#### 卖火柴的小女孩

［丹麦］安徒生

天冷极了，下着雪。又快黑了。这是一年的最后一天——大年夜。在这又冷又黑的晚上，一个光着头赤着脚的小女孩在街上走着。她从家里出来的时候还穿着一双拖鞋，但是有什么用呢？那是一双很大的拖鞋——那么大，一向是她妈妈穿的。她穿过马路的时候，两辆马车飞快地冲过来，吓得她把鞋都跑掉了。一只怎么也找不着，另一只叫一个男孩捡起来拿着跑了。他说，将来他有孩子可以拿它当摇篮。

小女孩只好赤着脚走路，一双小脚冻得红一块青一块的。她的旧围裙里兜着许多火柴，手里还拿着一把。这一整天，谁也没有买过她一根火柴，谁也没有给过她一个钱。

可怜的小女孩！她又冷又饿，哆哆嗦嗦地向前走。雪花落在她的金黄的长头发上，那头发打成卷儿披在肩上，看上去很美丽，不过她没注意这些。每个窗子里都透出灯光来，街上飘着一股烤鹅的香味，因为这是大年夜——她可忘不了这个。

她在一座房子的墙角里坐下来，蜷着腿缩成一团。她觉得更冷了。她不敢回家，因为她没有卖掉一根火柴，没有挣到一个钱。她爸爸一定会打她的。再说，家里跟街上一样冷。他们头上只有个房顶，虽然最大的裂缝已经用草和破布堵住了，风还是可以灌进来。

她的一双小手几乎冻僵了。啊，哪怕一根小小的火柴，对她也是有好处的！她敢从成把的火柴里抽出一根来，在墙上擦燃，来暖和暖和她的小手吗？她终于抽出了一根。哧！火柴燃起来了，冒出火焰来了！她把小手拢在火焰上。多么温暖多么明亮的火焰啊，简直像一支小小的蜡烛。这是一道奇异的火光！小女孩觉得自己好像坐在一个大火炉前面，大火炉装着闪亮的铜脚和铜把手，火烧得旺旺的，暖烘烘的，多么舒服啊！哎，怎么回事呢？她刚把脚伸出去，想让脚也暖和一下，火柴灭了，火炉不见了。她坐在那儿，手里只有一根烧过了的火柴梗。她又擦了一根。火柴燃起来了，发出亮光来了。亮光落在墙上，那儿忽然变得像薄纱那么透明，她可以一直看到屋里。桌上铺着雪白的台布，摆着精致的盘子和碗，肚子里填满了苹果和梅子的烤鹅正冒着香气。更妙的是，这只鹅从盘子里跳下来，背上插着刀和叉，摇摇摆摆地在地板上走着，一直向这个穷苦的小女孩走来。这时候，火柴灭了，她面前只有一堵又厚又冷的墙。

她又擦着了一根火柴。这一回，她坐在美丽的圣诞树下。这棵圣诞树，比她去年圣诞节透过富商家的玻璃看到的还要大，还要美。翠绿的树枝上点着几千支明晃晃的蜡烛，许多幅美丽的彩色画片，跟挂在商店橱窗里的一样，在向她眨眼。小女孩向画片伸出手去。这时候，火柴又灭了。只见圣诞树上的烛光越升越高，最后简直成了在天空中闪烁的星星。有一颗星星落下来了，在天空中划出了一道长长的直线。

"有一个什么人快要死了。"小女孩说。因为她那唯一疼她的奶奶活着的时候告诉过她：一颗星星落下来，就有一个灵魂要到上帝那儿去了。

她在墙上又擦了一根火柴。这一回，火柴把周围全照亮了。奶奶出现在亮光里，是那么温和，那么慈爱。

"奶奶！"小女孩叫起来，"啊！请把我带走吧！我知道，火柴一灭，您就会不见的，像那暖和的火炉，喷香的烤鹅，美丽的圣诞树一样，就会不见的！"她赶紧擦着了一整把火柴，要把奶奶留住。这一整把火柴发出强烈的光，照得跟白天一样明亮。奶奶从来没有像现在这样高大，这样美丽。奶奶把小女孩抱起来，搂在怀里。她们俩在光明和快乐中飞走，越飞越高，飞到那没有寒冷，没有饥饿，也没有痛苦的地方去了。

第二天清晨，这个小女孩坐在墙角里，两腮通红，嘴上带着微笑。她死了，在旧年的大年夜冻死了。新年的太阳升起来了，照在她的小小的尸体上。小女孩坐在那儿，手里还捏着一把烧过的火柴梗。

"她想给自己暖和一下。"人们说。谁也不知道：她曾经看到过多么美丽的东西，她曾经多么幸福地跟着她的奶奶一起走向新年的幸福中去。

**【朗诵提示】**文章首先交代了故事发生的时间、地点和小女孩的悲惨境况；然后写了小女孩美丽的幻想；最后写在繁华喜庆的圣诞夜，小女孩孤独死去。文章凄凉美丽，淡淡的忧伤流淌在字里行间，令人潸然泪下。悲惨的结局极富启示性，它引起人们关于小女孩悲惨命运的社会原因的思考。朗读时注意用语气、语调技巧加以表现，同时要注意掌握摹声和夸饰。

**范例**

## 乌鸦和狐狸

伊索寓言

世人不知受过多少次劝告，说阿谀是卑鄙而有害的，但一切都是徒劳，阿谀的人总是能够钻到空子的。

上帝赐给乌鸦一小块乳酪，乌鸦高高地歇在枞树上，它已经准备好开始用餐了，乳酪衔在嘴里，还在思索一下。

不幸旁边跑过一只狐狸，狐狸闻到乳酪的气味，突然停了下来，狐狸见了乳酪，它被乳酪迷住了。

狡猾的骗子蹑手蹑脚地走近枞树，摇着尾巴，一眼不眨地盯着乌鸦，沉住气，那样甜言蜜语地说："亲爱的，好美啊！颈项多美，眼睛多俏。讲起话来像童话一般！多么丰满的羽毛！多么灵巧的小嘴。那想必有天使般婉转的歌喉？唱吧，亲爱的，别怕羞！小妹妹，你有了这样的美丽，如果唱歌再是能手，那你真称得上鸟中之王哩！"乌鸦被赞美得飘飘然，高兴得连气都透不过来，听了狐狸的恭维话，它就张开喉咙一叫：乳酪掉了下来，——狡猾的骗子就带着它跑掉了。

**【朗诵提示】**这是一篇寓言。通过乌鸦听信阿谀奉承之言，将上帝赐给它的乳酪拱手让给狐狸，告诉人们：虚荣心使阿谀的人总是有机可乘。文章虽短，但情节完整。狐狸的狡诈，乌鸦的虚荣，写得活灵活现，能引起人们的思索。朗诵时注意摹声和夸饰。

## 强化训练

**【训练要求】**

严格按照各项练习的具体要求与步骤进行，不要单纯追求快与多，重点放在各项要领的体会、运用与掌握上。

**【训练指导】**

教师要做好示范，引导学生把握下列同一句子的不同语调，切忌一味夸张渲染，形成固定的语调模式。并指导学生分析下列作品中的重音、停顿、语气、语调及语速情况，制订朗诵方案，组织学生以同桌、小组、宿舍或全班为单位进行练习或比赛，并引导学生总结与点评。

学生要根据自身实际，有针对性地进行练习，要将自我练习与全班乃至全校演练结合起来。

**训练一 读出下列句子的语调。**

1. 这是一百万元。

(1) 表示平常(一手交钱，一手交货，司空见惯)。

(2) 表示强调(金额很大)。

(3) 表示怀疑(不相信有这么多钱)。

(4) 表示惊讶(怎么这么多)。

(5) 表示喜悦(为一下有这么多钱而高兴)。

(6) 表示后悔(不该错过赚大钱的机会)。

2. 你到这里来过。

(1) 表示高兴(这太好了!)。

(2) 表示惊讶(真没想到。)。

(3) 表示怀疑(这可能吗?)。

(4) 表示责怪(你不应该来这里呀!)。

(5) 表示愤怒(真太不像话了!)。

(6) 表示惋惜(唉！无可挽回的过失。)。

(7) 表示轻蔑(这地方你也来，你也太差劲了!)

3. 你这个人。

(1) 表示奇怪(你怎么忽然变卦了?)。

(2) 表示气愤(你竟然干这种事?)。

(3) 表示埋怨(你怎么姗姗来迟!)。

(4) 表示惋惜(多下点工夫就好了!)。
(5) 表示感激(你为我们想得真周到!)。
(6) 表示嗔怪(你真会缠人啊!)。

**训练二　朗诵下列诗词作品。**

杜少府之任蜀州

王　勃

城阙辅三秦,风烟望五津。与君离别意,同是宦游人。
海内存知己,天涯若比邻。无为在歧路,儿女共沾巾。

咏　柳

贺知章

碧玉妆成一树高,万条垂下绿丝绦。不知细叶谁裁出?二月春风似剪刀。

虞美人

李　煜

春花秋月何时了?往事知多少。小楼昨夜又东风,故国不堪回首月明中。
雕栏玉砌应犹在,只是朱颜改。问君能有几多愁?恰似一江春水向东流。

鹊桥仙

秦　观

纤云弄巧,飞星传恨,银河迢迢暗度。金风玉露一相逢,便胜却人间无数。
柔情似水,佳期如梦,忍顾鹊桥归路。两情若是长久时,又岂在朝朝暮暮!

桂林山水歌

贺敬之

云中的神呵,雾中的仙,
神姿仙态桂林的山!

情一样深呵,梦一样美,
如情似梦漓江的水!

水几重呵，山几重？
水绕山环桂林城……

是山城呵，是水城？
都在青山绿水中……

呵！此山此水入胸怀，
此时此身何处来？

……黄河的浪涛塞外的风。
此来关山千万重。

马鞍上梦见沙盘上画：
“桂林山水甲天下”……

呵！是梦境呵，是仙境？
此时身在独秀峰！

心是醉呵，还是醒？
水迎山接入画屏！

画中画——漓江照我身千影，
歌中歌——山山应我响回声……

招手相问老人山，
云罩江山几万年？

——伏波山下还珠洞，
宝珠久等叩门声……

鸡笼山一唱屏风开，
绿水白帆红旗来！

大地的愁容春雨洗，
请看穿山明镜里——

呵！桂林的山来漓江的水——
祖国的笑容这样美！

桂林山水入胸襟，
此景此情战士的心——

是诗情呵，是爱情，
都在漓江春水中！

三花酒掺一分漓江水，
祖国呵，对你的爱情百年醉……

江山多娇人多情，
使我白发永不生！

对此江山人自豪，
使我青春永不老！

七星岩去赴神仙会，
招呼刘三姐呵打从天上回……

人间天上大路开，
要唱新歌随我来！

三姐的山歌十万八千箩，
战士呵，指点江山唱祖国……

红旗万梭织锦绣，
海北天南一望收！

塞外的风沙呵黄河的浪，
春光万里到故乡。

红旗下：少年英雄遍地生——
望不尽：千姿万态“独秀峰”！

——意满怀呵，情满胸，
恰似漓江春水浓！

呵！汗雨挥洒彩笔画——
桂林山水——满天下！……

**训练三 朗诵下列散文作品。**

济南的冬天(节选)

老 舍

对于一个在北平住惯的人，像我，冬天要是不刮风，便觉得是奇迹；济南的冬天是没有风声的。对于一个刚由伦敦回来的人，像我，冬天要能看得见日光，便觉得是怪事；济南的冬天是响晴的。自然，在热带的地方，日光是永远那么毒，响亮的天气，反有点叫人害怕。可是，在北中国的冬天，而能有温晴的天气，济南真得算个宝地。

设若单单是有阳光，那也算不了出奇。请闭上眼睛想：一个老城，有山有水，全在天底下晒着阳光，暖和安适地睡着，只等春风来把它们唤醒，这是不是理想的境界？小山整把济南围了个圈儿，只有北边缺着点口儿。这一圈小山在冬天特别可爱，好像是把济南放在一个小摇篮里，它们安静不动地低声地说：“你们放心吧，这儿保准暖和。”真的，济南的人们在冬天是面上含笑的。他们一看那些小山，心中便觉得有了着落，有了依靠。他们由天上看到山上，便不知不觉地想起：“明天也许就是春天了吧？这样的温暖，今天夜里山草也许就绿起来了吧？”就是这点儿幻想不能一时实现，他们也并不着急，因为这样慈善的冬天，干啥还希望别的呢！

最妙的是下点儿小雪呀。看吧，山上的矮松越发的青黑，树尖上顶着一髻儿白花，好像日本看护妇。山尖儿全白了，给蓝天镶上一道银边。山坡上，有的地方雪厚点儿，有的地方草色还露着；这样，一道儿白，一道儿暗黄，给山们穿上一件带水纹儿的花衣；看着看着，这件花衣好像被风儿吹动，叫你希望看见一点儿更美的山的肌肤。等到快日落的时候，微黄的阳光斜射在山腰上，那点薄雪好像忽然害了羞，微微露出点儿粉色。就是下小雪吧，济南是受不住大雪的，那些小山太秀气！

## 牡丹的拒绝(节选)

张抗抗

其实你在很久以前并不喜欢牡丹，因为它总被人作为富贵膜拜。后来你目睹了一次牡丹的落花，你相信所有的人都会为之感动：一阵清风徐来，娇艳鲜嫩的盛期牡丹忽然整朵整朵地坠落，铺撒一地绚丽的花瓣。那花瓣落地时依然鲜艳夺目，如同一只奉上祭坛的大鸟脱落的羽毛，低吟着壮烈的悲歌离去。

牡丹没有花谢花败之时，要么烁于枝头，要么归于泥土，它跨越萎顿和衰老，由青春而死亡，由美丽而消遁。它虽美却不吝惜生命，即使告别也要展示给人最后一次的惊心动魄。

所以在这阴冷的四月里，奇迹不会发生。任凭游人扫兴和诅咒，牡丹依然安之若素。它不苟且、不俯就、不妥协、不媚俗，甘愿自己冷落自己。它遵循自己的花期自己的规律，它有权利为自己选择每年一度的盛大节日。它为什么不拒绝寒冷？

天南海北的看花人，依然络绎不绝地涌入洛阳城。人们不会因牡丹的拒绝而拒绝它的美。如果它再被贬谪十次，也许它就会繁衍出十个洛阳牡丹城。

于是你在无言的遗憾中感悟到，富贵与高贵只是一字之差。同人一样，花儿也是有灵性的，更有品位之高低。品位这东西为气为魂为筋骨为神韵，只可意会。你叹服牡丹卓而不群之姿，方知品位是多么容易被世人忽略或是漠视的美。

## 喜悦(节选)

王　蒙

高兴，这是一种具体的被看得到摸得着的事物所唤起的情绪。它是心理的，更是生理的。它容易来也容易去，谁也不应该对它视而不见失之交臂，谁也不应该总是做那些使自己不高兴也使旁人不高兴的事。让我们说一件最容易做也最令人高兴的事吧，尊重你自己，也尊重别人，这是每一个人的权利，我还要说这是每一个人的义务。

快乐，它是一种富有概括性的生存状态、工作状态。它几乎是先验的，它来自生命本身的活力，来自宇宙、地球和人间的吸引，它是世界的丰富、绚丽、阔大、悠久的体现。快乐还是一种力量，是埋在地下的根脉。消灭一个人的快乐比挖掘掉一棵大树的根要难得多。

欢欣，这是一种青春的、诗意的情感。它来自面向着未来伸开双臂奔跑的冲力，它来自一种轻松而又神秘、朦胧而又隐秘的激动，它是激情即将到来的预兆，它又是大雨过后的比下雨还要美妙得多也久远得多的回味……

喜悦，它是一种带有形而上色彩的修养和境界。与其说它是一种情绪，不如说它是一种智慧、一种超拔、一种悲天悯人的宽容和理解，一种饱经沧桑的充实和自信，一种光明的理性，一种坚定的成熟，一种战胜了烦恼和庸俗的清明澄澈。它是一潭清水，它是一抹朝霞，它是无边的平原，它是沉默的地平线。多一点儿、再多一点儿喜悦吧，它是翅膀，也是归巢。它是一杯美酒，也是一朵永远开不败的莲花。

## 父亲的爱(节选)

[美]艾尔玛•邦贝克

爸不懂得怎样表达爱，使我们一家人融洽相处的是我妈。他只是每天上班下班，而妈则把我们做过的错事开列清单，然后由他来责骂我们。

有一次我偷了一块糖果，他要我把它送回去，告诉卖糖的说是我偷来的，说我愿意替他拆箱卸货作为赔偿。但妈妈却明白我只是个孩子。

我在运动场打秋千跌断了腿，在前往医院途中一直抱着我的，是我妈。爸把汽车停在急诊室门口，他们叫他驶开，说那空位是留给紧急车辆停放的。爸听了便叫嚷道："你以为这是什么车？旅游车？"

在我生日会上，爸总是显得有些不大相称。他只是忙于吹气球，布置餐桌，做杂务。把插着蜡烛的蛋糕推过来让我吹的，是我妈。

我翻阅照相册时，人们总是问："你爸爸是什么样子的？"天晓得！他老是忙着替别人拍照。妈和我笑容可掬地一起拍的照片，多得不可胜数。

我记得妈有一次叫他教我骑自行车。我叫他别放手，但他却说是应该放手的时候了。我摔倒之后，妈跑过来扶我，爸却挥手要她走开。我当时生气极了，决心要给他点儿颜色看。于是我马上爬上自行车，而且自己骑给他看。他只是微笑。

我念大学时，所有的家信都是妈写的。他除了寄支票外，还寄过一封短柬给我，说因为我不在草坪上踢足球了，所以他的草坪长得很美。

每次我打电话回家，他似乎都想跟我说话，但结果总是说："我叫你妈来接。"

我结婚时，掉眼泪的是我妈。他只是大声擤了一下鼻子，便走出房间。

我从小到大都听他说："你到哪里去？什么时候回家？汽车有没有汽油？不，不准去。"爸完全不知道怎样表达爱。除非……

会不会是他已经表达了，而我却未能察觉？

**训练四　朗诵下列童话、寓言故事。**

### 白雪公主（节选）

格林童话

（王后）把自己装扮成一个卖杂货的老太婆，翻山越岭来到了那七个小矮人的住处。她敲着门喊道："卖杂货，多好的杂货呀！"白雪公主从窗户往外看去，说道："老人家，你好！你卖的是什么啊？"她回答道："好东西，好漂亮的东西，有各种颜色的带子和线筒。"白雪公主暗想："这老太婆，好像并不是那种坏人，就让她进来吧。"想到这里，她跑过去打开门。老太婆进来后说道："哎呀！看你的胸带多差呀，来吧，让我给你系上一根漂亮的新带子。"白雪公主做梦也没想到这会有危险，所以她走上前去站在了老太婆的面前。老太婆很熟练地将带子给她系在胸前，系着系着，突然，她猛地用力将带子拉紧，白雪公主便被勒得透不过气来，很快失去知觉倒在了地上，就像死去了一样。看到她的样子，恶毒的王后说道："这下你的美丽该结束了吧！"说完放心地走了。

晚上，七个小矮人回来了，当他们看到他们诚实可爱的白雪公主躺在地上一动不动，就像死了一样时，他们的心马上缩紧了，急忙上前将她抬了起来，他们马上剪断了带子。过了一会儿，白雪公主慢慢地开始呼吸了，不久她又活了过来。听她讲完事情的经过后，他们说道："那个老太婆就是王后，下次你要当心，在我们离开后，千万不要让任何人进来。"

王后一回到家里，就迫不及待地径直走到魔镜面前，像往常一样对着镜子说话。但令她吃惊的是镜子的回答仍然是这样的：

"是你，王后！
你是这块地方最漂亮的女人，
但是在山的那一边，
在那绿色的树阴下，
有七个小矮人建造的小房屋，
白雪公主就躲在那里，

哎呀，王后！

她比你更漂亮。”

知道白雪公主仍然活着，恼怒与怨恨使王后浑身血气翻涌，心里却凉透了。她不甘心，不能忍受，于是又对自己进行打扮，这次的伪装尽管还是一个老太婆，但却完全不同于上次。伪装好后，她带上一把有毒的梳子，翻山越岭来到了七个小矮人的房门前，敲着门喊道：“买不买东西哟！”白雪公主在里面听到了，把门拉开一条缝说道：“我可不敢让别人进来了。”王后连忙说道：“你只要看看我这把漂亮的梳子就行了。”说完把那把有毒的梳子递了进去。梳子看起来的确很漂亮，白雪公主拿过梳子，想在头上试着梳一梳，但就在梳子刚碰到她的头时，梳子上的毒力发作了，她倒在地上，失去了知觉。王后冷笑着说道：“你早该这样躺着了。”说完就走了。

幸运的是这天晚上，小矮人们回来得很早，当他们看见白雪公主躺在地上时，知道一定又发生了不幸的事情，急忙将她抱起来察看，很快就发现了那把有毒的梳子。他们将它拔了出来，不久，白雪公主恢复了知觉，醒了过来。接着，她把事情发生的经过告诉了他们，七个小矮人再次告诫她，任何人来了都不要再开门。

此刻，王后已回到王宫，站在了魔镜前，询问着镜子，但听到的竟还是和上次相同的回答。这下，她气得浑身都哆嗦起来了，她无法忍受这样的回答，狂叫道：“白雪公主一定要死，即使以我的生命为代价也在所不惜！”她悄悄地走进一间偏僻的房子里，精心制作了一个毒苹果。这苹果的外面看起来红红的，非常诱人，但只要吃一点就会要人的命。接着，她将自己装扮成一个农妇，翻山越岭又来到了小矮人的房舍，伸手敲了敲门。白雪公主把头从窗户里探出来说道：“我不敢让人进来，因为小矮人们告诫我，任何人来了都不要开门。”“就随你吧，”老农妇拿出那个毒苹果说道，“可是这苹果实在是太漂亮可爱了，我就作为一个礼物送给你吧。”白雪公主说道：“不，我可不敢要。”老农妇急了：“你这傻孩子，你担心什么？难道这苹果有毒吗？来！你吃一半，我吃一半。”说完就将苹果分成了两半。其实，王后在做毒苹果时，只在苹果的一边下了毒，另一边却是好的。白雪公主看了看那苹果，很想尝一尝，因为那苹果看起来很甜美。她看见那农妇吃了那一半，就再也忍不住了，接过另一半苹果咬了一口。苹果刚一进口，她就倒在地上死去了。王后一见，脸上露出了快意的狞笑，说道：“这次再没有人能救你的命了！”她回到王宫，来到魔镜前，问道：

“告诉我，镜子，告诉我实话！

全国所有的女人谁最漂亮？

告诉我她是谁?"

镜子回答道:

"是你,王后!

你就是全国最漂亮的女人。"

听到这句话,王后的嫉妒心才安定下来,感到十分愉快和幸福。夜幕降临时,小矮人都回到了家里,他们发现白雪公主躺在地上,嘴里没有了呼吸。他们不相信她真的死了,将她抱了起来,给她梳头发,用酒和水为她洗脸,但一切都是徒劳的,因为小姑娘看来已真的死了。他们极为伤心地将她放在棺木上,七个小矮人坐在旁边守着。他们悲痛欲绝,整整守了三天三夜。最后他们绝望了,准备将她入土掩埋,但看到白雪公主的脸色红润依旧,栩栩如生,他们说:"我们不能把她埋在阴冷黑暗的地下。"所以,他们做了一口从外面也能看见她的玻璃棺材把她放了进去,棺材上用金子嵌着白雪公主的名字及铭文。小矮人们将棺材安放在一座小山上面,由一个小矮人永远坐在旁边看守。天空中飞来不少鸟儿,首先是一只猫头鹰,接着是一只渡鸦,最后飞来的是一只鸽子,它们都来为白雪公主的死而痛哭。

白雪公主就这样一直被安放在小山上,过了很久很久,她的样子看起来仍然像是在那儿安睡,皮肤仍然如雪一样的白嫩,脸色仍然透着血一般的红润,头发仍然如乌木一样又黑又亮。直到有一天,一个王子来到了小矮人的房子前,拜访了七个小矮人。在小山上,他看到了白雪公主及棺材上的铭文,心里非常激动,一刻也不能平静。他对小矮人说要付给他们金钱,求他们让他把白雪公主和棺材带走。但小矮人说:"就是用世界上所有的金子来换,我们也不会同意让她离我们而去的。"王子不停地恳求,甚至哀求。看到他如此真心诚意,他们终于被他的虔诚所感动,同意让他把棺材带走。但就在他叫人把棺材抬起准备回家时,棺材被撞了一下,那块毒苹果突然从她嘴里吐了出来,白雪公主马上醒了。她茫然问道:"我这是在哪儿呀?"王子回答说:"你好端端地与我在一块儿。"接着,把发生的一切都告诉了她,最后说道:"我爱你胜过爱世界上的一切,走吧!与我到我父亲的王宫去,我将娶你做我的妻子。"白雪公主同意了,并与王子一同回了家。在将一切准备好,将王宫装饰得富丽堂皇后,他们就要举行婚礼了,他们邀请了许多客人来参加婚礼。

在他们邀请的客人当中,其中就有白雪公主的继母王后,她将自己打扮得富贵典雅,对着魔镜说道:

"告诉我,镜子,告诉我实话!

全国所有的女人谁最漂亮?

告诉我她是谁？”

镜子回答说：

“是你，我想这儿是你最漂亮，

但是王子的新娘比你漂亮得多。”

听到这些话，她又勃然大怒起来，但又无可奈何。嫉妒心与好奇心使她决定去看看这位新娘。当她到达举行婚礼的地方，才知道这新娘不是别人，正是她认为已经死去很久的白雪公主。看到白雪公主，她气得昏了过去，自此便一病不起，不久就在嫉妒、愤恨与痛苦的自我煎熬中死去了。白雪公主和王子结婚后，美满的生活充满了欢乐和幸福，他们一辈子都快快乐乐地在一起。

## 乌鸦与鸽子

伊索寓言

住在森林内的乌鸦，有一天，从鸽子住的小屋前路过。

碰巧，这时的鸽子正吃着由主人拿给它们吃的东西。乌鸦看到了，心中很羡慕地想：“鸽子们真幸福，每天不用费力地就能吃到那样好吃的食物。相反的，我却每天到处地飞，费尽心机，才能得到一些勉强能吃的东西。我们之间，为什么有这样的差别？”

一心想变成鸽子的乌鸦，赶紧到神的地方去祈求。

神对乌鸦说：“生为乌鸦，才是最幸福的。”所以对乌鸦所诉的心愿，笑而不听。

但由于乌鸦一再地请求，神终于决定依乌鸦的心愿，把乌鸦的全身染成为纯白的色彩。使它与鸽子一模一样。

终于如愿的乌鸦，很欢喜地飞到鸽子住的小屋那边去，并且进入了鸽子住的屋子内。

由于它的全身都已染成白色，以致鸽子们都被蒙住，没有一只认出它是乌鸦。

“啊，好过瘾！我从来没有吃过这样好吃的东西。”

心满意足的乌鸦有一天，用很大的声音：“咔啊！咔啊！”地鸣叫着。

一直以为乌鸦是自己伙伴的鸽子们，一听到这声音时，心中很是怀疑：

“唉呀，这个家伙真奇怪，它的全身虽然是白色，但身体比我们大；而且今天它的叫声又和我们不一样，这恐怕是乌鸦冒充来的。”

于是，一群鸽子就开始叫嚷，骂它是冒牌货，合力把乌鸦赶出去。

乌鸦不得不放弃它那异想天开的想法，垂头丧气地回到原来的地方去。

可是，原是同类的乌鸦，也觉得很奇怪地说：

“真是个怪家伙。身体像我们一样，但却白得像鸽子，怪物。”

全身白色的乌鸦，虽然拼命地解释，但乌鸦们仍然指责它说：

“您赶紧回到您自己的朋友那边去吧。”

受乌鸦们指责而被抛弃的白色乌鸦，在伤心之余，过着孤独寂寞的生活。

**训练五　选读下列作品。**

茅盾《白杨礼赞》；贾平凹《丑石》；峻青《第一场雪》；巴金《繁星》；童裳亮《海洋与生命》；（台湾）刘墉《课不能停》；朱自清《绿》；许地山《落花生》；[俄]屠格涅夫《麻雀》，巴金译；[奥]茨威格《世间最美的坟墓》，张厚仁译；叶圣陶《苏州园林》；毕淑敏《提醒幸福》；[法]罗曼·加里《我的母亲独一无二》；[波兰]玛丽·居里《我的信念》，剑捷译；巴金《小鸟的天堂》；夏衍《野草》；老舍《住的梦》；峻青《海滨仲夏夜》。

**训练六　举办朗诵比赛会。**

（1）由师生共同确定比赛规则。

（2）由学生推选主持人。

（3）由学生抽取评委与比赛顺序。

（4）由师生共同评定成绩，并计入学期总成绩。

模块三

# 演讲口才训练

## 学习目标

1. 了解演讲的概念、类型、特征和要素。
2. 掌握演讲中的控场、应变、记稿技巧。
3. 了解命题演讲的基本步骤，通过训练能够按照相关要求进行演讲。
4. 掌握即兴演讲的基本技巧，能够进行即兴演讲。
5. 熟悉演讲会的组织程序，并能够组织演讲会。

## 核心能力

1. 能够按照命题演讲的基本要求进行演讲。
2. 在掌握即兴演讲技巧的基础上能够进行即兴演讲。

## 学习任务

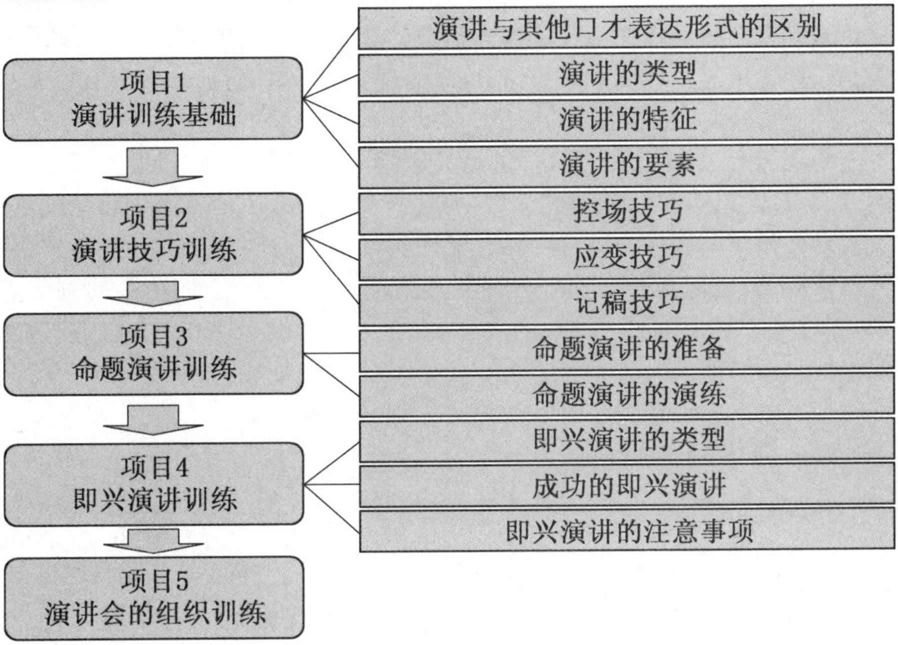

# 项目1 演讲训练基础

演讲，又称演说或讲演。它是指演讲者在特定的时空环境中，面对听讲者，借助有声语言和态势语言等，发表个人见解、阐明道理、感召听众的语言实践活动。演讲是“讲”和“演”密切结合的口语表达的最高形式，也是一种为群众喜闻乐见的宣传鼓动手段。

## 一、演讲与其他口才表达形式的区别

1. 与日常生活中谈话的区别。日常生活中的谈话，可以不受时空、内容、方式的限制，不要求完整系统，也不要求主题单一，只要能表达自己的思想感情，即达目的。演讲则要求在特定的时空环境中，面对广大听众，主题明确，内容完整，并恰当运用语气、语调及态势语来辅助讲话。

2. 与朗读、朗诵的区别。朗读是运用有声语言有感情地把书面材料清晰响亮地念出来。朗诵是运用有声语言、态势语言有感情地把书面材料清晰响亮地背出来。它们都是将文字这个视觉形象转化为听觉形象，着重于感染听众。演讲是一种实用艺术，它的选题具有很强的现实性和针对性，内容具有很大的伸缩性，更注重与听众在思想上的交流。

3. 与会议上的报告、发言、讲话的区别。会议上的报告、发言、讲话是常见的现实口才表达形式，就形式而言，一般只需要用有声语言阐明自己的观点，以发表自己的意见为目的。演讲具有更强的宣传鼓动性，它既是一种以“讲”为主的宣传活动，也是一种以“演”为辅的艺术活动。再者，它们内容的侧重点也不同，会议上的报告、发言、讲话的内容注重政策性、权威性和指导性，演讲侧重于典型性和鲜明性。

## 二、演讲的类型

演讲可谓内容纷繁，形式多样，功能各异。根据其功能、目的、形式、风格和特点的不同，可进行不同的划分。

按演讲的功能划分，有“使人知”演讲、“使人信”演讲、“使人激”演讲、“使人动"演讲、"使人乐"演讲等。

按演讲的目的划分，有鼓动性演讲、说服性演讲、传授性演讲、娱乐性演讲、凭吊性演讲等。

按演讲的内容划分，有政治演讲、学术演讲、司法演讲、军事演讲、经济演讲、宗教演讲等。

按演讲的组织形式划分，有命题演讲、即兴演讲、论辩演讲等。

按演讲所使用的表达方式划分，有议论性演讲、叙述性演讲、抒情性演讲等。

按演讲的语言风格划分，有激昂型演讲、深沉型演讲、幽默型演讲、严谨型演讲等。

按演讲的场所划分，有街头演讲、课堂演讲、法庭演讲、广播演讲、电视演讲等。

## 三、演讲的特征

1. 现实性。演讲是一种针对性很强的社会实践活动，其内容与现实生活紧密相关，具有十分强烈的时代色彩。演讲是演讲者通过对社会现实的判断和评价，当众摆事实、讲道理，以理服人，是讲、听双方都注重实际效益的活动。

2. 鼓动性。演讲是演讲者与听众面对面的交流，演讲者以鲜明的态度去启迪听众的思维，以炽热的情感去点燃听众的热情，以深刻的思想去激发听众对现实的关注和思考，从而达到使人知、使人信、使人赞同、使人激动、使人行动的目的。

3. 个性化。演讲者是演讲活动的主体，每一位演讲者都具有自己的个性修养，在气质、姿态、口语风格方面都有自己的特征。在每一次演讲活动中，演讲的场所、演讲者所面对的听众、演讲的话题都是特定的。因此，真正意义上的演讲，是高度个性化的产物，必定因人、因地、因时而不同，不是程式化、概念化的。

4. 艺术性。演讲本身虽然不是艺术活动，但它往往综合运用多种艺术样式为其服务，演讲的话语是有声语言艺术，内容波澜起伏具有戏剧特点，演讲者的幽默机智如相声曲艺，背景环境布置和演讲者的"演"具有很强的画面感，演讲者的姿势、手势等在短暂停留的一瞬间又具有雕塑感。这一切有机统一，就会形成特定的审美效果和较高的艺术特性，把听众的视觉、听觉都调动起来，从而产生兴趣，引发共鸣。

## 四、演讲的要素

1. 演讲者。演讲者是演讲的主体，是演讲内容和形式的生发者和体现者。

演讲者是演讲活动的中心和前提，是演讲活动的主人和支配者，也是演讲成败的决定因素。因此，它要求演讲者必须具备多方面的综合知识和素养。一个优秀的演讲者，应该有先进的思想、高尚的品质、丰富的学识、良好的口语表达能力，具有一定的记忆力、观察力、想象力和表现力等。

2. 听众。听众是演讲的客体，是演讲内容的接受者和演讲效果的反映者。听众是演讲必不可少的有机组成部分，没有听众无所谓演讲。听众并非被动信息的接收者，而是演讲活动的积极参与者，能动地接收演讲信息，同时对演讲产生信息反馈。因此，演讲的内容和形式都必须符合听众的接受能力和审美情趣，必须照顾听众的需要，只有适合听众需要，才能取得良好效果。

3. 演讲时境。演讲时境是指演讲者和听众共处的特定气氛中的场合，对演讲活动能否顺利进行乃至成败具有重要的作用。

## 项目2 演讲技巧训练

### 一、控场技巧

控场是指演讲者在整个演讲过程中能把握主动，对现场情况实施有效控制，无论发生什么事，都能果断采取措施，使演讲得以顺利进行并收到预期效果。

#### (一) 冷场控制技巧

冷场是指在演讲过程中，听众对演讲毫无兴趣，反应冷淡，出现交头接耳、打瞌睡、看书报、心不在焉、陆续有人退场等情况。可采取以下技巧，变“冷场”为“热场”。

1. 变换话题。将原来准备的演讲内容弃置，针对现场听众感兴趣的内容作即兴演讲，以调动听众情绪。

2. 运用幽默。以逗笑、提神的话语、神态、动作、语调等调整听众情绪，吸引听众注意，等现场气氛活跃后，再接着原有思路讲下去。

3. 缩短内容。将原有内容做调整或压缩，只挑选精彩、关键之处讲，尽量不要讲那些客套、应景话或人人皆知的大道理，从而减少冷场时间。

### (二) 侵场控制技巧

侵场是指在演讲过程中突然有某种外在因素侵入现场,如停电、麦克风发出异响、场外雷雨大作、露天演讲下起雨来等,给演讲的顺利进行造成不利影响。侵场是意外事件,出现后应该不慌不乱,冷静处理。只要控制技巧得当,不仅不会给演讲造成不利影响,反倒可能促进演讲的顺利开展,收到意想不到的效果。控制侵场的策略有三种:

1. 主动适应。如出现停电,稍作停顿后如果仍然没来电,可以讲个笑话,说点闲话,稳定现场秩序;如外面雷雨大作,可以提高音量,加快语速,让听众聚精会神于演讲内容。

2. 临场应变。如出现演讲者自己造成的意外情况,可以根据演讲现场情况巧妙应对。如在 1952 年的奥斯卡颁奖典礼上,获奖者雪莉·布恩由于激动,跑得太急,在上奖台台阶时绊了一下,差点摔倒,她在致词时巧妙地用双关语说:“我经历了漫长的艰苦跋涉,才达到事业的高峰。”话音一落,掌声一片。

3. 幽默化解。如麦克风发出怪叫声时,演讲者可以稍作停顿,微笑着说:“对我的话,台下这么多朋友都没有意见,你倒叽里哇啦提起意见来了!”于是,在听众的笑声中化解了不快。

## 二、应变技巧

### (一) 演讲者忘记演讲词

进行演讲时,即使事先把讲稿背得滚瓜烂熟,正式演讲时仍有可能脑子里出现瞬间的“空白”,一时忘记演讲词。在此情况下,千万不要慌乱,一般有以下五种应急措施。

1. 演讲者要强迫自己集中精力思考,争取在二三秒之内迅速回忆演讲的内容,及时补救难堪局面。

2. 若实在想不起下一句的内容,千万不要在台上沉默着苦思冥想,而应果断地把下一段的内容提上来讲,以保证整个演讲的连贯和流畅。

3. 在中断的地方插上一句:“朋友们,我这样讲不知大家能否听清楚? 利用征询听众意见和观察听众反映的瞬间迅速回忆。

4. 出现短时遗忘后,将前面最后一句话重复一遍,以表示强调。也可以说:

“是的……这个总是应当引起我们的重视。”经过重复容易引起联想。

5. 若上述方法都不奏效，只好想到哪里就从哪里接下去。为了衔接自然不露痕迹，可以适当加一些关联词。如果忘记的内容在讲的过程中又想起来了，那就要看这部分内容是否重要，若不重要，就没必要再补充上，若这部分内容很重要，就可以见机行事，在适当的时候将其重新补充进去，这样，演讲就完整了。

### (二) 演讲者说错演讲词

演讲者说错演讲词时，既不可置若罔闻，也不必特意申明讲错而道歉，而应灵活处理。

1. 自我质疑。发现自己说错，及时在后面加一句反问，接下去简要阐述一下如何不对，便可立即接上原来的话题说下去。

**范例** 母亲节这一天，某单位举办“献给母亲的爱”演讲比赛。一位演讲者把原稿中的一句话“我的这片深情是献给天下所有母亲的”说成了“我的这片深情是献给我的母亲的”，这句话当然也没什么错，而且台下的听众也没有异样反应，可是如果接着讲下去，与后面的讲稿内容就没法衔接了。这时，演讲者用加重的语气说道：“朋友们！你们说我这样做，对吗？（台下有听众回答：‘对！’）哦不，不不！这样做也太自私了吧！因为天下的母亲都一样，她们对儿女的爱都是无私无怨的。所以，我应该把我的这片深情，献给天下所有的母亲。”演讲者用设问的形式向听众质疑，当台下有人附和时，她又坚决果断地把讲错的意思推向自己的对立面，把它作为靶子加以批驳，使听众不由自主地转移原先的思路，随着她的话语而调动情感。

2. 将错就错。发现自己说错后，顺水推舟，暂时改变话题，紧扣中心稍作阐释，再按原来的话题说下去。

**范例** 在庆祝澳门回归系列活动中，某部队举办了一次演讲会。一名战士在演讲中一不留神把“澳门”说成了“香港”：“在祖国辽阔肥沃的土地上，华夏儿女编织着一个个梦想和希望。‘母亲，我要回来！’喊出了许多游子共同的心声。香港回来了……（略一犹豫）今天，澳门也（重音）回来了！鲜艳的五星红旗在香港、澳门上空迎风飘扬，它向世界展示着一个新时代的开始。我们坚信，中国的明天会更好！”演讲者先用“今天”这个词巧妙地把澳门和香港续接起来，接着再用“也”字——而且还是重音来突出澳门，使听者不由自主地转移了原先的思路。为了不让听众发现自己是在临时补救，后面他又把香港和澳门重复了一遍，顺理成章地得出一个结论:“中国的明天会更好!”在将错就错的同时还丰富了演讲的内容,听起来颇有些点石成金之妙。

3. 重新讲述。发现自己说错后,而且根本无法补救,可按正确的再讲一遍,借以纠错。

**范例** 在以《路》为主题的演讲中,某演讲者在演讲稿中引用了鲁迅小说《故乡》中的一句话:“其实地上本没有路,走的人多了,也便成了路。”可是在演讲中,却把“走的人多了”说成“走的路多了”,引起台下一阵嘈杂。怎么办?演讲者没有丝毫掩饰,认认真真地又重新把这段话引用了一遍。这次,台下响起了一片喝彩声。鲁迅的名言大家耳熟能详,不论用什么语言掩饰都会错上加错,所以,他非常明智地又重复了一遍。听众见他态度诚恳,化错为对,当然会用喝彩声来给予理解和原谅了。

### (三) 演讲内容与别人重复

在同一个演讲会上,有时可能出现几个人的演讲内容相同、自己要讲的内容别人先讲了等情况,这时就不能再按原稿讲了,因为没有比重复更令人枯燥乏味的了。这时紧急处理的方法有:一是丢掉原搞,重选主题;二是从原稿中取出一部分,引出新意,深化开去;三是主题不变,换一个角度来加以阐述。

**范例** 某地举办“爱我神州”演讲赛。演讲者个个激情满怀,把我们伟大祖国上下五千年的辉煌历史尽情讴歌,几乎无一不谈及雄伟的万里长城,领先世界的四大发明,以及文明卓著、地大物博等。一个一个如此讲下去,观众和评委都感到有些疲劳和厌倦。而最后一个上台的演讲者一开口,便把会场气氛改变了。他说:“同志们,前边的同志对我们伟大祖国悠久的文明史,雄伟壮观的长城和给世界文明带来飞跃发展的四大发明进行了充分地讴歌。听着这些,我们不能不承认,我们祖国拥有这一切,的确令人自豪,感到神圣和可爱。(说到此,他突然把声音提高)但是,我认为,只有这些还不够!因为,长城尽管又高又长又厚,却没能挡住侵略者的铁蹄!指南针是我们祖先的发明,却引来了武装到牙齿的侵略者,引来了帝国主义的战舰,引来了毒害中国人民的鸦片!火药是我们中华民族智慧的闪耀,但却使外国强盗刀剑换枪炮,争我家园国土,杀我华夏同胞!至于洁白纸张的创造,正好方便列强与我签订种种不平等条约,写下丧权辱国的几十上百条……(此时,他开始激动了)是的,我们的祖先,曾是何等荣耀!我们的祖国,曾是怎样的富裕、强大过!但是我们又清楚地知道,这一切终归是祖先的,是祖先的骄傲！我们，后世的炎黄子孙们，决无权力在祖先的功劳簿上沾沾自喜，大吹大擂！古话说，好汉不提当年勇，我们怎能忘记自己肩上的重任！（掌声）祖国，只有在我们的辛勤劳动中，在我们粗糙的大手中，变得在全世界范围内领了先，变得强大、富裕，才遂了我们的意，才称了我们的心！”（热烈鼓掌）这段演讲之所以受到热烈欢迎，就在于演讲者在众口一词的结论中挖掘了新意，具有自己独到的见解。

## 三、记稿技巧

要成功地进行演讲，就要有自信；要有自信，就要有充分准备，而充分准备则主要是指对演讲内容的熟悉，这就涉及记忆。演讲稿的熟记可分为三个阶段，对刚写出来的演讲稿的记忆，可称为第一阶段；对已经记住了大体内容的，但脱稿还有一定困难的演讲稿的熟记，可称为第二阶段；对整个演讲稿能够脱稿演讲，但个别时候、个别地方经常出现“卡壳”，这时的记忆可称为第三阶段。

### （一）提纲挈领记忆法

适用于第一阶段。指抓住演讲稿大体内容，只记住“骨架”的方法。如议论型演讲稿，通常离不开提出问题、分析问题、解决问题的“三段论”章法，在记演讲稿时，可以从内容和结构方面，按照提出了什么问题，采取了哪些分析方法，提出了哪些解决问题的办法的思路来记忆。又如叙事型演讲稿，抓住事件发生的时间、地点、原因、结果、个人认识等要素，就能快速、高效地记住。

### （二）段落循环记忆法

适用于第二阶段。指把演讲稿化分为若干个段落，然后逐段记，先记住第一段，再记住第二段，然后再从第一段开始，回忆第一、二段，再记住第三段，如此循环往复的记忆方法。这种记忆是在熟记了前面的内容之后，再记住后面的，当最后一段记住后，前面的已经滚瓜烂熟了。当然，篇幅较长的，在重复回忆前面的段落时，因前面的段落已滚瓜烂熟，故不一定每次重复回忆都从第一段开始。已经熟记了的段落，就可以停下来。

### （三）阶段反复记忆法

适用于第三阶段。指对整个演讲稿记住后，在正式演讲前的一段时间里，采用回忆一遍，过一段时间再回忆一遍的方法。主要目的是加深和巩固所记住的东西。此法关键是要掌握好反复次数相隔的时间，既不能相隔太长，也不能相隔太短。相隔时间太长，已经忘了，也就记不起来了，需要重新记忆，就没有起到加深记忆的效果；相隔时间太短，在一定的时间内不间断地反复，太费精力且事倍功半。那么，这个时间间隔以多久为宜？这要因人而异。对一般人来说，在几千字的演讲稿一次性记住后，能够在记忆库保留1.5小时～2小时，最长的可达7小时(当然，这与记忆的是否为自己写的稿子，是否写自己的经历，是否经自己反复修改等有关)。当通过反复多次的熟记后，在记忆库保留的时间就会越来越长。总之，阶段反复记忆的相隔时间，以下一次反复记忆能够顺利地把全部内容背出来为准。如果背诵时有"卡壳"现象，说明隔得久了一些；如果背诵时特别顺利，下一次背诵时，间隔时间就可以拉长一些。

## 强化训练

**【训练要求】**

严格按照各项练习的具体要求与步骤进行，要持之以恒。

**【训练指导】**

教师要做好示范，组织学生以小组或宿舍为单位进行练习，引导学生进行点评与小结。

学生要根据自身实际，有针对性地进行练习，要将课前、课上与课外练习结合起来。

**训练一　登台练习。**

将全班学生分成几组，要求每个人从教室侧门进来，从走步、登台、站定、扫视到开讲(向老师或同学询问一件事，作几句交谈)，再走下讲台。演示完毕后，组内互评。

**训练二　接词练习。**

将全班学生分为几个组，在规定时间内接不上者淘汰，以接上人数最多者为胜。

1. 首字拈，即第一个人所说成语的首起字必须是后面接话人所说成语的首起字。如第一个人说出"自以为是"，后面接续的人必须说出首字相同的成语，诸如“自食其力”“自顾不暇”“自力更生”等。

2. 末字拈，即第一个人所说成语末尾一字必须是后面接话人所说成语的首起字。如第一个人说出“前所未有”，后面的依次接，如“有始有终——终身大事——事倍功半……”等。

3. 首字数序拈，即接话人从前一个人讲的第一字所表达的数字顺序接下去。如一步登天——二龙戏珠——三心二意——四世同堂——五湖四海等。

4. 首字成句拈，即先提出一句话，后面的人依此话字序说出一个成语。如提句为“刻苦学习为四化”，后面的人可依次接如“刻不容缓——苦口婆心——学而不厌——习以为常——为富不仁——四通八达——化险为夷”等。

**训练三 故事接龙**。

1. 教师或参加练习的其中一人讲个奇特的故事开头，如“昨天，我乘着‘挑战者号’航天飞机来到火星上，刚下飞机，就看见一群似人非人，体格健壮，头却是方形的怪物向我逼近，顿时我就……”，下一位同学接着往下讲述，如此循环下去。时间由师生共同商定。

2. 教师组织学生，发给每人二至三张同样大小的白纸条，让每位学生在每张纸条上只写一个不重复的反映自然界和社会中各种事物的实词，如“蓝天、飞机、铁塔、大海……”等，将每位学生写的纸条收集起来，剔出重复的词语，然后将纸条像洗牌一样洗开后，按以下方式进行练习。

(1) 由一位同学抽四至五张纸条，并按照抽条词语的先后顺序，自己快速口头编一个小故事。时间由师生共同商定。

(2) 四至五位同学为一组同时上台，按照先后顺序，每人抽一张纸条。然后第一位同学以字条上的词语为中心词编故事，后面的同学再以自己抽到纸条上的词语为中心词续编这个故事，直到该组同学都讲完为止。时间由师生共同商定。

## 项目3 命题演讲训练

命题演讲是指由别人给定题目或演讲范围，个人在充分准备的基础上所作的演讲，又称有准备的演讲。命题演讲一般可分为两类：一是定题目演讲，即由演讲者的举办单位或邀请单位事先确定题目。演讲者根据指定题目做好准备，写好演讲稿，然后进行演讲。二是自拟题目演讲，即由演讲举办单位或邀请单位限定主题范围，演讲者根据范围自己拟定题目并做好准备，然后进行演讲。

## 一、命题演讲的准备

### （一）选好讲题

1. 选题要适合演讲者。演讲者必须选择自己熟悉的论题，因为熟悉才有话可说，才能展开深入分析；必须选择自己为之所动的论题，因为真正触动演讲者的论题必然能使演讲者产生激情，使之演讲时融情入理；必须选择有特长的论题，因为这样的选题往往能显示演讲者的真知灼见，从而增强演讲的价值；还必须选择适合自己年龄、身份和气质的论题，正如让一个闻名于世的将军谈军队作战，人们会公认他资格高，有说服力。若是让他谈音乐，人们便会认为其资格低，可信度不强。

2. 选题要适合听众。戴尔·卡耐基说得好："抓住人心的捷径，在于以对方最关心的问题为话题。"首先，论题必须引起听众的兴趣。演讲一定要考虑使听众感兴趣听下去，凡是听众不感兴趣的论题，演讲都必然失败。听众感兴趣的论题，大多是与他们密切相关的。此外，人们对于新事物也常常加以特殊的注意，但演讲只能选择那些与人们切身经验相接近的新论题，并且用人们熟知的事物来解释，才能引起其注意与好奇心。如果过于高深难懂，即使很新颖的论题，也难以引起听众兴趣。其次，论题必须有意义。论题适合听众并不意味着一味地迎合听众，否则便会使演讲变得庸俗而丧失真正的价值。演讲者只有选择那些重要的、为听众所注意、所迫切盼望解决的论题，有助于听众弄清并解决复杂的社会现象或问题，才能真正为听众所悦服。

3. 选题要适合特定的场合。演讲是演讲者在特定的环境中面对公众发表讲话的活动，因此，演讲实质上是演讲者的主观因素与演讲环境的客观因素相结合的产物。任何优秀的演讲都只能是演讲者能动地适应演讲环境的结果。所以，任何演讲，论题都要适合演讲的场合，即演讲的现场布置，演讲的时间、背景、组织、听众等，使论题与会场的气氛相互协调一致。

4. 选题要适合规定的时间。演讲者所选择的论题，必须能在限定的时间内充分加以阐述。从心理学的角度看，人的大脑在短时间内不可能同时接收许多新问题，因而，演讲者也就不能在短时间内提出许多问题。此外，如果时间短，可选择大论题中精彩的小问题来谈，让听众“窥一斑而知全豹”；如果时间长，演讲者可将几个有价值的小问题“缀成一串项链”献给听众。

### （二）写好讲稿

1. 明快新颖，画龙点睛——标题的写法

标题是演讲稿的重要组成部分，既是对演讲内容的高度概括，也鲜明地显露出演讲的特点。因此，要按照准确、简明、生动、含蓄的原则来拟定标题，拟题的方法主要有以下几种：

（1）直接提示主题。如孙中山的《中国决不会灭亡》、毛泽东的《反对党八股》等。

（2）提出问题。如英国罗素的《我为什么不是基督教》、鲁迅的《娜拉走后怎样》等。

（3）形象地概括主题。如郭沫若的《科学的春天》、美国林肯的《裂开的房子》等。

（4）交代场合和背景。如德国恩格斯的《在马克思墓前的讲话》、美国亨利的《在弗吉尼亚州议会上的演说》等。

（5）概括演讲的内容。如前苏联莫洛托夫的《悼念高尔基》、邓小平的《尊重知识尊重人才》等。

2. 出语不凡，先声夺人——开场白的艺术

心理学家指出，人的记忆力呈马鞍型。对于演讲来说，听众最关注的是两端，即开头和结尾。演讲稿的开头如戏剧演出的“镇场”，它是演讲者与听众建立的第一座情感桥梁，最常见的有以下几种：

（1）开门见山，直切主题。这是一种单刀直入，直奔演讲中心的方式。开头一语道破演讲的宗旨、主题，说明演讲者的主要观点，很自然地引出下文。

**范例** 黑格尔美学讲座绪论部分的开场白：“女士们、先生们，这些演讲是讨论美学的，它的对象是广大的美的领域，说得更精确一点，它的范围就是艺术；或者毋宁说就是美的艺术。”

（2）设问开篇，引起悬念。用设问句开头，可以制造悬念，促使听众集中注意力，积极思考。

**范例** 李大钊在《庶民的胜利》中的开场白：“我们这几天庆祝战胜，实在是热闹的很。可是战胜的，究竟是哪一个？我们庆祝，究竟是为哪个庆祝？我老老实实讲一句话，这回战胜的，不是联合国的武力，是世界人类的新精神。”

(3) 事例领先,扣人心弦。以事例作为演讲的开场白,亲切可信,说服力强,易被听众所接受。

**范例** 王惠平在《走自己的路》中的开场白:"在日常生活中,我们经常可以听到有人在唉声叹气:'唉,现在是说话难,办事难,做人更难!'难吗?就现实生活来讲,确实有些难。"

(4) 抒情开头,激发情感。这是一种以"情"激"情"的方式,用富有情感的语言抒发内心感受,营造一个情感氛围,使听众迅速受到感染,被演讲的内容所吸引。

**范例** 冬花在《走进历史这条古巷》中的开场白:"走进历史系,你就走进了博大与恢宏,也走进了沉重与孤独。你定是拥着浪漫的梦幻踏着青春的舞步而来的,而千万年的风霜烟尘,千万里的沧海桑田,都积淀在你年轻的肩头。"

(5) 引言导入,增加兴致。引用诗词、歌词、名人名言或俗话、警句等,既能点明演讲主旨,增强语言的文采,又能很容易被听众接受。

**范例** 演讲《事业是怎样成功的》中的开场白:"著名的心理学家郝巴德说:'全世界都愿意把金钱和名誉的最优奖品,只赠给一件事,那就是创造力。'创造力是什么?简单来说,就是不必人家指示,就能够做出别人没做过的事……"

3. 紧扣题旨,跌宕有致——正文的处理

(1) 主题明确,语不离宗。演讲者在演讲中要明确地提出问题,解决问题,并表明自己的主张和态度,即提倡什么、反对什么、歌颂什么、鞭挞什么,要旗帜鲜明,这就是演讲的主题。在演讲中,展开论证也好,进行叙述也好,要紧扣主题。一个问题可能是多侧面、多角度的,但无论多少个侧面和角度,必定有其主要的一面;一篇演讲可能包含几个问题,但无论多少个问题,它们都应当相互联系,有主有次。

(2) 层次分明,条理清楚。层次就是内容的先后顺序,也是演讲展开的脉络和步骤。

首先,要安排好主体结构,常见的方式有以下几种:

并列式。就是围绕演讲稿的中心论点,从不同角度、不同侧面加以论证。一般来说,并列式的各层次之间地位是平等的,可以调换。如演讲辞《青春是什么》的主体结构就分了以下四个方面:青春是一粒种子;青春是一轮朝阳;青春是一部著作;青春是一首乐章。这种结构安排,脉络清楚,层次井然,听众一下子就能把握住要领。

递进式。就是将演讲主旨进行分析解剖，然后逐层进行论证，从而形成剥笋式的论证步骤。这是一种层层深入法，它的层次一般是不可调动的。如演讲辞《为了孩子的明天》在开头提出当前学生“高分低能”的事实以后，第一层分析了出现这种现象的外部和内部原因；第二层论述了过分追求分数对孩子们的种种危害；第三层指出了将学生从“苦海”中解救出来的具体措施。全文由现状分析到追究根源，又由根源到危害，最后提出解决问题的办法。步步深入，自然为结尾的号召作了铺垫。这种方式的特点是由表及里，由浅入深，步步推进，具有较强的说服力。

对比式。就是将不同事物或同一事物的不同方面进行对照，通过分析对比其相同或相异处说明一个道理，事物的前后和正反都可形成对比。如演讲辞《诚信，做人之本》从诚信者如何步入成功，失信者如何走向失败正反两方面进行对比论述，从而给人以很大的启示。俗话说，有比较才有鉴别，对比式用得好，不用多费口舌，道理就可不点自明。

再者，要划分好层次段落。文章的分段，读者可以一目了然。而演讲的分段，则全靠有声语言的标志了。演讲稿主要有以下几种方式：

① 采用小标题。如李燕杰的演讲辞《国家、民族与正气》，三个层次之前使用了三个小标题：爱国主义；民族之魂；正气之歌。层次段落划分十分醒目。

② 使用序号过渡。如用“第一个问题……；第二个问题”；或“首先……其次……再次……”等。

③ 将层次的第一句话作为过渡标志。如演讲辞《莫让年华付水流》的每段开头都选用和时间相关的谚语标明层次：时间是最好的老师……；时间是最伟大的革新家……；时间是检验真理的尺度……；时间可以创造奇迹……；时间是一切财富中最宝贵的财富……；我们要做时间的主人……。

④ 使用特定句型。用排比句、设问句、过渡句等把层次与层次、段落与段落衔接起来。

此外，每个层次内容的观点与材料要配套、统一，论证要合乎逻辑。每个层次、段落要统一、完整，表达的中心要相对集中、单一，易于听众接受。

(3) 创设高潮，张弛有致。“文似观山不喜平”，演讲更是如此，一篇优秀的演讲辞，不能没有高潮。高潮既是演讲者感情最激昂、气势最强劲，听众情绪最激动、精神最振奋的时刻，也是演讲者与听众心理交融的时刻。它是运用典型的事例、准确的阐释、精当的议论、得体的动作所组合而成的强烈的兴奋点。它是崇高美、哲理美和诗意美达到的高度和谐统一。

怎样设计安排高潮呢？李燕杰在《演讲美学》中曾经作过较为精深的论述：

"一次演讲,怎样达到高潮?这需要演讲者在感情上一步一步地抓住听众,在理论上一步一步地说服听众,在内容上一步一步地吸引听众,使听众的内心激情逐渐地燃烧起来,演讲将自然推向高潮。"具体来讲,有以下几种方法:

第一,通过对所举事例的准确恰切地阐释分析,从中提炼出超凡的观点及深刻的哲理而使其片语惊人,掀起高潮;第二,运用比喻、排比等修辞手法,妙语连珠,使满座皆惊,掀起高潮;第三,通过演讲的中心论点的精当、透辟的议论,使听众为之折服而掀起高潮;第四,通过人物的感人事迹,催人泪下,令人沉思而掀起高潮;第五,运用充满感情的语言,设计自然得体的动作,饱含真挚热烈的情感,为听众创造一个真切动人的意境而达到高潮;第六,通过富于变化的语言运用,时而严峻论理、时而轻松谈笑、时而慷慨激昂、时而诙谐幽默,使听众情绪起伏,掀起一个个高潮。总之,演讲掀起高潮的方法是多种多样的,但重要的是在设计和安排高潮时,要使演讲情感浓烈、哲理丰富、令人回味无穷。

**范例** 在《井下工有颗金子般的心》这篇演讲中,演讲者在讲述矿工无私奉献的动人事迹时,辅以浓烈的感情抒发,将演讲推向了高潮:我们矿山行业的一个专业术语:品位。它是一个百分之一的比值。它不正是井下工人精益求精、认真工作、无私无畏的最好写照吗?今年,我们全矿实现了建矿以来累计产金100万两。100万两!就是整整一节火车车厢的黄金!"一寸光阴一寸金。"这100万两黄金,不正是几千名井下工奉献青春和年华的最好证明吗?

张弛有致是从表述的效果出发,把紧张急促的内容与舒缓轻松的内容间隔开来,有张有弛;把议论和叙述内容穿插开来,使演讲富于变化,符合听众的听觉和注意的规律。在进行命题演讲时,在统一主题指导下,适当插入一些奇闻轶事、小故事、诗文警句、幽默笑话等,不仅使内容丰富多彩,而且使结构张弛有致、起伏跌宕。

4. 斑斓"豹尾",回味无穷——结尾的方式

演讲的结尾能发挥鼓动作用,也更容易被听众记住。同开头一样,结尾的方式也是多姿多彩的,最常见的有以下几种:

(1) 总结全篇,令人难忘。以精炼概括的语言,抓住重点,总结全篇的中心。这种结尾主题鲜明突出,给人印象深刻。

**范例** 演讲辞《榜上无名,脚下有路》的结尾:"朋友们,青春无权闲适,光阴无权荒废。要使人生放出光彩,只有不断攀登,才能'一览众山小';只有以苦作舟,才能到达理想的彼岸。一句话,叹息无出路,爱拼才会赢!"

(2) 发出号召,促人行动。它以强烈的情感,向听众提出希望,以达到鼓舞

斗志，促其行动的目的。

**范例** 演讲辞《迎接明天的挑战》的结尾："兄弟姐妹们，逝去了的就让它逝去吧，下岗并不意味着我们是弱者，让我们勇敢地拿起自强的武器，去粉碎人生路上的障碍，以顽强的毅力向自己挑战，向困难挑战吧！我们一定会迎来一个灿烂的明天！"

(3) 立言立誓，给人信心。高瞻远瞩而又脚踏实地地表达自己的坚定信念和奋斗誓言。这类结尾把闪光的思想化为实际行动的誓言，具有榜样的鼓舞力和感召力。

**范例** 演讲辞《重任》的结尾："同志们，历史的车轮滚滚向前，我们的心和时代的脉搏一起跳动。祖国在期待着我们。前方有红旗引路，后方有人民催征，我们只有一个信念，这就是肩负重任，自强不息，跋涉，奋斗，去实现那'黄河流碧水，赤地变青山'的宏愿！"

(4) 以问作结，启人思考。在演讲稿中，"问"有两种，一是提出问题，引人深思；二是以反问作结，启人思考。

**范例** 演讲辞《孝敬父母》的结尾："青年朋友们，虽然我们还年轻，但每一个人都应该有这样的思考：父母养育了我们，我们将如何回报父母呢？"

**范例** 演讲辞《超越自己》的结尾："战胜他人、超越他人也许很难，但战胜自己、超越自己却是能够做到的。用不着多举例，就拿今天来参加演讲大赛的人来说，我们不都是在战胜自己、超越自己吗？"

(5) 巧引名言，让人感奋。名言包括警句、格言、诗词(可以是他人的，也可是自己的)等，具有精炼生动、节奏感强等特点，用得好，很容易形成气势，增强感召力。

**范例** 李燕杰《正气之歌》的结尾："青年朋友们，爱我们的国家吧，爱我们的民族吧，同心协力，把我们民族的正气，把我们中华民族发奋图强的爱国主义精神极大地发扬起来！最后用几句名人名言作为结束语：

谁不属于自己的祖国，他就不属于人类。

爱国主义的力量多么伟大呀！在它面前，人的爱生之念、畏苦之情，算得上什么呢！

我无论做什么，始终在想着，只要我的精力允许我的话，我就要首先为我的祖国服务。

真正的爱国主义不应表现在漂亮的话上，而应表现在为祖国谋福利、为人民谋福利的行动上。"

(6) 哲理升华，耐人寻味。充满智慧而富于哲理的语言，可以使演讲得到升华，超脱平淡。

**范例**　郭沫若《科学的春天》的结尾："春分刚刚过去，清明即将到来。'日出江花红胜火，春来江水绿如蓝。'这是革命的春天，这是人民的春天，这是科学的春天！让我们张开双臂，热烈地拥抱这个春天吧！"

### （三）演讲辞赏析

## 葛底斯堡演讲辞

［美］林　肯

87 年前，我们的先辈们在这个大陆上创立了一个新国家，它孕育于自由之中，奉行一切人生来平等的原则。

现在我们正从事一场伟大的内战，以考验这个国家，或者任何一个孕育于自由和奉行上述原则的国家是否能够长久存在下去。我们在这场战争中的一个伟大战场上集会。烈士们为使这个国家能够生存下去而献出了自己的生命，我们来到这里，是要把这个战场的一部分奉献给他们作为最后安息之所。我们这样做是完全应该而且非常恰当的。

但是，从更广泛的意义上来说，这块土地我们不能够奉献，不能够圣化，不能够神化。那些曾在这里战斗过的勇士们，活着的和去世的，已经把这块土地圣化了，这远不是我们微薄的力量所能增减的。我们今天在这里所说的话，全世界不大会注意，也不会长久的记住，但勇士们在这里所做过的事，全世界却永远不会忘记。毋宁说，倒是我们这些还活着的人，应该在这里把自己奉献于勇士们已经如此崇高地向前推进但尚未完成的事业。倒是我们应该在这里把自己奉献于仍然留在我们面前的伟大任务——我们要从这些光荣的死者身上吸取更多的献身精神，来完成他们已经完全彻底为之献身的事业；我们要在这里下定最大的决心，不让这些死者白白牺牲；我们要使国家在上帝福佑下得到自由的新生，要使这个民有、民治、民享的政府永世长存。

## 《葛底斯堡演讲辞》赏析

高　云

1863 年 7 月初，林肯领导的北方军队与南方奴隶主的军队在葛底斯堡展开了三天激战，北方军队取得了历史性的胜利。为了纪念在这次战役中牺牲的勇士，国会决定在这里建立烈士公墓。11 月 19 日，林肯作为总统被邀请在公墓落成典礼上发表了这篇演讲。

这篇演讲辞最突出的特点有三个：

1. 思想深刻。其一，在演讲一开始，林肯站在历史的角度，热情地讴歌了一个崇高的思想——自由和平等。在这个场合下发表这样的言论，意义重大。其二，林肯把烈士的死同国家追求文明政治制度的历史以及人类文明的未来联系在一起，暗示出烈士献身的伟大意义和崇高价值，这些烈士是在维护统一并把社会推向前进的战争中英勇牺牲的，因此他们圣化了这片土地。其三，林肯提出了建立和维护“三民”政府，即民有、民治、民享的政府，这一思想将铭刻于历史。正因为林肯的演讲深刻反映了这些光辉思想，才产生了巨大的震撼力和说服力。

2. 感情真挚。林肯的演讲自始至终激励着每一个听众，他旗帜鲜明地提出我们的国家奉行一切人生来平等的原则，拉近了自己和听众的距离，沟通了听众的心灵；然后他又说“那些曾在这里战斗过的勇士们，活着的和去世的，已经把这块土地圣化了”，热情讴歌了烈士们的光辉业绩，引起了听众的情感共鸣；同时他和听众站在同等的高度，下定最大决心，不让这些死者白白牺牲，让所有在场的人感受到了作为总统的林肯对死者的深切缅怀之情，对生者的殷切激励之情。整篇演讲宛如一首深情的诗歌，在听众的耳边吟唱。

3. 语言精练。在林肯演讲之前，埃弗雷特已经做了长达两个小时的演讲。林肯结合实际，对其长篇大论做了高度概括。全篇演讲只有10个句子，译文不到600字，却把自己的政治主张——“奉行自由和平等原则”、这次集会的目的——“要把这里奉献给他们作为最后安息之所”、对烈土的缅怀——“勇士们在这里做过的事，全世界永远不会忘记”、对今人的激励——“要使国家在上帝福佑下得到自由的新生，要使这个民有、民治、民享的政府永世长存”四层含义作了精辟的阐述，所讲内容如此博大，所用语言如此精练，真可谓惜言如金。

据史料记载，这篇著名的演讲共用时2分15秒，期间5次被热烈的掌声打断。演说结束，全场爆发出经久不息的掌声。第二天，《斯普森菲尔德共和党人报》立即发表了评论说：“这篇短小精悍的演说是无价之宝，感情深厚，思想集中，措词精练，字字句句都朴实优雅。”美国人把这篇演讲辞作为中学生的必读课文，牛津大学则把这篇演说用金字铸在校园里。

## 所有的日子都来吧

邹　彤

朋友们：

小时候，常常盼望着长大，盼望着所有的日子都快快来临。那样，我们就可以做我们想做的任何事情了！我们可以在五线谱跃动的音符中如痴如醉；可以在画布上纵横驰骋，施展我们丰富的想象；可以在欢快的溜冰圆舞曲中纵情欢愉，可以在字里行间抒发我们对生活的爱；可以在严谨的学问中展示我们高超的技巧……那时候，生命对于我们，是一首未谱曲的歌，是可以谱出或纯粹清朗，或高亢激昂，或深沉婉转的华美乐章。

可是，当所有的日子一天天走近我，所有的忧思也不请自来；定睛回眸，生命充满了太多的遗憾，太多太多的梦想还来不及实现；顾影自怜，眼角却已悄悄爬出鱼尾印痕……啊，难道青春就这样匆匆离我而去？

是呀，岁月能带走许多，能带走我们年轻的容颜和充沛的体力。但是，岁月带不走一切，它带不走我们所有的梦想，它带不走我们实现梦想的青春之心！

一位美国老人在他70岁时写下了一段关于青春的文章。他说，青春并不只属于青年，青春属于每一个人，青春属于每个人的任何时期。只要你对人生永远怀有梦想，只要你对自然、宇宙、社会永远怀有好奇心。那么，不管你是白发苍苍，抑或体弱多病；不管你是身陷囹圄，抑或重担累累……谁都无法剥夺你的青春之心，谁都无法遏制你生命中焕发出夺目的光彩。

这位老人关于青春的独到见解成为许多成功的企业家的座右铭：它鼓舞着他们不断开拓进取，取得一个又一个成功。齐白石老人也正是这段话的写照。对绘画的热爱促使他在古稀之年也握起了画笔，他的生命、他的青春难道不是在惟妙惟肖、呼之欲出的画虾中得到了永远的延续和再现吗？

也许你未必有如齐白石老人的天才和机遇，但是倘若你蹉跎岁月、枉自嗟叹，那么你就无缘证明你有某方面的才华，也无法使你生命焕发出内在的活力与光彩了。

有这样一个普通的故事。他根本不通音律，也从未受过有关音乐的训练，而立之年，他却开始羡慕起琴与弦发出的美妙音响了。就这样，由于好奇心的驱使，他用他30岁笨拙的手在业余时间学起了大提琴。刚开始音调乏味的练习使他心灰意冷，他觉得他根本没有享受到音乐的美妙，却只有呕哑嘈杂的噪音。直到有一天就在喧闹的公共汽车上找到了感觉，他急不可耐地回到家，拿起大提琴，终于在他的手上拉出和谐顺畅、优美动听的音乐。啊！那是怎样一个迷人的境界呵。他说，当他和他的儿子一起参加演奏时，他的老相识们吃惊地瞪着眼睛说：我从来不知道你还会这一手呀！

啊！青春之心，是多么美妙的一件东西呵。它可以使人在任何时候，即使是垂暮之年，也永葆青春的活力。大家看过美国电视连续《成长的烦恼》吧？成长带给我们烦恼，也带给我们经验，更带给我们快乐。正是宝贵的青春之心促使剧中退休的老外公卖掉花园洋房他自己的家，却买了一辆豪华的1987住房式旅游车，去实现他一生梦寐以求的周游世界的美梦。

青春之心，这是怎样瑰丽的一件人间珍品！只要你去努力，它自会来到你心中，谁也恩赐不来，谁也剥夺不走。它可以使人的生命焕发出内在的活力与光彩。

我的一位好朋友曾经对生活非常悲观失望，她自暴自弃，以至于她的身体到了崩溃的地步。直到即将告别人世，她才发觉生活的可贵，她才发现生活是这样美好，她还有太多的梦想没有实现……就是凭借这被唤醒的青春之心和她青春的生命力，她才从死神的手里奇迹般地逃了出来。康复之后她跟我谈道：我是学习心理的，可是直到生病之后，我才真正意识到，人通过暗示等方法是可以进行人格的自我塑造的，无论起步多么艰难、面临怎样的困境。这才是健康、开放、富有创造力的人格，这种人格才具有吐故纳新、海纳百川的能力，因此才会有世上许多可歌可泣、可钦可敬的壮举和成就。

现在，她是北京一所著名高等学府的心理学专业研究生，她对她的专业、她的生命非常热爱，她曾到我们大家熟知的希望热线等处义务咨询服务，她正以她的学识、她的经历，以她对生命的热爱唤起许多人内在的青春之心。

朋友，我相信你也一定拥有青春之心吧？发掘出你内在的青春之心，实现你的梦想吧！总有一天，会实现你的某一个梦想。这样，当所有的日子都来临时，你的梦想、你的快乐将随之而来——

所有的日子，
所有的日子都来吧。
让我用青春的金线和幸福的缨络，
编织你们……

## 《所有的日子都来吧》简析

白　山

一篇优秀的演讲辞仅有明白晓畅的叙事，鞭辟入里的分析，高屋建瓴的议论是不够的，演讲还应该具有诗歌般美妙的诗情，这种诗情可以让听众在一种欢愉的心境下，领略演讲者伟大的思想和独到的见解；这种诗情可以让听众在聆听演讲的时候如沐春风，如淋春雨；这种诗情可以让听众春潮澎湃，可以让听众春心涌动、春情激昂。

《所有的日子都来吧》就是一篇充溢着诗情的演讲辞，无论是在题目的选用上，还是在语言的运用上，每一句话、每一个词都让人感受到一种青春的气息，感受到一种诗情般的美感，也正是这种荡漾的诗情拨动着听众心灵的琴弦，使演讲者的心灵之声与听众的心灵之声产生一种悦耳的和弦。如果没有了这种美好的诗情，那么这篇演讲也就不存在了。所以，有时美好的诗情可以为一篇演讲注入强大的生命力，让人感受到一种活生生的力量！

### (四) 设计好演讲过程

1. 设计演讲技巧。演讲的技巧包括演讲采取的方式、演讲结构的组织和演讲时间的把握。

演讲方式是指演讲者在演讲中所采取的方法和形式。最为常见的演讲方式有宣读式、朗诵式、背诵式、即兴式、脱稿式（有稿而不照读）、问答式、谈心式、表演式（带有综合性）等。设计演讲的结构就是将演讲的各个组成部分搭配和排列组织好。在设计演讲时间时，要把握好从演讲开始到结束所用去的时间，要设计得既不显得过于紧张，使听众难以应付，又不显得拖泥带水，松散、冗长。

2. 设计演讲语言。首先，演讲语言要准确简洁。演讲者必须对自己要讲的内容经过认真的思考，弄清道理，抓住要点，明确中心；要注意文字的锤炼和推敲，做到精益求精，一字不多，一字不易；要注意克服三个毛病——口头禅，啰嗦重复，空话套话。其次，演讲语言要通俗平易。演讲的语言要口语化、个性化、规范化。第三，演讲语言要形象生动。要使用形象化和幽默诙谐的语言来增强感染力，使用修辞手法来丰富句式。

3. 设计演讲者的风度。风度是指人的诸种姿势在一个特定的时间、环境中给人们的综合印象。演讲者的风度可概括为“四然”：自然，即内心平和，举止得体，镇定自如；泰然，即遇事不慌，侃侃而谈，充满自信；井然，即循序渐进，步步为营，顺理成章；超然，即洒脱自如，诙谐成趣，充满创意。如何做到呢？

(1) 讲求服饰美。服饰要得体，即服饰与人体比例协调和谐，服饰的色彩、式样、比例等均适合人体本身的尺度要求，从而把服饰与人体融为有机统一的整体；服饰要入时，要追求服饰与人所处环境的协调和谐；服饰还要从俗，要追求与社会生活环境、民情习俗的协调和谐。

(2) 设计体态语。体态语的设计要服从内容表达、对象场合、情感表达和审美的需要，做到自然适宜、简洁明了、富有变化。

(3) 避免不雅的演讲举止。具体来讲：一是演讲时不注意站姿与坐姿。站立时，东倒西歪，晃头耸肩；就座时，斜靠在椅子上，手臂搭在椅背上、翘二郎腿等。二是不管演讲内容是否需要，总是握着拳头在空中挥舞，或故意把两手交叉在胸前、或勉强把手扶在讲桌上、或将两手一直插在衣袋里、或一直将两手放在背后，甚至有意无意玩弄衣襟或其他物品等。三是佯装严谨而显得过分严肃。演讲时自始至终面部紧绷，表情阴沉，缺乏适当的手势配合。四是故意模仿别人的动作，尤其是模仿名人的动作，而且模仿得不自然、不得体，矫揉造作，生搬硬套，令听众大倒胃口。五是注意力不集中，左顾右盼，似乎没把听众放在眼里。六是惴惴不安，面红耳赤，动作局促，甚至由于过度慌张而做出令人发笑的动作。七是有人进退场或会场稍有动静时，不能镇定自若，导致演讲戛然而止，或草草收兵。八是当听众表现不满情绪时，或立即加以驳斥，或表现得怯懦无奈，或拂袖而去等。

## 二、命题演讲的演练

演讲者要重视设计后的演练。一方面，演练活动可以对演讲设计进行检验，从中发现设计的问题，借以拾遗补缺，纠错堵漏，保证演讲的圆满成功；另一方面，演练活动可以促使演讲者掌握演讲进程，提前“进入角色”，调节好自己的心境和情绪，顺利完成演讲任务。

演练活动有两种基本方式：一是单独演练，包括默诵和有声有形的自练；二是公开演练，即面对特定听众的演练或试讲活动。

### （一）单独演练

演讲者在熟读演讲稿的基础上，先从整体到部分，即从篇—段—句—词，逐段、逐句、逐词的边讲边揣摩，然后再由词—句—段—篇的顺序进行反复地读、讲和分析研究，要在整篇中找出中心段，在段中找出中心句，在句中找出中心词，在词中找出重音字。在反复朗读和演练中，对演讲中思想观点的表达、语调的安排、情感的抒发、态势的配合、声音的润色等进行总体设计，使演讲的各种因素在阐述中心论点中，各就其位，各尽其职，各展其能，用文脉、意脉、情脉将其紧密地联系在一起，形成一个完美的艺术整体。然后用符号将总体设计在演讲稿上标示出来。

在此基础上，进行反复的讲练，这时要突出三个方面的练习：一是纯熟掌握演讲稿的语言和发声技巧，处理好整篇演讲稿语言的音速、音色等方面的问题，使声音既能有效地传情达意，又具有韵律美。二是态势语言的练习。根据有声语言的意思表达和总体设计，对态势语言从手势、体姿到表情甚至包括仪表要综合起来进行艺术地安排，然后将有声语言和态势语言结合起来进行熟悉、体味和反复演练。在体味和演练中，可以对着镜子进行演练，也可以利用录音、录像进行练习，这样既可便于自审和修正，又可进行模仿训练。在演讲中，态势语言和有声语言，虽然事先已做了很好地设计和演练，但实际发表演讲时也可根据临场情境，做一些适当的改变。所以，态势语言的设计和练习，就可以灵活一些，不宜硬性规定。三是情境体验和进行角色练习。在演讲练习中，最重要的一点就是演讲者要对自己演讲所表达的思想感情等有深切的体验，以使自己完全沉浸于演讲的情境之中，这就是情境体验和进入角色。这样，在实际发表演讲时，就能以强烈而真实的情境熏陶感染听众，使其受到深刻的教育和启迪。可采用以读促讲、设境独白等方式进行训练，还可以将自己的演讲录到磁带或录像带上，边放、边体味、边练讲，也可以播放一些名家演讲的录音、录像，进行对比研究、实践与体验。演练到一定程度后，再到室外，面对室外的树木、花草等自然景物进行演练，做到观点明、情感真、语音准、态势美、熟中求巧，直到满意为止。

### （二）公开演练

这个阶段就像体育活动中的热身赛、戏剧中的彩排。进行正式演讲前的模拟演练，也就是完全进入时境和角色的实地演讲练习。

首先演讲者可请老师、同学、朋友或亲人听自己的演讲，请他们给予评议和指导，改正缺点，弥补不足，充实提高。然后再到少部分群众中去演讲，虚心听取意见和反映，从效果上找出差距和不足，再进一步精雕细刻、润色提高，达到完美的艺术表达境界。

**范例** 1863年，美国总统林肯要在葛底斯堡国家烈士公墓落成典礼上发表演讲。尽管他的演讲只有10个句子600余字，2分多钟就可以讲完，但他认真准备了很久。先是构思，起草以后几经斟酌，还念给白宫里的佣人听，请他们提出意见。直到演讲前一天晚上，住在葛底斯堡的旅馆房间里，他还作了认真的修改。林肯的这篇演讲被后人评价为一次“完美无缺的演讲”，其讲稿是“一篇誉满全球的演说词”。林肯在葛底斯堡国家烈士公墓落成典礼上发表的演讲手稿，现珍藏在美国国会图书馆。讲辞被铸成金字文，放在牛津大学，作为英语演讲的最高典范。

## 强　化　训　练

**【训练要求】**

按照各项练习的具体步骤与要求进行，也可结合实际自行设计，要充分准备，把握机会，持之以恒。

**【训练指导】**

教师要做好示范，指导学生以全班、小组或同桌为单位进行练习，引导学生进行点评与小结。

学生要根据自身实际，有针对性地进行练习，要将自我练习与全班演练结合起来。

**训练一 为下列几道演讲题设计精彩的开场白。**

1. 青春的宣言
2. 路
3. 我的职业观
4. 我的大学生活
5. 口才与人才

**训练二 认真阅读下列演讲材料，先概括演讲主旨，再分析其结构特点。**

### 一个遗臭万年的日子

［美］罗斯福

副总统先生、议长先生、参众两院各位议员：

昨天，1941年12月7日——一个遗臭万年的日子——美利坚合众国遭到了日本帝国海空军部队突然和蓄谋的进攻。

合众国当时同该国处于和平状态，而且，根据日本的请求，当时仍在同该国政府和该国天皇进行着对话，对于维持太平洋的和平有所期待：实际上，就在日本空军中队已经开始轰炸美国瓦胡岛之后一小时，日本驻合众国大使及其同事还向我们国务卿提交了对美国最近致日方的信函的正式答复。虽然复函声言继续现行外交谈判似已无用，但它并未包含有关战争或武装进攻的威胁或暗示。

应该记录在案的是：由于夏威夷同日本的距离，这次进攻显然是许多天乃至若干星期以前就已蓄意进行了策划的。在策划过程之中，日本政府通过虚伪的声明，表示希望维护和平，蓄意对合众国进行欺骗。

昨天对夏威夷群岛的进攻，给美国海陆军部队造成了严重的损害。我遗憾地告诉各位，很多美国人丧失了生命。此外，据报告，美国船只在旧金山和火奴鲁鲁之间的公海上也遭到了鱼雷袭击。

昨天，日本政府已发动了对马来西亚的进攻。

昨夜，日本军队进攻了香港。

昨夜，日本军队进攻了关岛。

昨夜，日本军队进攻了菲律宾群岛。

昨夜，日本人进攻了威克岛。

今晨，日本人进攻了中途岛。

因此，日本在整个太平洋区域采取了突然的攻势。昨天和今天的事实证明了这一点。合众国的人民已经形成了自己的见解，并且十分清楚这关系到我们国家的安全和生存的本身。

作为三军总司令，我已下令，采取一切措施保卫我们的国家。但是，我们整个国家都将永远记住这次对于我们进攻的性质。

不论要用多长的时间才能战胜这次蓄谋已久的入侵，美国人民以自己的正义力量一定要赢得绝对的胜利。

我现在断言，我们不仅要做出最大的努力来保卫我们自己，我们还将确保这种形式的背信弃义永远不会再危及我们。我这样说，相信是表达了国会和人民的意志。

敌对的行动已经存在。毋庸讳言，我国人民，我国领土和我国利益都处于严重危险之中。

信赖我们的武装部队——依靠我国人民的坚定决心——我们将取得必然的胜利——愿上帝助我！

我要求国会宣布：自 1941 年 12 月 7 日——星期日，日本进行无缘无故和卑鄙怯懦的进攻时起，合众国和日本之间已处于战争状态。

## 在斯坦福大学毕业典礼上的演讲

卡莉·菲奥里纳（文）　薛舒月（译）

各位朋友：

大家好！

我也曾心怀恐惧。事实是，在我走进斯坦福大学的那天，我害怕；在我走出的那天，我同样害怕。

我害怕，离开这前景一片光明的地方，面对经济动荡，前途未卜的未来；我害怕，虚掷从斯坦福里学得的，足以夸耀众人的知识和我独有的天赋换来的只是杯水车薪；我害怕无所事事，害怕犯下不可挽回的过失。

如果今天的你同样害怕，让我来问你：“你要如何面对你的恐惧？是化恐惧为动力，还是因此而裹足不前？”

这个问题只有你自己能够回答。但我的故事也许能对你有所裨益。这是一个脸上时时写满恐惧的斯坦福大学的新生在世界上跌跌撞撞，努力地谋求一席之地的故事。让我来从头说起。

我在斯坦福进修的课程中最有价值的并不是经济学。每周，我们都被要求阅读一本中世纪的哲学巨著。一周大概得读上1 000页。到了周末，我们要把哲学论文缩写成薄薄的两页。过程大致如下：首先把书的内容缩减为20页，然后再减到10页，5页，最后只剩下2页——一张纸正反两面的两页。所有无关紧要的旁枝末节统统地去掉，缩减，只留下最根本，最重要的两页。到了下一周，又从另一部宏篇巨著从头开始。这样一来，我所读过的哲学思想和意识理念自然在脑海里留下了印象。但让我感觉最为学有所得的是学习中严苛的凝练和浓缩过程。能够掌握这种奇妙的技巧真是令人兴奋。多年来我一再地把它付诸实践，用智慧去浓缩，凝练，去伪存真，直达事物的本质。我了解到在课堂上所学到的掌握知识的过程也是人生的过程。因为每个人的人生都是一项庞大的工程，有着与生俱来的天赋和种种偶然所造就的素质。当你从斯坦福毕业的时候，你带着十年寒窗，家庭门第，世故历练等等积累的数千页个人资质。而你真正的自己，你的本质，你的精华就埋藏在这千页纸张的下面。

那么，你该如何凝练你的人生呢？你首先得和自己内心的恐惧对抗。在哲学课程25年后的今天，我认识到，经过类似的自我凝练过程，我已经可以正视恐惧，并使自己不为它们所左右。

每当我恐惧的时候，每当我对它们的威逼显出不以为意的神气的时候，我就又朝着自己的本质迈近了一步。更近一步地靠近了我的真心，真我。

回想一下当你十七八岁初进斯坦福校门的那一刻。你是天之骄子，你对自己的能力胸有成竹，不是吗？然后你进了校舍，或者是第一次参加系内集会，与校友们经过两三次的切磋，你就感到自己事实上无足轻重，浅薄无知。但是慢慢地，你赢得了一些回合。你用自己的成绩证明自己，你屡败屡战，你努力学习，天天向上，也许还会名列前茅，这时你的恐惧就会有所消减。瞧，你已经从个人资质里清除了一两百页了。浓缩的过程起步了，你开始提炼自己的人生。

等到你在同行之中占有了一席之地，一种新的恐惧又会油然而生。一天清晨，你从睡梦中醒来，想："我是在过自己的日子呢，还是在为别人而活？"

法国作家加缪曾经说过："只有不过分在意他人的目光，我们才能获得真正的快乐。"我对自己保证说，清晰明理的头脑和斯坦福大学的人文学学历足以使我克服这种恐惧。但是它们不能让我快乐。唯一能使我快乐的重要的事是用我尽在掌握的一切，努力实现自我的价值。

（注：卡莉·菲奥里纳是惠普公司首席执行官。本文节选自她在2001年6

月 17 日斯坦福大学毕业典礼上向新一届毕业生所作的演讲。)

## 太阳的指纹

郑　晶

朋友们、同学们：

不知道从什么时候起，我们的大学校园里书写的只有童年的梦幻、成长的困惑、人生的感伤与爱情的朦胧。我自己也被这些感伤缠绕着，紧锁的眉宇间发源着一条愁之河，只会在流星掠过的夜空下用琴弦交换自己孤独的故事，年轻的心也只会走入如泣的雨中。那时候，我感到自己仍然是山，但已过早地荒凉。往日的岁月，使我确信：青春不过是黑夜下谈过的一个黑色的标题，那是一个心中没有太阳的日子。

直到那一天，窗外明晃晃的太阳光把我牵引到窗前。推开窗，太阳光灿灿的手抚摸我的额头、我的脸和头发，一束温暖的阳光注入我的心田。走出户外，我的脸不再苍白，我的眉宇不再紧锁，我的心也不再忧郁。我告诉一个惊诧我脸上的微笑的朋友说："这是因为我的脸上留下了太阳的指纹。"

从此，我不再沉溺于席慕蓉的柔美与三毛的洒脱，也不再语出轻狂、不知天高地厚，把雄心抱负像钥匙链一样时刻挂在身上。我知道珍惜眼前的时光与把握手边的机会，也知道大学是我一生中最自由、最尽兴的本色生活，这段时光惟一只属于我自己。我开始相信人的一生总该有一种坚持，总该有一些东西会令我们激动、令我们沸腾，也会令我们热泪盈眶。我不再抱怨没有走进理想中的象牙塔，不再用或粉或黛的语言脂粉去涂抹大学生活的篇章，也不再或辍或止地做一件事情。记得孙中山先生说过："不管什么事情，能够从头到尾做彻底的便是大事。"自从染上太阳的指纹，我便不再计较所做事情的大小——我勤快地去图书馆读书，热情地忙碌团支部的活动，认真地准备演讲社的每一次演讲、播音室里的每一次录音。不是吗？重要的是参与，即使不成功，也不会成为空白，只要曾给世界留下了一瞬光明，做一颗流星又有什么遗憾呢？

我们飘逸的秀发可以收纳强劲的风，我们可以在年轻的心壁上雕凿一种激情，一种向上的力量。这种向上的力量就是我们每一个青年时刻准备着，燃烧青春、奉献社会。我们可以有梦想，但这个梦想除了美丽而斑斓，并不是飘浮在心灵之外的天空，而应当是踏实而沉稳的，可以握在我们自己手中的，像风筝线绳一样收放自如的梦想；我们可以去崇拜，但不可以沉迷，因为真正的上帝是我们自己。

生活得最好的人并不是寿命最长的人，而是最能感受生活的人，是乐观向上的人。生活在太阳底下的人们，如果感受不到太阳的温馨，不为染上太阳的指纹而骄傲，他的世界只有平淡与灰暗。

我们的青春吭哧吭哧地喘着粗气，我们的生活滴答滴答地流着汗水，但我们不抱怨脚下的路总是坑坑洼洼，总是坎坷不平。我们的前方也许除了上坡还是上坡，我们每走一步都会感觉到吃力，但我们的每一次抬足都证明了生命的隆重。走在这样一条充满险阻但前面铺满梦境的征途上，为了迎接远方的平坦，我们愿用火热的青春踏平这所有的坎坷。作为一代青年，生命的旺盛和冲刺的辉煌都在我们身上汇合。生命的旺盛，使我们跑在时代的前列；冲刺的辉煌，在胜利者面前托举出新世纪的太阳。

生命，需要在时空的经纬中慢慢沉淀，才能显出它的价值，让我们燃烧自己、燃烧自己的生命，使生命之光大放异彩，让我们所有流动的热血和激情，都重新染上太阳辉煌而沉重的指纹吧，因为它可以为我们作证，证明我们都是热爱生命的人，都是热爱生活的人。

**训练三 选择下列题目，拟写演讲稿提纲。**

1. 放飞梦想
2. 我的精神家园
3. 明天，你准备好了吗？
4. 让我们彼此微笑
5. 祖国在我心中

**训练四 根据括号里的提示，模拟演练《在马克思墓前的讲话》。**

## 在马克思墓前的讲话

恩格斯

本篇是恩格斯在马克思的葬礼上发表的演说。“讲话”，首先高度概括了马克思的两个重大科学发现：“人类历史的发展规律”和“现代资本主义生产方式和它所产生的资产阶级社会的特殊的运动规律”，之后又补充说明“在他所研究的每一个领域（甚至在数学领域）都有独到的发现”。接着，“讲话”又比较具体地介绍了马克思的革命实践活动。“斗争是他的生命要素。而他进行斗争的热烈、顽强和卓有成效，是很少见的。”恩格斯的“讲话”带有浓重的感情色彩，所以在演讲时，要按照悼辞的特点要求，把它读得深沉、稳重些。总体上，本篇演讲的语调偏低，速度也比较缓慢。

（以自然的语调报出演讲题目后，音调渐抑地）3 月 14 日下午 2 时 45 分，

(略顿)当代最伟大的思想家(沉郁地)停止思想了。(自然偏低、稍抑、回忆地)让他一个人留在房里总共不过2分钟,等我们再进去的时候,便发现他在安乐椅上(稍突出)安静地睡着了——但已经是(稍突出)永远地睡着了。

(稍顿,惋惜地)这个人的逝世,对于欧美战斗着的无产阶级,对于历史科学,都是(稍突出)不可估量的损失。这位巨人逝世以后所形成的空白,在不久的将来就会使人感觉到。

(略顿,舒缓地)正像达尔文发现自然界的发展规律一样,马克思发现了人类历史的发展规律,(叙事性语句)即历来为繁茂芜杂的意识形态所掩盖着的一个简单事实:人们首先必须吃、喝、住、穿,然后才能从事政治、科学、艺术、宗教等等;所以,直接的物质的生活资料的生产,一个民族或一个时代的一定的经济发展阶段,便构成基础,人们的国家制度、法的观点、艺术以至宗教观念,就是从这个(稍突出)基础上发展起来的。因而,也必须由这个基础来解释,而不是像过去那样做得相反。

(稍顿)不仅如此。马克思还(稍突出)发现了现代资本主义生产方式和它所产生的资产阶级社会的特殊的运动规律。由于剩余价值的发现,这里就豁然开朗了,而先前无论资产阶级经济学家或者社会主义评论家所做的一切研究都只是在(稍突出)黑暗中摸索。

(稍顿,语调舒缓地)一生中能有这样两个发现,该是很够了。甚至只要能做出一个这样的(平稳)发现,也已经是幸福的了。但是马克思在他所研究的每一个领域(甚至在数学领域)都有独到的(稍突出)发现,这样的领域是很多的,而且其中任何一个领域他都不是(语调加重)肤浅地研究的。

(稍顿,以平缓的语调起)这位科学巨匠就是这样。但是在他身上远不是主要的。在马克思看来,科学是一种在历史上起推动作用的、革命的力量。任何一门理论科学中的每一个新发现,即使它的实际应用甚至还无法预见,都使马克思感到衷心喜悦,但是当有了立即会对工业、对一般历史发展产生革命性影响的发现的时候,他的喜悦就不同了。(回忆往事地)例如,他曾密切注意电学方面各种发现的发展情况,不久以前,他还注意了马赛尔·德普勒的发现。

(自然,中速,庄重地)因为马克思首先是一个革命家。以某种方式参加推翻资本主义社会及其所建立的国家制度的事业,参加赖有他才第一次意识到本身地位和要求,意识到本身解放条件的现代无产阶级的解放事业——(强调)这实际上就是他毕生的使命。(稍突出)斗争是他得心应手的事情。(发自内心深处)而他进行斗争的热烈、顽强和卓有成效,是很少见的。(以自然偏上的语调,中速)最早的《莱茵报》(1842 年)、巴黎的《前进报》(1844 年)、《德意志——布鲁塞尔报》(1847 年)、《新莱茵报》(1848～1849 年)、《纽约每日论坛报》(1852～1861 年),以及许多富有战斗性的小册子,在巴黎、布鲁塞尔和伦敦各组织中的工作,最后是创立伟大的国际工人协会,(略顿,转回自然)作为这一切工作的完成——老实说,协会的这位创始人即使别的什么也没有做,也可以拿这一成果(时值略加长,舒缓地)引以自豪。

(转为自然偏低,稍抑)正因为这样,所以马克思是当代最遭嫉恨和最受诬蔑的人。(继续偏低,速度较慢地)各国政府——无论专制政府或共和政府——都驱逐他;资产者——无论保守派或极端民主派——都纷纷争先恐后地诽谤他,诅咒他。(转为自然偏中,舒缓地)他对这一切毫不在意,把它们当作蛛丝一样轻轻抹去,只是在万分必要时才给予答复。(沉痛,惋惜,饱含深情)现在他逝世了,在整个欧洲和美洲,从西伯利亚矿井到加利福尼亚,千百万革命战友无不对他表示尊敬、爱戴和悼念,(声调上扬)而我敢大胆地说:他可能有过许多敌人,但未必有(稍突出)一个私敌。

(略顿,偏上,自豪地)他的英名和事业将永垂不朽(辅以动作,“永垂不朽”,一字一顿,低声结束)!

**训练五** **准备一篇演讲稿,根据相关要求进行自我演练。**

## 项目 4 即兴演讲训练

即兴演讲是指演讲者在事先无准备的情况下就眼前的场面、情境、事物、人物有感而发,临时即兴而起发表的演讲。即兴演讲在现代交际中是既灵活又有实用价值的最受欢迎的一种演讲形式。

### 一、即兴演讲的类型

按其形式可分为两种,一种是主动式,即在特定的场景和主题诱发下,“有言在心,不吐不快”,主动决定即兴演讲;另一种是被动式,即由于他人的提议、临时的需要,在无法推却的情况下,被动决定即兴演讲。

按其演讲的性质可分为两种,一是在带有测试和比赛性质的场合中的临时演讲，称为“命题测赛式”；二是在各种生活场景中的即席演讲，称为“生活场景式”。

### （一）“命题测赛式”即兴演讲

它实际上是一种命题式口头作文，讲什么不是由讲者根据现场气氛、中心事件和听众对象来决定，而是临时抽签得题，并且必须扣住所抽题目来讲。因此，这类即兴演讲最关键的问题就是处理好审题和取材这两个环节。

1. 审题。是“命题测赛式”即兴演讲的第一步，也是最重要的一步。审题出了偏差，整个演讲就会因不合要求而砸锅。

这类即兴演讲的题目大致分为两类：一类是论点式题目，一类是论题式题目。论点式题目，即规定了演讲主题的题目，如《珍惜青春》、《人生的价值在奉献》等。对于论点式题目，演讲者没有选择主题的自由，不管你对所要讲的主题是否有相同看法和感受，都只能调动自己的知识积累和生活经验去证明它，而不能谈不同观点。论题式题目只是规定了演讲的论述范围，而没规定演讲者必须赞同或否定什么观点，如《青春的使命》、《人生的价值在哪里》等。对于论题式题目，演讲者则可以在规定范围内根据自己的感受确定演讲主题，相对灵活一些。

2. 取材。由于这种演讲准备的时间很短，所以，最困难的环节就是如何迅速地组织典型的材料来说明问题。不管是抽到论点式题目还是抽到可自己立意的论题式题目，它们都体现了“主题先行”的性质，先行的主题就是取材的基本尺度和聚焦点。

### （二）“生活场景式”即兴演讲

它是根据各种生活场合中的中心事件和听众对象即兴而发，虽然看似没有什么讲话的限制，在讲什么、怎样讲的问题上可随意选择，但实际上并不是随心所欲、信口开河。因为这种即兴演讲总是在特定场合中，以特定的身份，针对特定事情和特定的听众对象而作的，所以，要成功进行“生活场景式”即兴演讲，必须做到四个“把握”。

1. 把握现场气氛。各种特定场合有着不同的现场气氛，或庄重严肃，或轻松欢快，或喜庆热烈，或悲伤惋惜等。即兴演讲的感情基调一定要与场合气氛和谐一致，才能使听众产生好感，反之则会使人难堪，自己的形象也黯然失色。比如说严肃场合的演讲就不能有笑料成分，而欢快场合的演讲就不能一本正经。

2. 把握听众情况。在各种场合中，有时听众构成比较单一，都是一个行业的人。有时听众的构成则较复杂，他们来自社会各个层面，在身份、年龄、职业、知识修养、思想感情等方面差异较大。在后一种情况下演讲更应慎重些，注意不要因讲得片面迎合了一些人而无形中得罪了另一些人，还要避免涉及听众之间争持不下的问题。当然，即兴演讲应针对主要听众，不一定面面俱到。

3. 把握事情实质。不同的生活场景以不同的事情为中心，不同的事情有不同的意义。事情本身的意义实际上规定了演讲的大致范围。比如说在欢迎会和欢送会上的演讲，虽然都有一"欢"字，但实质上有所不同。欢迎会上的演讲主要应是真诚的期盼，而欢送会上的演讲主要是由衷的惋惜和中肯的评价。如果不能准确把握事情实质，就难以把话说到点子上。

4. 把握自己身份。在各种生活场景中讲话之前，必须考虑清楚同听众的关系，应站在哪个角度、以怎样的身份、代表谁来讲话等。只有这样，演讲者才能确定自己讲话的出发点，才能出言得体，分寸适度，恰到好处。更重要的是把握好了这一点，才能充分展示自己的演讲特色。每个人身份不同，实际上给即兴演讲提供了切入讲题的不同角度，把握住了这一点，演讲就会新鲜吸引人，独具特色。

## 二、成功的即兴演讲

### (一) 快速构思的方法

即兴演讲因为没有太多的时间准备，这就需要演讲者快速构思，巧妙立意，把听众自然地带入到演讲中，使演讲更有现场感、更具活力，也更添几分睿智和情趣。即兴演讲成败的关键取决于快速构思的方法，常用的主要有以下几种：

1. 模式构思法。就是以一个基本模式框架作为快速构思的依据，使即兴演讲既符合人们的思维习惯，又能把信息传达清楚，话题集中。常用的有两种模式：一是"三么"框架构思模式。在即兴演讲前短暂的准备时间里，快速思考三个最基本的问题，即"是什么""为什么""怎么"，并迅速选准"切入点"。二是"三点"归纳构思模式。在参加各类活动时，随时注意用"三点归纳"的方式进行思考，随时作好即兴演讲的准备。即第一点，归纳前面所有讲话人的要点；第二点，提取前面某个或某些讲话人的特点；第三点，捕捉前面某个或某些人讲话的闪光点。在总结性即兴演讲时，可综合运用"三点"；在中场性即兴演讲时，可选用其中某一点。

2. 散点连缀法。在即兴演讲前，脑子里会闪现一个个"思维点"，用纸条快速记下这些貌似风马牛不相及的"散点"，然后确定一个表达中心，把这些散点连缀成一个有机的整体。"散点"是即兴演讲特定语境中闪现的人、事、景、物，是演讲的"切入点"或借题发挥的话题，几个"散点"之间要同主题形成自然而有机的联系,不合适的要弃之不用,切不可将之生拉硬拽地拼凑成一段话。

3. 链条形构思法。又称演讲的“线形结构”,它是延展性思维的体现。运用时,先确定演讲的主旨,以此为“意核”,作为导向定势,通常为“开篇首句”;然后,句句紧扣“意核”,单线纵向发展,形成一根环环相扣的链条。如即兴演讲《当你遇到挫折的时候》的结构主线:挫折是一种宝贵的经历→小时候绚丽的梦想→高考失利梦想破灭后的迷惘与徘徊→高职工学交替时受到的教育与洗礼→认识到所学专业的价值,摆脱了理想受挫的痛苦,树立了新的理想与目标。

4. 辐射形构思法。又称演讲的“扇形结构”。它是以一个话题中心为“扇柄”,由多个论据并列构成“扇骨”,发射开去,组成“扇面形”(或辐射形)结构的演讲。

### (二) 开场白的方法

即兴演讲由于时间短,听众没有过多的时间思考、回味演讲的全部内容,往往把注意力放在演讲者开头的几句话,所以,开场白就显得尤为重要。常见的方法主要有以下几种:

1. 感情沟通法。演讲者选择与听众息息相关或最能为听众所接受的话题,从而引起听众与自己在感情上的强烈共鸣,这种方法比较适合于听众属于同一层次、同一类型的场合。但演讲者必须对这个层次和类型的人有一定的了解。

**范例** 1944年,英国首相邱吉尔在美国度圣诞节发表的即兴演讲是这样开头的:“我的朋友,伟大而卓越的罗斯福总统,刚才已经发表过圣诞前夕的演说,已经向全美国的家庭致友爱的献词,我现在能追随骥尾讲几句话,内心感到无限的荣幸。我今天虽然远离家庭和祖国,在这里过节,但我一点也没有异乡的感觉。我不知道,这是由于本人的母系血统和你们相同,抑或是由于本人多年来在此地所得的友谊,抑或是由于这两个文字相同、信仰相同、理想相同的国家,在共同奋斗中所产生出来的同志感情,抑或是由于上述三种关系的综合。总之我在美国的政治中心地——华盛顿过节,完全不感到自己是一个异乡之客……”邱吉尔把美国总统说成是自己的朋友,短短几句话就一下子缩短了演讲者与听众之间的心理距离,取得了极好的演讲效果。

2. 自我介绍法。这种方法适合于演讲者与听众初次相交或后者对前者的身份、工作和生活经历不很熟悉的情况。演讲者介绍的情况应是听众想了解的或是与演讲主题内容相关的。

**范例** 有位文质彬彬的学者到部队工作,他对在场的战士们说:“退后30

年，我和你们一样，也是一个兵，腰宽体胖，走路风风火火，迈步嘎嘎山响。当过班长、排长、连长。后来阴差阳错，改行拿笔杆子，整天爬格子，熬通宵，弄成了这般连我都不喜欢的样子。所以，一有机会就想寻根，今天总算又回来了，请你们接受我这个没着军装的老兵的致意！”这种讲法，令人感到亲切，战士们立即报以热烈的掌声。

**3. 听众分类法。演讲者从听众的职业、年龄、文化、政治面貌等方面，有目的、精线条地作一些分类，归纳其特点，进而分析这些特点与演讲主题的内在联系。**

**范例** 某乡两个村因土地问题发生纠纷，事态发展比较严重，乡党委及时召开了这两个村的党员干部会议。会上一位乡干部作了即兴发言。他说：“参加今天会议的，有老年人，也有年轻人；有男同志，也有女同志；有村干部，也有社员群众。但是大家都有一个共同的特点，这就是：都是共产党员。我们这个乡也正是因为有了数以百计的像你们一样的共产党员，全乡人民才能团结一心走上富裕的道路。”这样的开头，能立即在与会者心中形成一种警觉：我是一个共产党员。这无疑对调动共产党员的积极因素，顺利解决纠纷起到至关重要的作用。

**4. 环境烘托法。是指演讲者利用当时当地的环境特点来渲染气氛，激发听众热情的一种演讲方法。这种演讲方法灵活生动，富于情感。但描绘的环境特点必须与主题思想相吻合，切不可牵强附会。**

**范例** 鲁迅先生曾在厦门中山中学作过一次即兴演讲，他开头时说：“今天我能够到你们学校来，实在很荣幸。你们的学校，名叫中山中学。顾名思义，是为纪念孙中山。中山先生致力国民革命40年，结果缔造了中华民国。但是现在军阀跋扈，民生凋敝。只有‘民国’的名目，没有‘民国’的实际。”鲁迅先生从自然环境中的学校名称讲起，一针见血地指出了名与实之间的巨大反差，从而激发中山学校的师生们为完成中山先生未竟事业而奋斗的革命热情。

**5. 话题承接法。是指演讲者就上一个发言人所提出的某些问题、某些观点的一个或几个方面提出自己新的见解。**

**范例** 某地举办了一次有作家、文学爱好者参加的文学沙龙。会上，有个年轻的文学爱好者旁征博引，论证了“骄傲使人进步”这样一个命题。紧接着发言的是一位小有名气的中年作家，他是这样开头的：“刚才，这位充满朝气的年轻人讲了很多，也列举了不少事情，但我仍然不敢赞同他的观点。在我看来，之所以现在有一些年轻人认为骄傲使人进步，主要在于这些同志没有真正或确切理解骄傲一词的内涵。”接着他做了令人信服的解释，使人耳目一新。

6. 故事启发法。是指演讲者首先讲一个故事，然后从中启发性地提出问题，亮明观点。使用这种方法应注意两个问题：一是讲的故事要短小精悍，并且具有趣味性或新闻性；二是这个故事的内容与演讲主题相吻合，提出的问题应与演讲的目的相一致。

**范例** 在一次反腐倡廉座谈会上，有一人的发言是从一个古代故事讲起的。故事讲的是春秋时代，孙子带着兵书去觐见吴王。吴王看后要孙子演习他的带兵方法。于是孙子挑选若干宫女分为两队，并挑选两名吴王的宠妃为队长。演习中尽管孙子三令五申，宫女们仍不听指挥，结果孙子置吴王命令于不顾，认为“臣既已受使为将，将在外，君命有所不受”，便将吴王的两名宠妃杀了。之后，宫女个个乖乖听话，无人抗命……从这个故事，他便引出了发言的主题：要取得反腐败的阶段性成果，关键在于不畏权势，敢于碰硬。

### （三）主体内容的组织

成功的即兴演讲常常需要借助即兴情感的推动，把演讲主体的感知、体验和理解联结在一起，将现场场景、氛围、主题、时境所提供的特定条件，跟自己记忆中的同演讲主题有内在联系的各种富有感情色彩的生动事例、幽默故事、风趣话题、格言警句、诗词歌赋等材料自然结合起来，通过组合改造、类比生发来开拓主题、充实演讲内容。常见的方法有以下几种：

1. 因人生发。演讲者看到眼前某个具体的人产生即兴类比，用以说明某种观点。

**范例** 奥斯卡颁奖采取“开封宣布”的办法，所以事前人们都不知道谁是获奖者，获奖者的机智和应变能力也往往在这个时候通过口才得以显示。1942年，颁奖者欧文·伯林拆开信封，发现获奖者正是自己，他迅速做出反应，十分风趣地宣布：“此奖颁给了一个好小伙子，我从小就非常熟悉他，他的名字就是欧文·伯林。”

2. 因景生发。也就是触景生情，产生类比联想。演讲者在演讲现场，可以以捕捉到的景物特点为生发的触点，并与自己的演讲内容作巧妙联系，这样就可以有效突出演讲的主题。

**范例** 某校欢送干部班的学生毕业，外面忽然响起了雷声，接着是暴雨顿至。正在演讲的教师代表灵机一动，临时加进了几句话：“你们听，外面雷声隆隆，这是欢送你们毕业的礼炮！”用外面正在响起的雷声比喻欢送毕业生的礼炮声，不仅增添了送别的气氛，在自然景物中揉入了人的感情，而且避免了因外面打雷可能使听众情绪分散的情况。

3. 因物生发。说话人看到眼前某种物体，想到这种物体的某方面特点、特性与要阐述的道理有相似性时，很容易以这种物体作为喻体；或者反过来，看到眼前某种物体的某方面特点特性，而引申出一个论点来。演讲者在演讲现场，可以以看到的物品的某方面特点为生发的触点，触“物”生情，借“物”抒情，也可以由此物品的属性，与要阐述的道理巧妙结合，引申出一个论点来。

**范例** 周国柱先生在大学毕业20年聚会上作即兴演讲时，以每个到会人手中的歌片《年轻的朋友来相会》为触点：“当我们走进宾馆的大厅时，我们每个人的手中都拿到了1张歌片，歌曲的名字是《年轻的朋友来相会》。歌中有这样一段话：‘再过二十年，我们重相会，伟大的祖国，该有多么美！’还记得吗？20年前，我们就是唱着这首歌告别母校的！那时候我们就约定：‘再过二十年，我们来相会。’20年后的今天，我们终于来赴约了。”这样的演讲，为大家的短暂相聚营造了良好的氛围，把大家沉淀多年的同学情、离别情、欢聚情和对未来的憧憬之情很自然地激发了出来。

4. 因事生发。在演讲的过程中，可能出现出乎意料的事，如果对阐发某种观点有利，说话人也可即兴把它作为类比的生发点。

**范例** 某学生文学社团改建时，原本起名“五色土”文学社，并已通知前来参加成立大会的老师，但在开会之前又因故改名为“流萤”文学社。这位老师在祝贺演讲中说：“我本来的腹稿是按照‘五色土’打的。可进了这个大门，才知道你们社团的名字改为‘流萤’，这一来，把我事先腹稿的‘五色土’全冲掉了。刚才几位领导同志的发言如果比作明晃晃的日光灯的话，那我下面的发言不过是夜空中偶尔一闪的流萤之光。”这样的巧妙联系发挥，既表示了自己的谦虚，也创造了良好的氛围。

即兴演讲的内在能力就在于快速组织语言材料，把互不联系的零乱散碎的材料迅速地加以筛选，选择出自己所需要的部分，作为组成演讲内容的“点”；然后围绕主题，根据各“点”间的联系，合理布局，快速组合，最后连贯成文。

一般说来，可取材料有两种：一种是平时积累的材料，另一种是现场的人、事、环境等材料。这些材料看似五花八门，其实不外乎两类：一类是典型事例，一类是理性思辨。当这些材料被某一题旨的线串起来时，就可以成为成功的即兴演讲的内容。

即兴演讲材料的组合，一般有三种形式：并列式，即围绕一个主旨从并列的几个方面来说；正反式，即围绕一个主旨正面说明与反面说明相结合；递进式，即先说明“为什么”，继而谈“怎么样”。

（四）结尾的方式

与命题演讲“留有余味”“余音绕梁”的结尾不同，即兴演讲要求有一个力度很大的响亮的结尾。一般以号召式、希望式和展望式结尾。这几种结尾方式有气魄，有力度，鼓舞人心，能给人留下深刻的印象。

## 三、即兴演讲的注意事项

1. 材料新颖。“文章最忌随人后”，即兴演讲也是如此，要讲出新意，讲那些别人还没想过的道理，讲那些别人正在思索但还没有被正确提出的问题，讲那些人们脱口欲出但还没有找到合适语言表达的心声。

2. 立意深刻。即兴演讲时要做到认识深、意义深、体会深、开掘深，给听众以深刻的启迪，要抓住生活现象中本质的一点，触类旁通，引申扩展，令人回味无穷。

3. 语言简洁。即兴演讲时不说空话、套话，句子不宜过长，修饰语不宜过多，要锤炼词句，节省话语，做到含而不露，言简意赅。

4. 情真意切。即兴演讲要有感而发，叙事时，使听众如临其境；说理时，情理相生；抒情时，情理兼备。

## 强化训练

**【训练要求】**

按照各项练习的具体步骤与要求进行，也可结合实际自行设计，要充分准备，持之以恒。

**【训练指导】**

教师要做好示范，指导学生以小组或宿舍为单位进行练习，引导学生进行点评与小结。

学生要根据自身实际，有针对性地进行练习，要将自我练习与全班演练结合起来。

**训练一　续句接龙。**

1. 分小组活动。先由小组长确立一个中心话题，然后由一位同学开始说第一句，下面的同学一个接一个围绕中心话题接着说。开始练习时，间隔的时间可以长一些,但不可以用笔准备。遇到特别难的地方,允许自告奋勇者出面解围。

2. 全班活动。征集一些较难的中心话题,在全班范围内按上述方式开展活动。

**训练二 用"散点连缀法"在全班开展一次即兴演讲。**

要求每位同学设计一个"散点"写在纸条上;演讲者提前3分钟抽取3张纸条准备;自行设计语境,确定中心,上台演讲。

**训练三 根据教师提供的漫画或实物,在全班同学中进行观物即兴演讲,时间不少于2分钟。**

**训练四 以学习小组为单位,根据实际商定情景,进行即兴演讲。**

参考规定情景:

1. 在青年志愿服务活动中。
2. 在学生社团活动中。
3. 在社会实践总结会上。
4. 在毕业生座谈会上。
5. 在同学聚会上。

**训练五 承接已提供的材料,登台作续接演讲。**

要沿原文思路,或充实阐释,或引申论证,时间不超过3分钟。如:

苦练出口才,常言道:"台上一分钟,台下十年功"。熟练的猎人一枪就能射中飞鸟,高明的医生一刀就能正中患处,使病人康复……(请你讲下去)

**训练六 认真阅读下列演讲辞,分析其取得成功的原因。**

在招聘业余导游员口试场上的即兴演讲

尹浩洋

各位主考:

晚上好!

本来我想朗诵一首诗,但在看了前面十几位考生的口试后,我忽然醒悟到:导游工作更多的是娓娓而谈,才能更好地完成导游任务。因此,我在这儿想和各位主考说说心里话,题目呢,叫"我为什么报考导游"。

我报考导游,有两个不利条件:

第一,是我的年龄。你们的启事上说的是招19～24周岁的,而我却已是30岁了。不过,任何事物都不是绝对的。一方面我可以通过充满青春活力的热情和幽默来弥补;另一方面,年龄大些或许可以成为成熟、稳重、可信的标志呢！——而这一些，好像正是导游工作所需要的呢！

我的第二个不利是我的性别。毋庸讳言，导游工作，大多是愿意由温柔美丽的女性来干的。但是，当今世界，导游已不是女子的专利权了。在某些情况下，具有男性阳刚之气的导游或许会倍受青睐呢！

因此我来了。因为我知道，报考导游我还有7个有利条件！

第一，我热爱导游工作。

第二，由于我的职业关系，夏季烟台这个旅游的黄金季节，正是我们中小学放假的时候，我有充裕的时间。我可以做到召之即来，来之能战。

第三，由于长期坚持锻炼身体，我有充沛的精力和体力。我可以胜任长途奔波，连续作战的任务。

第四，由于对家乡的热爱，由于对史地知识的爱好，我相信我可以在烟台市范围内的导游工作中做到有问必答，有疑必解。

第五，由于在大学四年中经常有外地同学来烟台，由我为他们担任向导。所以，我自认，已具备了初步的导游工作的实际经验。

第六，经过6年的教师工作锻炼，我认为自己的普通话和语言表达能力均能胜任导游工作。

第七，我的性格气质属于多血质型，从心理素质上讲，适应环境的能力和应变能力也较强，而这种心理、气质型，正是被认为做导游工作最适宜、最优秀的一类类型。

所以，我来了，并且相信，如果我被录取，我一定不会辜负你们——各位主考的选择！

## 项目 5　演讲会的组织训练

演讲活动的内容和形式繁多，性质也有所不同，本节主要介绍演讲会的组织。

### 一、明确活动目的

组织一次演讲活动，主办者必须目的明确，只有明确了目的，组织准备工作才能根据目的要求，确定活动的内容、方式、时间、场所、听众以及约请演讲者等。总之，明确目的是组织好演讲活动的基础。

## 二、确定时间和场地

应该在什么时间、怎样的场地举办演讲会，这是一个不容轻视的问题。在时间与场地的选择上，一要看活动的时间对参与者是否恰当。具体来讲，活动的时间安排不应在参与者学习、工作异常紧张的时候，如学生期中或期末考试期间；不应与其他活动时间撞车；不应在人们需要休息或十分疲劳的时候如周末晚上或下午；不应在突发事件之后人们心情不愉快的时候等。若是请人作专题演讲，则要考虑到主讲人某个时间是否有空等。二要看场地的大小是否有利于活动的进行。场地的选择，要看参与人数的多少。如果人数不多，场地过大，听众就不容易集中，场面就容易散漫、冷落，就会影响演讲者的情绪与信心。如果受条件的限制，没能找到适当的场地，宁可选择小一点的场地，让没座位的听众挤在过道与门口。这样济济一堂，容易形成热烈的气氛，给演讲者一定的激励与鼓舞。此外，场地的选择，还要考虑空气流通、室温冷热、光线明暗、座位舒适度以及声音传导是否良好等因素。

## 三、组织听众

演讲活动的构成少不了听众，组织听众一要考虑演讲活动的内容、性质；二要考虑听众的思想状况、文化层次、年龄性格、组织纪律；三要注意宣传鼓动。只有这样，活动才能切合实际，才能吸引听众，也才能顺利进行。此外，比赛性质的演讲活动，还要注意组织基本的听众队伍，这支队伍要稳定、守纪、热情、公正，既能鼓励各方参赛者正常地发挥水平，又能保证参与活动的全过程。同时，听众队伍要靠前坐（站），形成一种热烈的氛围。从而使演讲者感到一种期待的情绪，感到一种鞭策的力量，对于听众，则容易产生一种积极的影响力，彼此之间可以相互督促，提醒，可以有情绪的传染，还可以导引出许多良好的反映。

## 四、布置讲台

讲台应该美观朴实，过分华丽反而会导致听众注意力分散，不利于演讲的进行。具体来讲，一般的演讲不设讲桌，在台中偏前处设一个立式话筒，以便听众一览演讲者的风采。赛场专题演讲可以在幕布上简洁明确地设置会标或主题，一般也不放讲台，使演讲者的体态完全展现在观众面前。会议专题演讲可设主席台，但在台上面向听众的右侧应另设一讲桌，主席台和讲桌各设一个话筒。

讲台上的灯光一般要比台下明亮。赛场专题演讲的会标或主题要有灯光照射，参赛者的面部和身体要有强光照射，以突出其形象。

## 五、选定主持人

主持人的水平直接关系到演讲会的效果，专题演讲会应选择具有一定威信和水平的人（有较好语文修养、反应灵敏、口齿伶俐）主持。主持人要对演讲会的宗旨、方向和进程等全面负责，使其能顺利地进行，并卓有成效。

为了使演讲会自始至终能够顺利进行并取得良好的效果，演讲主持人应注意以下几点：

1．使演讲会准时开始。准时开始，不仅会受到与会者的称赞和拥护，而且对迟到者也是无声的批评。同时，要设计开场白，概述一下演讲会的内容、目的和演讲者，以引起听众的重视和注意。对名人或学者的演讲报告会，主持人应该在一两分钟内以介绍的形式把演讲的题目和演讲者“推销”给听众，创造友好的气氛，引起听众的兴趣。但介绍演讲者不应大肆吹捧，使听众产生反感，当然也不可赞誉不及，令听众失望。

2．使演讲会顺利延续。主持人应对演讲会起指挥和导向的作用，以保证其顺利进行。这就要求主持人能巧妙地运用“会间引导语”。对各个演讲者或听众的不同意见，主持人应尽可能持公正态度，尽量对各种不同意见进行归纳，分类给予澄清和指导；主持人要不断引导听众集中思想，认真听讲；如果有许多演讲者，主持人要经常归纳小结，通报进展情况。如果是赛场专题演讲，还应采用承上启下，对上面的演讲画龙点睛，对下面的演讲扼要介绍，把整场演讲像串珍珠一样串起来，成为一个有机的整体，加深听众的印象，突出演讲会的主题。

3．使演讲会圆满结束。演讲会结束时，主持人应进行简明扼要的总结，其中包括对演讲会的回顾评价等。如果会后有颁奖仪式，主持人还应精心准备好“颁奖词”，其中包括说明获奖的原因，获奖人的生活言行，并祝贺获奖人等。

以上是组织任何形式的演讲会都要注意处理好的几个问题。对于比赛性演讲，活动组织者还要注意做好诸如为演讲比赛命名、排赛程、定规则、请评委等方面的工作，这将在辩论会的组织一节作详细介绍。

## 六、评定成绩

### (一) 命题演讲比赛成绩的评定

1. 思想内容(40%)

观点正确、鲜明;材料真实、具体、典型、新颖;观点与材料统一,合乎时宜、适于听众,具有现实性、针对性;有真情实感,能令听众信服,或能在听众心理上、思想上、态度上和行动上造成一定影响。

2. 表达技巧(40%)

组织结构合理完整、层次分明,开头有吸引力,能引发听众的兴趣;主体安排有条不紊、合乎逻辑,有跌宕起伏的变化;结尾自然有力、耐人寻味。语言通俗明白、自然流畅、生动活泼,既合乎人们听话的习惯,又有利于阐明主题。表达手段丰富多彩,有声语言运用合乎演讲的要求,语音正确,咬字清楚,语声响亮有力、悦耳动听,有语调、节奏的合理变化,能做到以情发声、用声传情、声情并茂;态势语言运用自然恰当,与有声语言和谐统一,有助于强化、美化声音或者传情达意,有利于描述事物、证明事理;必要时能运用其他视听材料帮助说话等。

(3) 临场状态及其他(20%)

主要考察演讲者的仪表、神态和举止。演讲者要衣着打扮得体,同精神气质一致,且精神饱满,神态松弛、自信沉着,在场内发生异常情况时,能应付自如。另外还要举止潇洒大方,彬彬有礼。

此外,还要注意演讲者能否在规定时间内完成演讲以及对听众的即时反应等。

### (二) 即兴演讲比赛的成绩评定

1. 反应能力(占30%)

思维敏捷,反应迅速;机智灵活,善于发现和利用现场情况,能够迅速立意,迅速组织材料与语言。

2. 思想内容(占30%)

审题准确,所选角度新颖独特,主旨正确、集中;言之有物,有积极的现实意义;信息量大,能给听众一定的启发。

3. 表达能力(占30%)

语言简洁明了,自然流畅;表达正确清晰,条理清楚,层次分明;能够适当运用态势语言，现场效果好。

4. 临场表现(占 10%)

举止从容，神态自若，守时讲礼。

一般通过填写比赛评分表来评定成绩，计算比赛成绩，可以采用 10 分制，也可以采用 100 分制。

## 强化训练

**【训练要求】**

按照各项练习的具体要求精心准备，要充分发挥团体的作用。

**【训练指导】**

教师要做好示范，指导学生以全班或小组为单位进行练习与点评。

学生要根据自身实际，有针对性地进行练习，要将自我练习与全班演练结合起来。

**训练一　假如演讲场地过大(小)，听众人数过少(多)，设计组织方案。**

**训练二　根据下列演讲会主题设计讲台。**

1. 自信
2. 技能
3. 竞争
4. 青春
5. 梦想

**训练三　命题演讲比赛。**

1. 参考命题：

(1) 莫让年华付水流

(2) “一二·九”的旗帜

(3) 我也能

(4) 我的未来不是梦

(5) 就业与择业

2. 组织程序：

(1) 由师生共同商定演讲主题。

(2) 由学生自荐和教师选择双向确定演讲会组织小组。

(3) 在演讲小组中选拔演讲会主持人,在待讲小组中确定评委与工作人员。

(4) 限定每位演讲人发言时间,一般为3~5分钟。

(5) 由师生共同担任评委评定成绩,并进行讲评。

**训练四 即兴演讲测试**。

1. 演讲准备:

在甲包内装写有学生姓名的纸条,一张纸条一个姓名;在乙包内装写有题目的卡片,一张卡片一个题目(题目由师生共同拟定,且题目数大于学生数)。

2. 组织程序:

(1) 教师或主持人首先从甲包内抽出一张条子,报出条子上的学生姓名,这位学生从乙包内抽题,按题目要求准备两分钟。期间,教师或主持人再从甲包中抽出第二位学生的名单,由第二位学生从乙包内抽题准备。

(2) 第一位学生按题目要求做即兴演讲测试后,由他从甲包中抽出第三位学生名单,第三位学生从乙包内抽题准备,以此类推。

(3) 即兴演讲时间由师生商定,一般为每人1~3分钟。

(4) 教师或主持人要提醒大家对每一位同学的发言都应报以掌声。

(5) 教师根据学生即兴演讲表现评定成绩并进行讲评。

# 模块四

# 论辩口才训练

## 学习目标

1. 了解论辩的概念、类型与特点。
2. 掌握论辩中的进攻、防守与应变等技巧。
3. 理解论辩中应注意的问题，能够完成论辩准备。
4. 了解论辩赛赛制模式，熟悉论辩赛的基本程序，能够进行论辩。

## 核心能力

1. 掌握论辩中的进攻、防守与应变等技巧。
2. 理解论辩中应注意的问题，能够完成论辩准备，并进行论辩。

## 学习任务

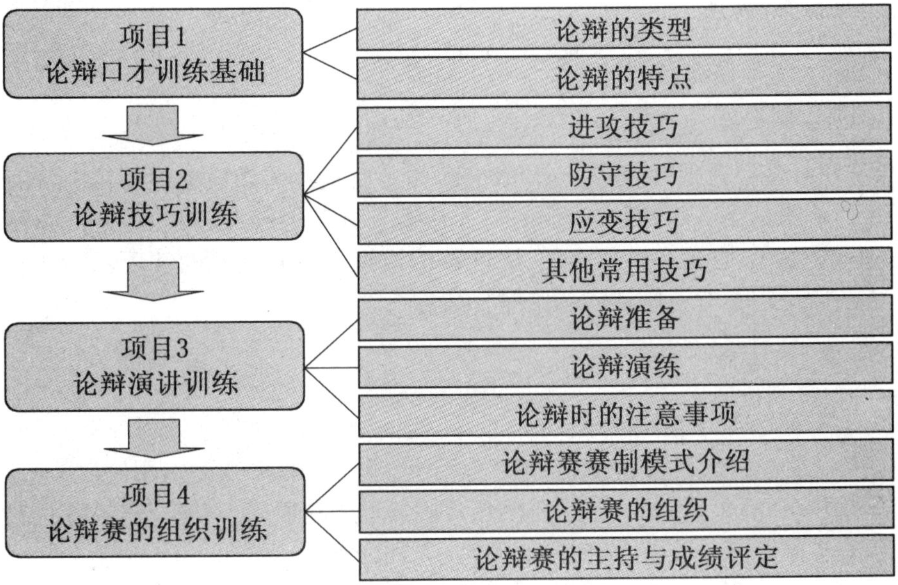

# 项目1 论辩口才训练基础

论辩，也称辩论。论是立论、证明，即确立自己观点的正确性；辩是辩解、辩驳，即指出对方观点的谬误性。论辩就是参与论辩的双方或多方，围绕同一个论题，站在不同的立场，各抒己见，批驳对方所展开的针锋相对的语言交锋。论辩的目的在于探求真理，明辨是非。对论辩者而言，论辩既可以开发智力，培养思维的完整性、准确性、清晰性和敏捷性；又可以锻炼口才，提高口语表达能力。

## 一、论辩的类型

根据不同的标准，可对其进行不同的划分。按参辩方数量，可分为双方论辩与多方论辩；按有无准备，可分为有准备论辩与无准备论辩；按论辩领域和不同内容，可分为政治论辩、决策论辩、法庭论辩、外交论辩、谈判论辩、答辩、竞选论辩、学术论辩、赛场论辩等。根据论辩背景的不同，本节侧重介绍日常论辩、专题论辩和赛场论辩。

### （一）日常论辩

日常论辩，是指日常生活中人们因主张、立场、认识水平、思想方法等的差异，在某些问题上产生了矛盾和冲突，为了解决这些矛盾冲突而用争辩的手段，努力证明自己正确、对方错误的口才活动。日常论辩在日常生活中随时随地都有可能发生，它是一种即兴的、无准备的论辩。按其论题的性质，又可分为原则性问题论辩与非原则性问题论辩。

### （二）专题论辩

专题论辩，是指在专门场合对某一领域的特定议题进行的论辩。包括决策论辩、法庭论辩、外交论辩、答辩、学术论辩等。各种形式的专题论辩虽然各有特点，但有一点是共同的，就是要熟悉常规的程序和规则，明确论辩的目的和特点，事先做好充分的准备，做到有备无患，应对自如。

1. 决策论辩。是指在行动之前，参与决策的人们围绕目标选择、方案（手段）选择所展开的不同意见的语言交锋。任何一个重大的决策往往会经过激烈的争辩并产生深远的影响，即使是一个地区、一个单位，乃至一个家庭，做不做某件事，采用哪些步骤和方法，也会发生争论。因此，正确的决策是广开言路、集思广益的必然产物。

2. 法庭论辩。是指依据一定的法律程序，诉讼双方在法庭上就调查的事实和证据如何认定、是否构成犯罪或罪轻罪重等问题所进行的论证与反驳，是诉讼活动的一个重要组成部分。诉讼双方的论辩虽然是对立的，但论辩的目的却是一致的，即通过论辩，使审判人员进一步审清事实真相，以便依法判处，既维护法律尊严，又维护双方的合法权益。这种论辩必须以事实为依据，以法律为准绳，就事论法，事法结合。

3. 外交论辩。是指国与国之间在交往过程中，就某些问题所展开的论辩。它以维护和捍卫本国尊严和利益为原则，是原则性与灵活性的有机结合。既针锋相对，又委婉迂回；既严肃认真，又不失礼节；既有双边会谈，又有多边斡旋。

4. 答辩。是指就别人的提问而进行的答复和辩解。常见的有就职答辩、专题答辩、答记者问、论文答辩等。这种答辩虽然有一定的准备，但由于提问的复杂性，常常使答辩者猝不及防，这就要求答辩者必须具备良好的心理素质、高尚的道德修养和渊博的知识涵养，同时还要具备敏捷的判断能力和思维能力。

5. 学术论辩。是指科学研究工作者就某一学科领域中意见不一致的问题，在学术研讨会上畅所欲言，阐述各自的学术观点的论辩。其目的是集思广益，剔除学术中错误的东西，把科学研究引向深入。这种论辩是科学价值最高的一种，其论辩各方都是在某领域有一定的研究和见地的学者和专家。它要求论辩者既要勇于坚持真理，又要保持争鸣的确定性，更要排除人身攻击。

### （三）赛场论辩

赛场论辩，是有组织地按一定规则进行的一种演练活动。赛场论辩是以培养辩才和应变能力为目的的论辩。双方围绕同一个论题当面交锋，各自论述自己的观点和见解，批驳对方的论点，以求评判出胜负。对选手而言，通过论辩可以锻炼思维能力、应变能力和口语表达能力。对观众而言，论辩双方唇枪舌剑、针锋相对、攻守兼备的竞赛场面有很高的观赏价值和学习借鉴价值，有很强的吸引力。正因为如此，论辩赛不论是在国内，还是在国外都受到人们的普遍欢迎。

## 二、论辩的特点

1. 同一性和对抗性。论辩的客观基础是客观事物内部和人类认识事物的矛盾性。而事物的矛盾性必须以事物的同一性为前提，如果离开了互相依存的矛盾统一体，就无所谓矛盾性可言。论辩也是一样，要构成双方或多方的论辩，就必须以某一论题为展开论辩的共同焦点，并紧紧围绕这一焦点去组织论点和论据，进行判断和推理，展开反驳和论证。只有这样，才能在双方的交锋中辨别真伪，分清是非。如果论辩者各有各的论题，你说一方面，我说另一方面，各自只顾自圆其说，对对方的观点不进行正面的论辩与反驳，论辩双方就根本构不成论辩。

论辩还必须具有对抗性。即双方对同一论题所持的观点是针锋相对的或基本上是矛盾对立的，这样才有可能展开争辩。没有对立，就没有论辩。论辩中的对立首先是观点的对立，然后再表现为言语的冲突。不同的观点一旦在一定的环境中形成对立的两极，这时就意味着论辩的矛盾已构成。当然，论辩的对抗性具有相对性，具体来讲，一是论辩双方的对抗是相对于某些问题的观点而言，它并不排斥在其他问题上可能存在的一致性；二是对抗也不一定是从始至终一成不变的，因为在论辩中，当一方的某些观点被对方说服了，这方面的对抗性就消失了；三是随着论辩的发展，双方对抗的焦点和方式有时会根据论辩形势的发展需要而发生变化。因此，在论辩当中，论辩的双方都应该注意，如果在论题的某一方面达成共识，就不要再在这一问题上花功夫，而应该把时间和精力花费在论辩双方在认知上产生矛盾或分歧的论题上，自始至终保持己方观点的对抗性。

2. 攻守性和均等性。由于论辩双方的观点存在着对抗性，为获得论辩的胜利，论辩双方都要运用“破”与“立”两种论辩手段。有时需要直接揭露和反驳对方的谬误性，处于攻势；有时又需要正面阐述自己的观点，反击对方的批驳，则又处于守势。在论辩中，有时双方的攻与守是交叉或结合进行的。如果能雄辩有力地论证了一方的观点，就等于彻底否定了另一方；如果无可置辩地论证了一方观点的正确，也就等于宣告另一方的谬误。因为两者的对抗构成一对矛盾判断之时，非此即彼，二者必居其一，所以，“以攻为守”“以守为攻”的策略在论辩中是经常运用的。

从整个论辩的过程看，论辩的双方在论辩中所处的地位是平等的，同时双方攻守的机会也是均等的。特别是在赛场论辩中，不论是何种模式的论辩赛，在时间的规定上双方都是均等的。你陈述 3 分钟，我也同样陈述 3 分钟；你论辩 4 分钟，我同样论辩 4 分钟。在同一时间内，论辩的发话方只能是单一性的轮换。但是，对均等性不能简单地理解为必须你一言我也一语，在特定的情况下，就对方提出的观点、事实，允许你一言我二语，你一言我不语。如果对方规定时间已经用完，己方的时间还有富余，就可以你不言我来说。论辩时，每个辩手的攻防转换也是均等的。如在自由论辩中，从一辩手到四辩手都应该有攻有守，不能只依托某一两个辩手进行进攻与防守，如果双方形成四对三、四对二、甚至四对一的局面，参与论辩辩手少的一方就会变得十分被动，最为严重的有可能会失去整场论辩赛。

3. 真理性和概括性。世界上的一切事物都是错综复杂的，要判断某一事物的真假、曲直和正误，都应有一个甄别和比较的过程。这个过程实际上也是一个肯定与否定、赞同与责难、吸收与扬弃交织在一起的论辩过程。论辩的目的就是判别正误，明辨是非，确保正确，维护真理。因此，论辩的真理性和概括性要贯穿于论辩的始终。比如立论，从论点的提出，运用论据进行分析，到得出结果，都需要带上真理性和概括性；又如驳论，对敌论的本质、要害、根源、危害性的分析与反驳，都需要进行理论的概括。

4. 逻辑性和策略性。论辩的过程实际上就是运用各种概念、判断进行逻辑推理的过程，或者是揭示自己的论据与论点之间必然的逻辑联系，或者是揭露出对方在论点、论据和论证之间缺乏必然逻辑联系、违反逻辑规律的荒谬之处。所以，无论是论辩中的立论还是驳论，都应带有十分严密的、鲜明的逻辑性。论辩的逻辑性要求一定要做到概念明确、判断准确、推理合乎逻辑；要严格遵守同一律、排中律、矛盾律和充足理由律等逻辑思维的基本规律，切忌犯偷换概念、转移论题、以偏概全、机械类比、循环论证、模棱两可、自相矛盾或强加因果等逻辑错误。论辩双方在论辩中哪一方逻辑思维运用得好，哪一方就有可能在论辩中争取更多的主动权。

论辩还必须十分注意策略性。由于论辩活动是唇枪舌剑的较量，胜负当然主要决定于真理所在，但事物的矛盾性和内在联系是复杂的，论辩者又有着各自不同的思想观念、阅历经验、性格心理、语言修养和论辩技巧，而论辩中各种论辩要素的联系又是纵横交错的，这些因素都会从不同角度对论辩发生不同程度的影响，从而使论辩过程呈现一种错综复杂的局面。所以，作为有理的一方，要驳倒对方，也不是轻而易举的，首先要知己知彼，洞悉对方的论点、论据和论证方法；同时要善于察言观色，捕捉对方的心理状态；还要抓住对方谬误的要害之处，运用恰到好处的论辩策略，才能运筹帷幄，一举把敌论驳倒。如果缺乏策略思想又碰到善于巧言的诡辩者，则很可能被对方似是而非的辩解把水搞混，弄得是非不辩，甚至有可能中了对方设下的圈套而被对方抓住把柄，使自己陷入被动尴尬的局面。

5. 临场性和灵活性。不管是哪种类型的论辩，论辩双方总是同处于一个论辩现场。虽然在论辩之前双方都做了充分的准备，即使做到从立论、战术、策略等方面预测对方的攻击点，甚至提前模拟演练、设计论辩预案，但都不能完全准确地评估对方。只有在论辩现场听取对方发言后，才能根据对方所阐述的观点、所运用的战术及时调整己方的战略，做到随机应变，采取灵活的方式取胜。如果任何一方只知一味地按照事先准备的辩词来应对论辩现场瞬息万变的局面，是不能取得论辩的最终胜利的。

此外，论辩总是在有限的时间里进行的。在激烈的交锋中，任何一方都来不及长时间地沉思默想，都必须针对对方提出的观点和问题迅速做出反应。如果反应迟缓，就会使自己一方处于劣势。如果在论辩中长时间不发言，对方和听众都会认为你方已经被驳倒或者已同意对方观点。要想在论辩中获胜，还必须做到应对巧妙。当对方发言时，自己一方要用最短的时间和方法记住对方发言的要点，及时捕捉对方选手口语表达以及逻辑上出现的漏洞，然后快速反应，选择有利于维护己方观点的角度进行辩驳，直击对方的要害，做到出奇制胜。

## 项目2 论辩技巧训练

### 一、进攻技巧

#### （一）先发制人

在论辩中，掌握主动权，既可以先发制人，又可以在被动时反客为主。这一战术主要是在时间上抢在敌论之前，迅速集中论证力量提出有利于自己的论点，击中敌论命题的要害。一般情况下，正方一辩在立论当中就应主动发难，而反方一辩对正方一论辩述的内容也应马上给予揭露和批驳。在自由论辩中，更应主动出击，立论陈述，设问反诘，从而使论辩保持良好的出击态势。常见的方法主要有以下几种：

1. 开言明旨法。论辩发言一开始，就单刀直入，开门见山地提出正面论点，再引入下文正面分析与反驳敌论。这种方法的好处是旗帜鲜明、干脆利索，既利于言者胸中有数，集中论证，统率材料；也便于听众分清阵线，对照思考。

**范例** 论题为“真理是否越辩越明”的一段论辩：为政论政，在商言商，论辩会自然要涉及到辩。今天我方的立场是真理越辩越明。真理是人们对客观事物及其规律的正确认识，所谓辩则是以一定的逻辑基础为规则，通过摆事实、讲道理的方式与不同的观点交流、交锋，而明即清楚明晰。真理越辩越明就是说真理在与其他思想的论辩中更加清晰明白。

2. 先亮敌论法。论辩时先亮出敌论，竖起靶子，然后再引入分析与反驳。这种方法以攻为主，主动出击，目标明确。

**范例** 论题为“网络使人更亲近/疏远”的一段论辩：从前人们是天涯海角各一方，而今人们却可以有网千里能相会；从前即使是小国寡民，人们也是老死不相往来，而今人们却可以千里姻缘一网牵。主席、评委，大家好！网络是由电子邮件组成的通讯脉络，它的出现使人与人除了正面交谈以外，还多了一种通讯渠道。它的出现让人们的关系产生了量与质的改变，更亲近。从宏观而言，它指的是全球人类减少隔阂，增加了解；从微观而言，它指的是人与人之间从无到有从浅至深的一种情感转变。因此，今天对方必须论证网络的出现让人与人之间增加了隔阂，建立起了种种藩篱，并使得好朋友反目成仇，如此对方的立场方能成立呀。而我方将从两个层面来论证立场。

3. 正反对举法。在论辩开始时，先将敌论与自己的正面论点同时亮出，再引入分析与反驳。这种方法的好处是两相对照、泾渭分明，既有利于针锋相对地展开攻势，边破边立；也便于听众在鲜明的对照中甄别是非，分清真理与谬误。

**范例** 在论题为“美是客观存在/主观感受”的一段论辩：到底是客观存在的美决定了人对美的感受呢，还是人的主观感受创造了美？今天我们双方论辩员在此论辩，就是要解决这千古难解的美学难题。如果说美是主观存在的话，那就是说，今天美的存在与否完全由个人主观意念而决定着，但我方今天就是要告诉大家，美的存在有它一定的规律，就因为这不变的规律，因此美的存在不以个人主观的意念而改变，这就是我方的观点——美是客观存在的。

4. 析例引论法。论辩时先列举正面或反面的事例，再引出论点。这种方法的好处是由实而虚，由具体到抽象，符合人们认识事物由感性上升到理性的规律，显得自然、生动、易懂。

**范例** 论题为“知难行易/知易行难”的一段论辩：洪荒久远的50万年前，在我们脚下的这片土地上生活着我们的祖先北京猿人。沧海桑田，斗转星移，告别了茹毛饮血的过去，他们学会了钻木取火，火的运用是跨时代的大发现。然而直到一百多年前，科学家才揭开了机械能转化为热能的规律，从而科学地说明了钻木取火的真正奥秘。这就无可辩驳地证明了我方立场：知难行易。

5. 设问过渡法。在论辩中运用层层设问设答的方法，步步深入地引出自己的观点。这种方法的好处是富于启发性和条理性，步步为营，层层深入，条理清晰，论点鲜明。

**范例** 论题为“温饱是不是谈道德的必要条件”的一段论辩：历史上，伯夷、叔齐耻食周粟，宁肯饿死。在那时，温饱是否就不是谈道德的必要条件？当然不是。伯夷、叔齐可算是仁人志士了，仁人志士的道德能不能示范推广，姑且不论，我问大家，仁人志士一生奋斗，为的是什么？为的是救天下。让我再问大家，天下人要生存，最基本、最起码的需要是什么？就是温饱。让我再来问大家，要是仁人志士一生奋斗，结果是天下人的温饱都没有保证，他们还会不会这样做？不会。他们这样做还有没有意思？没有意思。所以我们说，温饱是谈道德的必要条件。

### （二）攻其要害

在论辩中，作为进攻一方，一个重要的技巧就是在对方陈词后和论辩中，迅速地判明对方立论中的要害问题，机敏地捕捉战机，及时发现对方的失误和漏洞，出其不意、穷追猛打，牢牢抓住对方的失误和漏洞一攻到底，以便彻底击败对方。常见的方法主要有以下几种：

1. 抓对方论证中的错误。在论辩中，任何一方都要在驳斥对方观点的同时，千方百计地论证自己观点的正确性。因此，作为论辩的一方，在论证己方观点时，要注意立论是否正确、论据是否精当、论证是否周全，还要注意发现对方论证时的破绽，及时予以揭露。

**范例** 在论题为“温饱是不是谈道德的必要条件”的论辩中：

正方：据最近的资料表明，二战中英国人民的温饱程度是有史以来没有过的，营养价值在当时食物平均分配制度下是最好的。因此你不能通过这个问题来否认它是在温饱程度上讲道德的。

反方：《邱吉尔传》告诉我们，那时候好多穷人是怎么去填饱自己肚子的呢？是去排队买鸟食，还买不到啊！

“事实胜于雄辩”，在这里，反方揭露了对方论点与事实相违背，从而导致论据不真实。

2. 抓对方逻辑上的错误。论辩离不开逻辑推理，在论辩中，不论是哪一方，如果出现逻辑错误，都有可能是致命的。因此，作为论辩的一方，不但要避免己方论辩中不出现逻辑错误和失误，而且还要不失时机地抓对方出现的逻辑错误。具体来讲，主要抓四个方面：一是抓对方概念是否准确，是否“偷换概念”和“转移论题”；二是抓对方判断上是否出现不准确、不完整的地方，各种判断之间的关系是否准确；三是抓对方演绎、归纳、类比推理中是否出现“以偏概全”和“机械类比”等错误；四是抓对方是否遵守了同一律、排中律、矛盾律和充足理由律等基本规律，是否出现“模棱两可”“自相矛盾”等错误。

**范例** 在论题为“治贫（愚）比治愚（贫）更重要”的论辩中：

正方：对方辩友以迫切性来衡量重要性，那我倒要告诉您，我现在肚子饿得很，十万火急地需要食物来充饥，但我还是要辩下去，因为我意识到论辩比充饥更重要。

反方：对方辩友，我认为“有饭不吃”和“无饭可吃”是两码事……

正方以“有饭不吃”来论证贫困不足以畏惧和治愚的相对重要性，反方立即指出对方“有饭不吃”与辩题中所言的“无饭可吃”相悖，从而有效地扼制了对方偷换概念的倾向。

3. 抓对方语言表达上的错误。论辩前，虽然论辩双方都做了大量的准备工作，但在激烈的论辩中，总免不了会出现因为思考不周全而急于用语言表述的情况。无论是哪一方出现“急不择语”的情况，论辩的另一方一定要抓住对方语言上的失误，进行猛烈的攻击。抓对方的失误时，有一个重要的原则就是己方不要犯同样的错误。攻其要害，需要论辩的双方都具有广博的知识、敏捷的逻辑思维和良好的口语表达能力。

**范例** 在论题为“温饱是不是谈道德的必要条件”的论辩中，正方一口气向反方提出了三个问题，可是，他在讲话中错误地称李光耀为新加坡的“总统”，反方立即站起来指出了这一常识性错误，他的迅速反应赢得了评委和观众的赞许。

## 二、防守技巧

### （一）反客为主

反客为主的本意是说客人反过来成为主人，常常比喻变被动为主动。在论辩赛中，被动是赛场上常见的劣势，也往往是败北的先兆。论辩中的反客为主，通俗地说，就是在论辩中变被动为主动。

1. 借力打力。就是借助对方的形式去攻击对方，就是平常所说的“以其人之道，还治其人之身”。这种做法常使对手无言以对、有口难言。

**范例** 在论题为“知难行易/知易行难”的论辩中：

当反方以“知法容易守法难”的实例论证“知易行难”时，正方马上转而化之，从“知法不易”的角度强化己方观点：“对啊！那些人正是因为上了刑场死到临头才知道法律的威力、法律的尊严，可谓‘知难’哪，对方辨友！”给对方以有力的回击。

**2. 移花接木。剔除对方论据中存在缺陷的部分，换上于我方有利的观点或材料，往往可以收到“四两拨千斤”的奇效。**

**范例** 在论题为“知难行易/知易行难”的论辩中：

反方：古人说“蜀道难，难于上青天”，是说蜀道难走，“走”就是“行”嘛！要是行不难，孙行者为什么不叫孙知者？

正方：孙大圣的小名是叫孙行者，可对方辩友知不知道，他的法名叫孙悟空，“悟”是不是“知”？

反方的例证看似有板有眼，实际上有些牵强附会，以“孙行者为什么不叫孙知者”为驳论，虽然是一种近乎强词夺理的主动，但毕竟在气势上占了上风。正方敏锐地发现了对方论据的片面性，果断地从“孙悟空”这一面着手，以“悟”就是“知”反诘对方，使对方提出关于“孙大圣”的引证成为抱薪救火、惹火烧身。

**3. 顺水推舟。表面上认同对方观点，顺应对方的逻辑进行推导，并在推导中根据我方需要，设置某些符合情理的障碍，使对方观点在所增设的条件下不能成立，或得出与对方观点截然相反的结论。**

**范例** 在论题为“愚公应该移山还是应该搬家”的论辩中：

反方：我们要请教对方辩友，愚公搬家解决了困难，保护了资源，节省了人力、财力，这究竟有什么不应该？

正方：愚公搬家不失为一种解决问题的好办法，可愚公所处的地方连门都难出去，家又怎么搬？……可见，搬家姑且可以考虑，也得在移完山之后再搬呀！

从上面的辩词来看，反方就事论事，理据充分，根基扎实，正方先顺势肯定“搬家不失为一种解决问题的好办法”，继而从“愚公所处的地方连门都难出去”这一条件，自然而然地导出“家又怎么搬”的诘问，最后水到渠成，得出“先移山，后搬家”的结论。如此一系列理论环环相扣，节节贯穿，以势不可挡的攻击力把对方的就事论事打得落花流水，真可谓精彩绝伦！

**4. 正本清源。就是指出对方论据与论题的关联不紧或者背道而驰，从根本上矫正对方论据的立足点，把它拉入我方“势力范围”，使其恰好为我方观点服务。**

**范例** 在论题为“跳槽是否有利于人才发挥作用”的论辩中：

正方：张勇，全国乒乓球锦标赛的冠军，就是从江苏跳槽到陕西，对方辩友还说他没有为陕西人民做出贡献，真叫人心寒啊！

反方：请问到体工队可能是跳槽去的吗？这恰恰是我们这里提倡的合理流动啊！对方辩友戴着跳槽眼镜看问题，当然天下乌鸦一般黑，所有的流动都是跳槽了。

正方举张勇为例，他从江苏到陕西后，获得了更好的发展空间，这是事实。反方马上指出对方具体例证引用失误：张勇到体工队，不可能是通过“跳槽”这种不规范的人才流动方式去的，而恰恰是在“公平、平等、竞争、择优”的原则下“合理流动”去的，可信度高、说服力强、震撼力大，收到了较为明显的反客为主的效果。

5. 釜底抽薪。刁钻的选择性提问，是许多辩手惯用的进攻招式之一。通常，这种提问是有预谋的，它能置人于“两难”境地，无论对方作哪种选择都于己不利。对付这种提问的一个具体技法是，从对方的选择性提问中，抽出一个预设选项进行强有力的反诘，从根本上挫败对方的锐气，这种技法就是釜底抽薪。

**范例** 在论题为“思想道德应该适应(超越)市场经济”的论辩中：

反方：我问雷锋精神到底是无私奉献精神还是等价交换精神？

正方：对方辩友这里错误地理解了等价交换，等价交换就是说，所有的交换都要等价，但并不是说所有的事情都是在交换，雷锋还没有想到交换，当然雷锋精神谈不上等价了。

反方：那我还要请问对方辩友，我们的思想道德它的核心是为人民服务的精神，还是求利的精神？

正方：为人民服务难道不是市场经济的要求吗？

第一回合中，反方有“请君入瓮”之意，有备而来。显然，如果以定势思维被动答问，就难以处理反方预设的“二难”：选择前者，则刚好证明了反方“思想道德应该超越市场经济”的观点；选择后者，则有悖事实，谬之千里。但是，正方辩手却跳出了反方“非此即彼”的框框设定，反过来单刀直入，从两个预设选项抽出“等价交换”，以倒树寻根之势彻彻底底地推翻了它作为预设选项的正确性，语气从容，语锋犀利，其应变之灵活、技法之高明，令人叹服！

### (二) 以攻为守

当对方反驳自己时，主动出击，反攻对方的要害，迫使对方转攻为守、自顾不暇，无力来攻击你。运用此法，要快和准，快才能使对方猝不及防，首尾难顾；准才能击中要害，使对方无力进攻，防守无术。

**范例** 在论题为“人性本善(恶)”的论辩中：

正方:我倒想请问对方同学,如果人性本恶,是谁第一个教导人性要本善的?这第一个为什么会自我觉醒?

反方:我方三辩早就解释过了,我想第四次请问对方辩友,善花是如何结出恶果来的?

正方:我再说一遍,善花为什么结出恶果,有善端,但是因为后天的环境跟教育的影响,使他做出恶行。对方辩友应该听清楚了吧?我想再请问对方辩友,今天泰丽莎修女的行为,世界上盛行好的行为,为什么她会做出善行呢?

反方:如果恶都是由外部环境造成的,那外部环境中的恶又是从何而来的呢?

正方:对方辩友,请你们不要回避问题,台湾的正严法师救济安徽的大水,按你们的推论不就是泯灭人性吗?

反方:但是对方要注意到,8 月 28 日《联合早报》也告诉我们这两天新加坡游客要当心,因为台湾出现了千面迷魂这种大盗。

正方:我们就很担心人性本恶如果成立的话,那样不过是顺性而为,有什么需要惩罚的呢?

反方:对方终于模糊了,我倒想请问,你们开来开去善花如何开出恶果,第五次了呵!

这段辩词,双方你来我往,既紧扣要旨,又步步进逼,可谓精彩纷呈。特别是反方,五次发问,穷追不舍,通过毫不退却的进攻,扭转弱势局面,从而维护己方的观点。

## 三、应变技巧

### (一) 及时补错

在论辩中,有时会出现“失言”。一旦出现,应“失言不失态”,要尽量克服手足无措的紧张感,并迅速化解,否则就可能会被对方抓住,作为攻击的把柄,使自己陷入被动。失言后补救的方法有三种:

1. 移植法,即把错误移到别人头上。如,“这不是我的看法,而是别人的看法,我正准备驳斥这个观点。”

2. 补说法,即进一步引申、补充自己不恰当的话,使之变为正确。如,“请等一等,我的话还没有说完呢,刚才的话还应做如下补充……”

3. 将错就错,即在讲错话之后,自己意识到了,或对方已指出来了,这时干脆将错就错，巧妙地改变错话的含义，将其转化为正确的东西来论证。

### （二）缓兵之计

在论辩中，当对方提出一些事先没有准备而在仓促之间又难以回答的问题时，可用缓进慢动的缓兵之计，不露声色地争取时机。一旦时机成熟，就可后发制人，战胜论敌。

1. 以慢待机。用慢动作、慢语调等避开针尖对麦芒式的直接交锋，消解对方咄咄逼人的进攻气势，并寻找反击时机。

2. 争取时间。通过一些适当的言行，为自己争取如何发言的思考时间，如整理衣帽、寻找某个东西，又如假装没听清楚问题，请对方再叙述一遍等。

3. 故意反诘。对方提问过后，自己可以故意反问对方，如“这个问题还要我回答吗?”“不知您要求我从哪个方面来回答这个问题?”等。

## 四、其他常用的论辩技巧

1. 巧析岔题。论辩中，一旦发现对方把话题岔开，应冷静地分析其用心。一般说来，岔题的出现，或是由于一时不慎，或是由于忽然联想起另一件事，或是故意转换话题方向。如果是第一种情况，对方说不了多久就会发觉而显露窘态；如果是第二种情况，对方一省悟，就会很快回到原来的话题上来；如果是第三种情况，对方会继续朝着岔开的方向说下去，毫无“回心转意”的迹象。你可据此推断出是哪一类型的岔题，从而立即采取相应的对策，避免对方的伎俩得逞。

2. 诱其亮底。论辩中，可把话题说到一半就故意停住，然后让对方接下去说。如“这么说，你的意思是……”“如此说来，这个论点是……”“照你的说法，它的意思是……”。当你用这些半截子话去诱导对方时，对方十有八九会不假思索地把这句或这段话按他的意思讲完。这时你就轻而易举地又多了张底牌。

3. 利用矛盾。特别是在论辩赛中，由于论辩双方各由三至四位队员组成，各队员之间在论辩过程中常常会出现矛盾，即使是同一队队员，在自由论辩中，由于出语很快，也有可能出现矛盾。一旦出现这样的情况，就应当马上抓住，竭力扩大对方的矛盾，使之自顾不暇，无力进攻己方。

**范例** 在论题为“道德是不是谈道德的必要条件”的论辩中，正方三辩认为法律不是道德，二辩则认为法律是基本的道德。这两种见解显然是相互矛盾的，反方乘机扩大对方两位辩手之间的观点裂痕，迫使对方陷入窘境。

4. “引蛇出洞”。在论辩中，常常会出现胶着状态：对方死死守住其立论，不管己方如何进攻，只用几句话来应付时，如果仍采用正面进攻的方法，必然收效甚微。在这种情况下，要尽快调整进攻手段，采取迂回的方法，从看来并不重要的问题入手，诱使对方离开阵地，从而打击对方。

**范例** 在论辩“艾滋病是社会问题，还是医学问题”时，反方死守着“艾滋病是由HIV病毒引起的，只能是医学问题”的见解，不为所动。于是，正方出其不意，突然发问：“请问对方，今年世界艾滋病日的口号是什么？”反方四位辩手面面相觑，茫然不知，反方一辩硬着头皮回答：“更要加强预防。”正方立即抓住战机展开攻势：“错了。今年的口号是‘时不我待，行动起来’，对方辩友连这个基本问题都不知道，怪不得谈起艾滋病问题来还是不紧不慢的。”这就等于在对方的阵地上打开了一个缺口，从而瓦解了对方的坚固的阵线。这种出其不意的追问和攻击，对对手心理的冲击是很大的。

5. 巧用幽默。赛场论辩在棋逢对手时，常难立刻决出谁胜谁负，而最终的评判是听众和评委。压倒对手、征服听众和评委常用幽默之法，自然、恰当、行云流水般的幽默用语通常能起到意想不到的效果。一般来说，论辩中的幽默用语通常可从地名、人名、歌名、典故、社会历史、人文景观、时事政治、风土人情、谐音双关等中信手拈来。

**范例** 在论题为“人性本善（恶）”的论辩中，赛前，正方为拉一部分观众，在试音时提出给大家唱一首香港歌星张学友的《吻别》，反方在论辩时便幽了一默：我们多次问对方，善花里如何结出恶果，对方说要浇水，要施肥呀。那我就不懂了，大家都承蒙这个阳光雨露的话，为何有那么多的罪行横遍这个世界呢？难道这个水、那个肥还情有独钟吗？为何要跟恶的人做一个潇洒的“吻别”呢？此语一出，全场雷动，现场效果相当好。

6. 李代桃僵。当我们碰到一些在逻辑上或理论上都比较难辩的辩题时，不得不采用“李代桃僵”的方法，引入新的概念来化解困难。

**范例** 辩题“艾滋病是医学问题，还是社会问题”是很难辩的，因为艾滋病既是医学问题，又是社会问题，从常识上看，是很难把这两个问题截然分开的。因此，如果是辩题正方，就可引入“社会影响”这一新概念，从而肯定艾滋病有一定的“社会影响”，但不是“社会问题”，并严格地确定“社会影响”的含义，这样，对方就很难攻进来。如果是辩题反方，就可引入“医学途径”这一概念，强调要用“社会系统工程”的方法去解决艾滋病，而在这一工程中，“医学途径”则是必要的部分之一。这样，己方周旋的余地就大了，对方得花很大力气纠缠提出的新概念，其攻击力就大大地弱化了。

论辩是一个非常灵活的过程，经验告诉我们，只有使知识积累和论辩技巧珠联璧合，才有可能在论辩赛中取得较好的成绩。

## 强 化 训 练

**【训练要求】**

按照各项练习的具体步骤进行，也可根据自身实际设计改造，要充分发挥小组或团队的作用。

**【训练指导】**

教师要组织学生以宿舍、学习小组或同桌为单位进行练习，并进行点评与小结。

学生要根据自身实际，有针对性地进行练习，要将课上与课下练习结合起来。

**训练一 分析下列论辩片断中所使用的论辩技巧。**

1. 在论题为“人类是否将毁于科技”的论辩中，正方一辩指出：任何事物都有正反两方面，科技的好处不用我多费唇舌，待会儿对方辩友一定洋洋洒洒，然而常常被我们认为的加以淡化甚至忽略的却是它的负面影响。不同于其他事物，科技的反面锋如刃，利如剑，这就是我们常说的双刃剑。然而假如您以为人类已经清醒意识到双刃剑的存在，那您就有些过分天真了。当人类一次次自豪地表示，新科技正以最快速度加以应用，而表现出我们人类是多么的高效率时，您可曾想过，这同时也意味着对科技负面效应的来不及了解，或者根本不想了解。而这正是灾难的发端，科技的毁灭性正体现在这种趋势的无以逆转上。

2. 在论题为“人性本善(恶)”的论辩中，正方强调人人有善根，因而能“放下屠刀，立地成佛”。但反方立即提出了一个问题：“如果人性本善，人们怎么可能拿起屠刀?”

3. 在论题为“信息战能否取代传统武力战”的论辩中，正方指出：“面对铺天而来的软件炸弹、逻辑炸弹，对方辩友难道还能对着敌人说：‘亲爱的敌人啊，我们的祖宗家法不可变，让我们打一场传统武力战吧!’你知道敌人在哪吗?”反方马上反驳道：“而对方辩友所说的威力无比的软件炸弹、逻辑炸弹不正说明信息网络不可靠，所以我们不能把国家安全系于‘信息战’这一根绳上吗?”

4. 在论题为“艾滋病是医学问题，还是社会问题”的论辩中，正方提出：“如果医学能治好艾滋病，难道它还是社会问题吗?”反方立即避开锋芒，作了发散性的回答:“要是使用‘如果’的概念，我也能把巴黎装进一个瓶子里去。如果人类不存在，那我们还有什么可能在这里讨论艾滋病问题呢?”

5. 在论题为“人性本善(恶)”的论辩中，正方提问:“我倒想请问对方辩友，在人性本恶之下，我们为什么要法律，为什么要惩治的制度呢?”反方回应:“对呀，这不正好论证了我方观点嘛！如果人性都是善的，还要法律和规范干什么?”

**训练二** **分析下列观点，并陈述赞同或反对的理由。**

1. 仁者无敌
2. 好人有好报
3. 人性本恶
4. 网聊无聊
5. 专业即技能

**训练三** **热门话题讨论。**

收集整理学生最感兴趣的热点问题，并以学习小组为单位展开讨论，各抒己见。

## 项目3 论辩演讲训练

### 一、论辩准备

论辩的胜负，有的直接关系到一个国家的荣辱兴亡；有的直接关系到一个人的生死利害；有的直接关系到成万上亿元的得失；有的直接关系到某一思想能否为社会承认；有的直接关系到一个人事业的成败；有的直接关系到论辩者能否夺得荣誉。因此，论辩无异于是一场战斗，论坛就如同战场，论辩双方如两军对垒，论战中刀光剑影、风云变幻。因此，要想取得论辩的胜利就必须做好充分的准备工作。

当然，由于论辩的种类不同，对准备的要求也不同。一般来说，日常论辩由于带有很大的突发性、随意性，人们无法做有针对性的准备。因此，只能取决于平时知识的积累、论点的确立、论证的逻辑以及技巧的把握。而专题论辩和赛场论辩都要求双方或多方事前对某一特定论题作深入调查，在掌握真实、准确、全面、详实的第一手材料之后，确定问题的关键以及己方的立足点，力争为预期目的打下坚实的基础。下面，具体介绍一下赛场论辩应做好的准备工作。

### （一）认识准备

所谓认识准备，是指参赛队员在赛前对“论辩赛”的性质和特点等要有所认识。赛场论辩不同于日常论辩与专题论辩，后两种论辩，论辩双方各自有明确的立场和主张，论辩的目的是为了说服对方接受自己的观点或争取第三者支持自己的观点。与此同时，自己也有被对方说服或做出妥协的心理准备。论辩赛是一种作为比赛项目来进行的模拟论辩，这种论辩往往不问论辩者本人的立场和主张，而侧重于人们的论辩技巧的比赛。比赛双方都不准备说服对方或被对方说服，而以驳倒对方、争取评委的裁决和听众的反响来击败对方。因此，参赛者要认真学习和研究论辩组织者举办论辩赛的主题和论辩规则，要熟知论辩赛的具体时间、地点、双方参赛队员人数、论辩程序、各阶段论辩时间的长短等基本要素，要仔细认真地核对有关比赛事宜，为比赛获胜取得起码保证。

### （二）立论准备

辩题被明确无误地确认后，参赛队员就可以根据辩题，共同商量，研究确立一个最有利于己方论证的总论点。所谓最有利于己方，就是指该总论点不仅观点正确，旗帜鲜明，而且用之攻能破对方任何的立论，用之守能抵挡对方的任何攻击。能不能确立这样一个总论点是一场论辩赛准备的成败关键。

为了要确立这样一个总论点，最重要的是对辩题进行分析。因为辩题是双方争辩的对象与焦点，只有把辩题分析清楚了，才能明确所要争论的是什么；只有搞清辩题是什么，才能确定论辩的范围，才能有针对性地在分析辩题的基础上做好其他准备工作。如何分析辩题包括以下要点：

1. 全面把握辩题的含义。即明确辩题的内涵，对辩题做出最符合己方利益的解释。严格而周密的定义，具有充分的伸缩性，既可以有效防止对方的进攻，又利于己方的自由论辩，往往直接关系着论辩的成败。

**范例** 辩题“人性善（恶）”，反方如果坚持“人性恶”的命题，显然处于被动地位，观众也较难接受。所以，对“人性”与“人性恶”做了有利于己方的解释：“人性是由人的自然属性和社会属性组成的；自然属性是与生俱来的，社会属性则是通过教化和社会化获得的；人性本恶是指人的自然属性具有无节制地扩展的倾向，而人的社会属性或是对这种倾向推波助澜，或是抑恶扬善，把人的自然属性限制在合理的范围内。"进而,从两个不同的层面确立了自己的论点:一是事实层面,在这个层面上,主要讲事实,讲真理,理直气壮地把人性本恶阐释为颠扑不破的真理;二是价值层面,在这个层面上,主要讲价值,讲理想,大声疾呼要通过好的教化来使人性向善的方向发展。这样,就打破了"人性究竟是善还是恶"的简单对立,同时,把这两个层面有机地结合起来,既突出了人性本恶这一鲜明的主题,又表达了抑恶扬善的主张,使立论显得合情合理,更易于接受。

**2. 确定好辩题的重点和核心。核心概念是论辩双方对论题争论的焦点所在。**

**范例** 北大队与澳门东亚大学队在"贸易保护主义是否可以抑制"的论辩中,北大队死死抓住"可以抑制"这4个字。在自由论辩阶段,北大同学多次指出:"我想提醒对方同学注意,今晚上的辩题是'贸易保护主义可以抑制',你们谈了许多贸易保护的例子,这一点我们当然可以举出比你们更多的例子,这是有目共睹的事实,我想你不会因为过于痛恨保护主义而就觉得保护主义不可抑制了吧?"当东亚大学同学反问:"请问对方同学,什么是可以抑制呢?"北大同学马上回答:"可以抑制就是指可以抑制它的发展势头,我们从来没有讲过可以抑制就是可以根除它,或者在一个早上烟消云散。所谓'可以抑制'就是不让它发展得更加厉害,就是刚才对方第一位同学所说的,达到波谷!"北大队同学不管是反驳还是应对,都扣住了"可以抑制"这一核心问题,火力非常集中。

**3. 设计好论辩逻辑。即对论题的内涵和论题的外延进行逻辑分析,并在分析的基础上设计论辩的逻辑框架,使自己的观点能够自圆其说。同时要分析对方可能的逻辑,设计进攻的路线,并且分析对方可能的进攻路线,进行防御。**

**范例** 在1997年新加坡国际华语大专论辩赛上,首都师范大学与马来西亚大学决赛时的辩题正方为"真理越辩越明",反方为"真理不会越辩越明"。

正方首都师范大学代表队赛前所作的逻辑设计是:核心概念为"辩"和"真理明",概念间的逻辑关系为"'辩'是'真理明'的充分条件"。逻辑定位为:"如果有'辩',真理就一定越辩越明。"

在论辩时正方四名辩手在逻辑框架上做了如下分工:

正方一辩,开宗明义:"论辩应该以一定的逻辑基础为原则,摆事实,讲道理。在真理走向成熟的过程中,论辩是必不可少的一个环节。……实践是明确真理的必要条件,而'辩'则是使真理明的充分条件;为真理而辩,真理越辩越明。"

正方二辩,从理论层面论述的过程中说:"……'辩'则是使真理澄清的充分条件。"其理由是"'辩'是使人们认识真理的动力之一;'辩'是使真理发展的动力之一;'辩'是检验真理的重要环节之一;'辩'是防止真理老化,使真理常新的有力保障"。

正方三辩,引经据典……

正方四辩,总结陈词:"今天,我们双方都要论证一个全称判断……"

反方马来西亚大学正告:"我们只要找到一个反例,就可以将你们的立论打倒。"

由于正方逻辑设计不合理,即主体构架歪斜,相互联接错位。最终没有经得起反方的狂轰滥炸。尽管四位选手慷慨陈词,最后却以败北告终。

4. 了解论题的起源及历史。这一步骤可以使论辩者更加准确地把握论题的现实和历史意义,帮助论辩者从更高的境界去理解、把握辩题。另外,它还能使论辩者了解同一辩题不同观点出现的渊源。

**范例** "人性本善(恶)"之类的论题就有着悠久的历史,了解其起源和历史,可以帮助论辩者进一步确立自己的观点,反驳对方的观点。

5. 使论题变窄。在分析辩题时,找出论题中双方思想一致的地方置于一旁不予讨论,使双方对立的观点凸显出来,从而迅速抓住要害进行论辩,使论辩能紧凑高效地进行下去。

**范例** 辩题"进口高档消费品利(弊)大于弊(利)",通过分析就可以知道,进口高档消费品有利也有弊,这是不需要讨论的。这样,双方在是否有利、有弊的问题上就统一起来了。剩下的问题是利和弊谁大谁小,这正是需要争论的,"进口高档消费品"有一个量的标准,量的不同,所引起的后果不同,由此带来的利弊也不同。而辩题中对"进口"没有量的规定,显然有利于反方,他们可能根据中国资金短缺的事实、盲目进口高档消费品带来的后果证明"弊大于利"。正方也可以据此坚持适量进口和常量进口的阵地,论证以往进口高档消费品出现的偏差,有些是政策失误,有些是局部利益破坏了国家利益,有些则是过量进口造成的,但这并不是进口高档消费品的错误,不能因噎废食。只要纠正错误,做到适量进口,自然就利大于弊了。这样,勾勒出了双方在辩题上的共认点和争认点,了解了对自己的有利之处和有害之处,论辩时可以做到心中有数,就可以集中精力来争论这个问题。论题变窄后,双方对立的观点就凸显出来,从而更有利于双方抓住要害进行论辩。

### (三) 材料准备

论辩材料的准备是论辩成功的重要因素。材料的准备有广义和狭义之分。广义的材料准备是在平时,它要求参辩者平时广泛阅读,加大知识积累的信息量，提高道德水平，加强逻辑训练，培养良好的心理素质等。狭义的材料准备是指临战前针对某一辩题所作的材料准备。

1. 材料的收集。收集材料应该发挥团队或智囊团的集体力量，可以通过上网查询、图书查阅等多种方式和渠道进行。尽可能多地收集辩题所涉及范围内的各种语言、文字、影视资料等。

材料收集的前期重点应放在相关材料数量的积累上，坚持多多益善的原则，要充分占有各种材料。只有这样，才能在论辩时做到有备无患。论辩时双方的时间虽然都十分有限，但是都有一个共同的目标就是在论辩中战胜对方。因此不论是参加论辩的哪一方都应该尽可能多地收集材料，在论辩的紧要关头，做到宁可“备而不用”，也不要出现“用而无备”令人尴尬的局面。材料收集的后期应该把重点放在相关材料质量的积累上，做到一切材料都要紧紧围绕论题来准备。主要收集与辩题有关的专业知识、专业经验及有关的政策、法规、法律，或者是古今中外的经典言论、名人名言、历史典故、民谚民谣等理论材料；与论题相关的正面的、反面的、历史的、现实的、具体的、概括的、有关权威部门发布的统计数字等事实材料。

2. 材料的分析与加工。在占有大量材料的基础上，就要着手对收集到的材料进行分析与加工，让收集到的材料能够成为直接服务论题的有价值的论据。要做好此项工作，可以从以下两方面入手：

一是根据材料的性质和用途进行归类整理。应重点做好立论材料和反驳材料的归纳和整理。立论材料，是指建立自己论点的材料。作为论辩过程，无论是双方的互辩还是单向说理，都要求言之有据。立论材料的分析与加工，可以从理论和事实两个方面入手，对已经被社会发展所证明了的科学真理，或在社会科学和自然科学发展中做出过突出贡献的著名人物的著名论断和言论，或在人类社会发展的历史长河中出现过并被普遍认可的历史事件，或现当代出现的并被大多数人所熟知的现实材料进行整理、分析和加工。反驳材料，是指驳倒对方观点的材料。成功的论辩常常是以攻为守，通过驳倒对方来确立自己的观点。反驳材料的分析与加工是论辩材料分析、加工不可缺少的重要环节，无论哪一方都应该在对己方进行逻辑设计后，再进一步针对对方的论点、对方可能列举的论据、对方立论的方式方法、对方可能从哪几个方面反驳己方等方面进行深入细致的研究，甚至可以通过集体讨论、模拟实战等方式和方法，制定出己方应答和反驳的具体方案。

二是紧紧抓住论题和论点不放。在确定和找准己方论点的切入点后，在确定好己方逻辑框架的基础上，理顺论点与论据、观点与事实之间的关系，做到所有的材料都要为己方的论题服务。分析、加工后的材料都要充分体现己方的立场与观点、思想与倾向。

3. 论辩词的撰写。虽然论辩的过程是双方辩手以口语表达的形式进行唇枪舌剑、你来我往的争辩，但是双方的辩手都会在论辩的准备阶段，特别是在对材料进行分析、加工后，集体进行论辩词的撰写工作。撰写论辩词可以说是论辩准备中又一个不可缺少的重要环节和工作。论辩词的撰写，主要是帮助辩手理清思路，熟悉己方辩词的具体内容，为论辩打好基础。在论辩词撰写过程中，还会经常发现不足和漏洞，可以及时加以修改、完善和补充。

论辩词的撰写主要包括以下一些内容：一是要遵循议论文的特点，沿着提出问题、分析问题和解决问题的思路去谋篇布局；二是要根据论辩自身所具有的特点写好立论性的论辩词和驳论性的论辩词。其中要把重点放在立论性论辩词的撰写上。立论性论辩词一般要按照提出论点、分析论证、引出结论的结构方式撰写。

撰写论辩词时要注意团队意识，每个辩手的论辩词都应该建立在己方完整的逻辑框架的基础上，不能各自为政，应该做到既相对独立，又相互衔接，形成一个完整、严密的体系。同时根据论辩赛规则中规定的时间，精简论辩词。如规则规定一辩手的陈述时间是 4 分钟，根据人们口语表达的语速计算，在让所有在场观众都能够听清楚的前提下，一般口语控制在每分钟 200～220 个字节（自由论辩时为了节省时间一般将语速提高到每分钟 220～250 个字节）。具体多少字，要根据辩手的口语表达和论辩要求具体对待。对撰写好的论辩词事先多做些口语上的演练，在时间的把握上就会做到心中有数。论辩中如果用时不够或者超时，都有可能给评委留下准备不够充分的印象。

## （四）其他准备工作

1. 明确辩手分工。在论辩前，确定论辩选手人选，做好论辩选手的分工，让每位辩手都熟知自己的职责。同时可根据各选手的性格、随机应变、口语表达等的不同合理排兵布阵，使己方参赛队员形成最佳组合和阵容。目前，在我国大专院校常采用的是 4 对 4 的论辩形式，即论辩的双方均由 4 人组成。这种论辩特别要注意整体配合，一要注意陈词结构的启承转合；二要注意内容结构的“板块分割”：一辩手侧重逻辑分析，二辩手侧重理论分析，三辩手侧重事实分析，四辩手侧重价值分析；三要注意默契合作，即共同立论、相互论证、相互补充、掌握时间划分和材料运用。总之，既要做到有侧重的分工，又要协调整体配合。在论辩赛中，整体力量大于个人力量之和，个人在集体中才能发挥出更佳的能量来。当然，由于辩题不同，论辩的分工也不尽相同，这一点在赛前应灵活掌握。

2. 做好论辩设计方案。论辩设计方案的制定，可以是一套，也可以是两套或三套。每一份设计方案应该包括对辩题的理解和剖析、论辩层次、逻辑框架、对方可能的立场与攻击点、本方防守线、中外理论和事实论据、各辩手分工、论辩中需注意的问题、对可能出现的问题的设想及化解对策等。熟练掌握整体配合方法，做到攻防兼备，在战略和战术上最大限度地发挥团队相互配合的力量。参赛选手要经常自己组队进行练习，这样才能出成绩。

3. 论辩不但是论辩双方智慧上的较量，而且是一种人格魅力、风度仪表的较量。因此，参赛前，论辩选手要认真修饰自己的仪容仪表，认真检查自己的衣着服饰是否整齐得体；要调整好每位参赛队员的心态，以最佳的精神状态迎接论辩赛。

## 二、论辩演练

如同其他比赛一样，论辩队要想在正式比赛中获胜，一定要在正式比赛前进行论辩演练，即试辩。试辩是为了检验自己的赛前准备是否经得起实际的考验。为了达到检验的效果，试辩条件和气氛要尽量逼真，这就需要在正式参赛队员进入准备阶段的同时，应有一支与之实力相当的“假设对方”也进入准备阶段，并且双方都应处于“保密”状态。参赛一方可故意泄露些立论方面的要点，来吸引“假设对方”作有针对性的进攻准备，检验参赛一方的立论和战略战术是否能奏效。

试辩也是为了让参赛队员尽快进入角色。论辩赛的特点之一是辩题观点不一定与论辩者本人最初的观点相一致，就像某些演员本身的性格与剧中人的性格不一致一样，需要深入生活，深入实践才能进入角色。在比赛过程中，不仅有理论上的正面交锋，还有论辩风度、情态等方面的表演，通过试辩，不仅能促使参赛队员在理论、情感上完全站在所持的辩题观念上，还可以先锻炼一下上场的胆量，培养一下临场的经验。

试辩一般宜在正式比赛前一两天举行，这类似于赛前的热身赛，使参赛队员保持最佳的竞技状态。试辩的程序应严格按照正式比赛的程序进行。不过，不管正式比赛是否设有赛后听众提问，试辩赛一定要有听众提问。因为，不管“假设对方”准备得如何充分，总比不上众多听众的眼亮耳明，参赛队员在试辩中完整地亮出主要观点和战略战术，“假设对方”可能没有一下子找到“破”的方法，听众赛后提问揭短则可弥补“假设对方”论战之不得力。

试辩结束后，参赛队员应与“假设对方”迅速进行总结，对原先准备的辩词、论辩技巧与战术等作相应的调整、修正和补充。

## 三、论辩时的注意事项

1. 既要充满自信，在战略上敢于蔑视对方，敢于作战，又要防止自以为是，有勇无谋，在战术上不重视对方，盲目冒进，“速胜论”“盲目乐观”“悲观主义”等，都是要不得的。

2. 既要立场坚定，百折不挠，勇往直前，一鼓作气，有志在必得的自信心；又要防止一意孤行，横冲直闯，视而不见，听而不闻的主观盲动。心存侥幸，孤芳自赏，把可能性当作必然性的心理，有百害而无一利。

3. 既要居高望远，具有“会当凌绝顶，一览众山小”的博大胸怀，有所发现，有所创造，抓住机遇，不懈进取；又要防止目空一切，傲慢无比，不谦虚，不谨慎，随便切入，动辄打断辩友发言，不讲规矩，不讲道理，霸权作风，缺少涵养，缺少文明礼仪。

4. 既要真理在胸，不卑不亢，以理服人；又要防止鱼目混珠，不懂装懂，以偏概全，以假充真；还要防止毫无智者修养，盛气凌人，发烧上火，横眉冷对，立眉竖眼，坐立不稳，指斥对方。稳扎稳打，不乱方寸，巧妙攻防，是为上策。

5. 既要注意思想论点的正确性、深刻性与新颖性，又要注意语言表述的准确性、逻辑性与生动性。论辩时，吐字要清楚，句子要完整，语速要适中。

6. 既要正面立论，突出重点，有主有次，强调古今历史，不忘中外现实，要远近兼顾，交错纵横，防止一点论和片面性；又要反面驳论，洞若观火，善察空虚，只要有懈可击，就立即出其不意，攻其不备，不给对方喘息的机会。

## 强　化　训　练

**【训练要求】**

按照各项练习的具体步骤进行，也可根据自身实际设计改造，要充分发挥小组或团队的作用。

**【训练指导】**

教师要组织学生以班级、学习小组或宿舍为单位进行练习，并及时进行点评与小结。

学生要根据自身实际，有针对性地进行练习，要将课上练习与第二课堂锻炼结合起来。

**训练一**　**观看经典论辩赛，进行讨论、赏析。**

**训练二** 请从正(反)方研究以下论题,对核心概念进行必要的限制,以维护己方观点。

1. 失败乃成功之母
2. 成事在人不在天
3. 知足常乐
4. 有志者事竟成
5. 开卷有益

**训练三** 选择感兴趣的论题,组织学生就如何立论、如何选择论据、如何维护己方的逻辑漏洞等展开讨论,由学生选择立场,给定时间(3～5天)搜集资料,进行全班交流。

参考论题:

1. 杜绝盗版,消费者(政府)扮演比政府(消费者)更重要的角色
2. 合作(竞争)比竞争(合作)更能促进社会发展
3. 大学生打工利(弊)大于弊(利)
4. 当代社会,求"博(专)"更有利于个人发展
5. 手机拉近(疏远)了人与人的距离

**训练四** 以学习小组为单位,选择感兴趣的论题,拟定论辩方案。

参考论题:

1. 应以成败论英雄/勿以成败论英雄
2. 先做人后做事/先做事后做人
3. 文才重于口才/口才重于文才
4. 网络对大学生的影响利大于弊/网络对大学生的影响弊大于利
5. 在人生的道路上,机遇更重要/在人生的道路上,奋斗更重要

# 项目4 论辩赛的组织训练

## 一、论辩赛赛制模式介绍

### (一) 新加坡模式

因中国中央电视台与新加坡广播电视局联合举行每年一度的国际华语大专

论辩赛而声名显赫。其主要模式为：

1. 组织机构。一般为主席（主持人）、评判团（人数为 7 人或 9 人以便于投票表决）。

2. 比赛顺序。一般可分为 3 块，一块是主席简单介绍评判团及参赛队的基本情况，一块是参赛队论辩，一块是评判团评判。

3. 比赛办法。采取循环制确定半决赛和决赛的代表队。

4. 参赛论题。正方与反方观点是由双方事前抽签决定的。

5. 参赛队员。参赛队每队由 4 人组成。双方按照一辩、二辩、三辩、四辩的顺序入座。

6. 论辩程序。主要分 4 个阶段：

（1）陈词阶段。陈词首先从正方一辩开始，反方一辩接对并且陈述自己的观点，然后依次是正方二辩、反方二辩、正方三辩、反方三辩交叉进行，每人限时 3 分钟。每队共 9 分钟的陈词时间。在这一过程中，要求除正方一辩外，其他辩手要先接对再陈述，双方四辩不发言。

（2）自由论辩阶段。自由论辩双方各有 4～5 分钟的时间（具体时间由组委会确定），正方必须先发言，参辩队员均应发言。在这一阶段中，不论是哪一方，在己方一位辩手发言后必须坐下，把时间和话语权让给对方的一位辩手，对方每次也只能有任意一位辩手站起来发言。双方的用时是按照各自一方每位辩手发言的总时间累计计算的。如果某一方提前用完，就不能再发言，另一方可以继续发言，直到将己方的时间用完为止。这一阶段是新加坡模式最精彩的部分。

（3）总结阶段。总结由双方的四辩担任。反方四辩先发言，然后正方四辩再发言。双方各 4 分钟，共 8 分钟。

（4）评委点评。评判团成员离席，进行投票；然后对本场论辩做出客观的评价，并将评判结果交给主席，由主席宣读评判结果。

7. 新加坡模式的主要特点。通过 4 人的分工与合作，建立系统、完整的理论体系，论辩过程立论和驳论相结合，论证方法和反驳方式丰富多彩，加之各辩手风格各异，具有较强的吸引力。同时，队式论辩，形成阵势，气氛浓厚，场面热烈，可视可听性强。最后评判团的评判，对提高观众的欣赏水平有一定的帮助。

### （二）上海模式

在继承新加坡论辩模式优点后创建出来的新赛制。其主要模式为：

1. 组织机构。一般为主席（主持人）、评判团（人数为 5 人或 7 人以便于投票表决)。

2. 比赛顺序。一般可分为 4 块,一块是主席导入及简介,一块是双方教练陈词,一块是参赛队论辩,一块是评判团评判。

3. 参赛队员。参赛队每队由 3 人组成。双方按照一辩、二辩、三辩的顺序入座。

4. 论辩程序。主要分六个阶段:

(1) 教练陈词。双方教练介绍各自的论辩方案,时间各为 4 分钟。教练陈词先从正方开始,反方教练及队员回避,反方教练陈词时正方队员同样回避。

(2) 辩手陈词阶段。陈词首先从正方一辩开始,反方一辩接对并且陈述自己的观点,时间各为 4 分钟。然后是正方二辩、反方二辩相继发言,每人限时 3 分钟。

(3) 盘问阶段。每个队员的发言包括问和答两个部分,被问的一方必须回答对方的问题,且在回答之前不能先行提问,不得回避问题。提问一方一般不得指定对方哪一位队员回答。正方三辩提问,用时 10 秒;其他辩手用时均为 30 秒。

(4) 自由论辩阶段。自由论辩双方各队累计用时为 4 分钟。正方先发言,随后双方交替发言。

(5) 总结阶段。总结由双方的三辩担任。反方三辩先发言,然后正方三辩再发言。双方用时各 4 分钟,共 8 分钟。

(6) 评委点评。评判团成员离席,进行投票;然后对本场论辩做出客观的评价,并将评判结果交给主席,由主席宣读评判结果。

### (三) 北大模式

也叫北大质询式论辩赛制,这种赛制综合了美国俄勒冈赛制和新加坡赛制的特点。其主要模式为:

1. 组织机构。一般为主席、评判团。

2. 比赛顺序。一般可分为 3 块,一块是主席导入及简介,一块是参赛队论辩,一块是评判团评判。

3. 参赛队员。参赛队每队由 4 人组成。双方按照一辩、二辩、三辩、四辩的顺序入座。

4. 论辩程序。主要分 5 个阶段:

(1) 辩手陈词和盘问阶段。

① 正方立论陈词:首先从一辩开始,时间是 3 分钟;反方盘问:由四辩开始

盘问正方的一辩，正方被盘问者，只能够正面回答，不得向对方反盘问，时间是 2 分钟。

② 反方立论陈词：反方一辩陈述己方观点，时间是 3 分钟；正方盘问：正方四辩开始盘问反方一辩，时间是 2 分钟。

③ 正方陈述：由正方二辩陈述，时间是 3 分钟。反方盘问：由反方三辩开始盘问正方二辩，时间是 2 分钟。

④ 反方陈述：由反方二辩陈述，时间是 3 分钟。正方盘问：由正方三辩开始盘问反方二辩，时间是 2 分钟。

⑤ 正方陈述：由正方三辩陈述，时间是 3 分钟。反方盘问：由反方二辩开始盘问正方三辩，时间是 2 分钟。

⑥ 反方陈述：由反方三辩陈述，时间是 3 分钟。正方盘问：由正方二辩开始盘问反方三辩，时间是 2 分钟。

(2) 自由论辩阶段。双方各队累计用时是 3 分钟。正方先发言，随后双方交替发言。

(3) 总结陈词阶段。由双方的四辩担任。反方四辩先发言，正方四辩后发言。双方用时各 4 分钟。

(4) 评委点评。评判团成员离席，进行投票；然后对本场论辩做出客观的评价，并将评判结果交给主席，由主席宣读评判结果。

5. 北大论辩模式的特点与上海模式有异曲同工之处，都增设了不得回避的盘问程序。所不同的是，上海模式把陈词与盘问分开，北大模式则将陈词和盘问合而为一，逐一陈词，逐一盘问。

## 二、论辩赛的组织

### (一) 建立组织，设定辩题

开展一次论辩活动，首先要组建活动组委会或策划小组，然后从设定辩题开展工作。论辩会的辩题因其活动方式不同一般，即不是一人主讲，而是多人分队，一方为正方，一方为反方，两相对垒，展开论辩。所以，辩题的拟定有其特殊性，应遵循两个基本原则：一是可辩性，即双方在同一问题上都必须有话可说，都有可辩的地方，不能明显地一边倒；二是现实性，即现实意义强，具有一定的针对性，是人们普遍关心的热门话题。这样的题目常常存在着许多不同的看法，而且通过论辩还能给论辩者和听众一定的启迪，促使人们进一步学习和思考。

### (二) 确定论辩模式和竞赛规则

1. 论辩模式的选择。目前,国内主要有 3 种论辩赛制模式(新加坡模式、上海模式和北大模式),选择切合自身实际的论辩模式,也是组织论辩会的重要工作。论辩模式也可以由组织者来商定,但如果一经确定,就不要中途修改。

2. 论辩规则的制定。公平的比赛规则,才能够保证比赛公正、公平、公开地顺利进行。下列论辩赛的规则可供训练时参考:

(1) 确定上场队员的多少。

(2) 辩手必须衣着整洁,发言时必须起立并使用普通话。

(3) 辩手可以携带卡片、报刊、书本上场,发言时也可拿来出示。

(4) 比赛进行时,台上辩手与台下听众(包括教练)不得有任何形式的沟通,否则作犯规论处,将被扣分。

(5) 确定好全场的比赛时间和程序。(前面介绍的新加坡模式、上海模式和北大模式可以作为参考)

(6) 辩手必须严格遵守发言时间,按赛程依次发言,服从主席的指挥。在每位辩手发言时间剩下 1 分钟时将有信号(红灯或铃声)提示,当时间用完时将有第二次信号提示,此时辩手必须立即停止发言,否则作犯规论,将被扣分。

(7) “自由论辩”细则

① 宣布自由论辩开始后,发言无需得到主席同意。每队每次只能 1 人发言,每人至少发言 1 次,发言次序、时间不受限制。

② 自由论辩时,任何一方的任何一位辩手都可以先行起立发言,当该辩手发言完毕之后,则轮到另一方的任何一位辩手发言,然后依次轮流发言,直到双方时间用完为止。

③ 每队自由论辩时间如规则(6)所规定,当一队发言时间总计只剩下 1 分钟时,计时员将发出信号提示;时间用完时,计时员便立即发出第二次信号,该队也应立即结束发言。如果使用计时显示器,则用倒计时的方式显示并提示辩手。

④ 如果一队的发言时间已经用完,而另一队还剩下发言时间,那么剩有时间的一队,仍可由一名或多名辩手继续发言,直到时间用完为止。

### (三) 发出通知,动员宣传

通知内容包括:明确的指导思想、参赛单位、论辩题目和比赛时间、地点,说明比赛方法、比赛规则、比赛程序、评分标准、奖励办法等；同时，要采取多种方式，如广播、海报、传单等宣传动员人们参赛或争当听众，以使论辩活动开展得轰轰烈烈。尤其是比赛规则和比赛要求一定要在通知中明确指出，以便参加论辩的各方都能够按其规则和要求去提前准备。

### （四）引导组队，敦促演练

1. 组建论辩队。论辩会组织者要引导各参赛单位组建论辩队。一般说来，每支参赛队伍均由辩手、教练员、领队 3 方面人员组成，必要时还可以增设顾问。人数通常是，辩手 5～8 人，其中 4 人上阵；教练员 2～3 名，分主教练和教练；领队 1 名，顾问若干名。

2. 论辩选手的挑选。论辩赛是以语言交锋为形式的竞技与对抗过程，观众（听众）全凭耳朵，以“一次性听取”的形式来观赏比赛的内容。因此，挑选辩手十分重要。各队挑选的选手应该具备如下素质：一是要具备一定的知识结构和对语言的理解能力；二是头脑灵活、反应敏捷，有很好的思维能力；三是辩手必须能讲普通话，口齿犀利，在急速讲话时始终能保持吐字清晰，同时语言规范。

3. 模拟演练。组队结束，辩手确定后，就应敦促各队进行模拟实战演练，根据演练中各选手的表现确定最后参加竞赛的队员名单。如以“4 对 4”式论辩比赛的形式为例，8 名选手要同时参与论辩前各个环节的讨论、收集材料、制作卡片等活动，同时参加模拟演练中分成正方与反方的论辩，反方队员要尽可能多地从对方角度去思考，这样有助于真正论辩时己方队友有思想准备。同时可以在出现突发事件后补充选手，或有意根据论辩场次的需要而调整上场队员。而正式上场的四名队员，因具体位置不同其作用也不尽相同。一般是遵循“一、四辩偏稳，二、三辩偏冲”的原则来安排。就是说话偏舒缓的辩手宜安排在一、四辩，说话偏急促的辩手宜安排为二、三辩，这样有助于辩手“扬其长而避其短”，论辩队内部形成“互补”结构，显现出一种“团队作战”的气势。

### （五）指导辩手制作资料卡片

论辩不像一般的演讲那样运用预先写好的完整的演讲稿，而是借助于资料卡片。这种资料卡片是论辩者在论辩之前，根据论题的需要，经过广泛收集、阅读和调查研究之后精心选择和加工制作而成的。

资料卡片作为论辩的思想提要和材料依据，其制作方法是根据论辩内容的引论、证明和结论三个部分的顺序编排，用最简洁而完整的句子表述，并分别标明各种序号，形成大体完整、清晰的结构。每张卡片通常只写一个问题，而且只写一面。引论部分的卡片应把论辩的要领和证明本方论题的理由要点完整地写出来。证明部分是论辩的主体内容。这一部分卡片所用的标题必须与引论所提出的要领相对应，并用列成若干理由的形式，证明本方的论点。结论部分的卡片资料，必须把证明部分的主要理由概括起来，按照论辩情况和发展，作适当调整，简要复述一遍，然后用“所以……”下最后断语，作为结束。

### (六) 论辩比赛需聘请的人员

1. 聘请评委。聘请评委是论辩会组织工作中的一项重要工作。评委会成员人数应当是单数。小规模的比赛，可请三五名评委；大规模的比赛，评委至少应该有 7 名。聘请评委应该注意：

(1) 应聘请比较在行且有一定威望者；

(2) 不能认为凡领导干部都能当评委；

(3) 赞助单位不一定都要有人当评委，除非该单位有在行者；

(4) 一般不请参赛者所在单位的人当评委。

2. 聘请主持人(主席)。作为口语训练活动的论辩会，可聘请“行家”来担任主持人。由“行家”任主持人，虽然外形上可能不够青春靓丽，但因为是内行，所以，不仅能够控制全场气氛，还可以承担场上裁判或督导等工作。

3. 聘请记时员。论辩比赛为了突出其公平竞技性，不仅在辩题的设计上力求双方地位平等，而且双方的发言时间，一般也都作严格的对等规定。因此，要聘请记时员。记时员的任务是计时、发信号和记录参赛者超时情况，大规模的论辩比赛必须聘请两名记时员，分别为正、反方计时。

### (七) 其他工作

1. 论辩会场的布置。台上包括论辩会场背景横幅、论辩会徽标、主席座位、选手座位、席签、无线话筒、有线话筒、音响设备、倒计时电子时钟等的布置。台下包括评委席与观众席等的设置。

2. 手工计时，要提前告知计时员比赛规则，并进行必要的培训，防止赛场计时上的失误，避免引起不必要的争端。

3. 提前印好评分表(可采用条文式，也可采用表格式)，为评委准备好必要的用笔和纸张。

4. 做好来宾的接待工作。

## 三、论辩赛的主持与成绩评定

### (一) 论辩赛的主持

论辩赛区主持人的任务有：宣布辩题，介绍双方阵式及评判成员，提出必须注意的事项，指挥赛事；掌握论辩进程，把握论辩方向；宣布论辩结果；串连论辩锦上添花等。

### (二) 论辩赛评判标准

论辩赛评判标准大致有 5 个方面：看双方观点的阐述是否言之有理、无懈可击；看双方的反驳是否犀利、入木三分；看队员的配合是否协调、默契；看语言是否准确、优美；看辩手风度、辩德等。

### (三) 论辩赛成绩评定

1. 个人分数(共 100 分)

(1) 内容(35 分)

对辩题有足够了解，分析正确，论据与辩题有关，论据内容确实有力，分析严密，结论合乎逻辑。

(2) 辩驳能力(30 分)

能敏锐地抓住对方的破绽，运用恰当的反驳方法及准确有力的言词予以反驳；能成功地反驳对方论点和维护己方论点。

(3) 表达能力(25 分)

语言清晰流畅、自然明白；丰富多彩、准确鲜明、生动幽默；能恰当地运用态势语辅助说话。

(4) 风度及其他(10 分)

注意文明礼貌，对对方辩手不蔑视、谩骂和进行人身攻击，没有其他犯规表现。

2. 整队分数(40 分)

全队论点一致；论辩结构完整统一；不出现冷场或抢辩现象等。

## 强化训练

【训练要求】

严格按照各项练习的具体要求与步骤进行，要充分发挥团体的作用。

【训练指导】

教师要指导学生以全班、小组为单位进行演练，并做好点评与小结。

学生要根据自身实际，有针对性地进行练习，要将自我练习与全班演练结合起来。

**训练一 开办小型论辩会。**

围绕某一专题，以学习小组为单位，分正方、反方组织比赛，使学生会听对方发言的中心，会抓对方发言的漏洞，会利用有利时机，会用简练的语言阐述自己的观点。

**训练二 选择感兴趣的辩题，按要求组织班内外专题论辩比赛。**

1. 参考辩题

(1) 挫折有(不)利于成才

(2) 现代社会学会竞争(合作)是第一位的

(3) (不)应对女性就业实行保护

(4) 烟草业对社会利(弊)大于弊(利)

(5) 发展“克隆”技术利(弊)大于弊(利)

2. 组织程序

(1) 师生共同讨论确定备用辩题。

(2) 确定论辩模式和规则。

(3) 推选论辩小组组长，由论辩小组组长抽取论辩小组成员和辩题，并确定各辩题正方和反方。

(4) 各小组组长组织成员按照论辩的规则和要求做好分析辩题、收集与加工材料、撰写论辩词、选手分工等工作。

(5) 从其他小组抽出或推选1名小组长主持本场论辩赛，其他小组长担当本场论辩赛的评委。

(6) 进行以小组为单位的论辩赛。最后由教师担任点评嘉宾。小组成绩由小组长评委和教师共同评定，并计入期末总成绩。

(7) 论辩会总用时由班级人数决定。

## 模块五

# 交际口才训练

## 学习目标

1. 掌握介绍与交谈的语言技巧与注意事项,并能够恰当运用。
2. 掌握拜访、接待及接打电话的语言技巧与注意事项,并能够恰当运用。
3. 掌握赞美与批评的语言技巧与注意事项,并能够恰当运用。
4. 掌握说服、劝慰与道歉的语言技巧与注意事项,并能够恰当运用。
5. 掌握拒绝与应对的语言技巧与注意事项,并能够恰当运用。

## 核心能力

1. 能够恰当运用介绍与交谈的语言技巧。
2. 能够恰当运用拜访、接待及接打电话的语言技巧。
3. 能够恰当运用赞美与批评的语言技巧。
4. 能够恰当运用说服、劝慰与道歉的语言技巧。
5. 能够恰当运用拒绝与应对的语言技巧。

## 学习任务

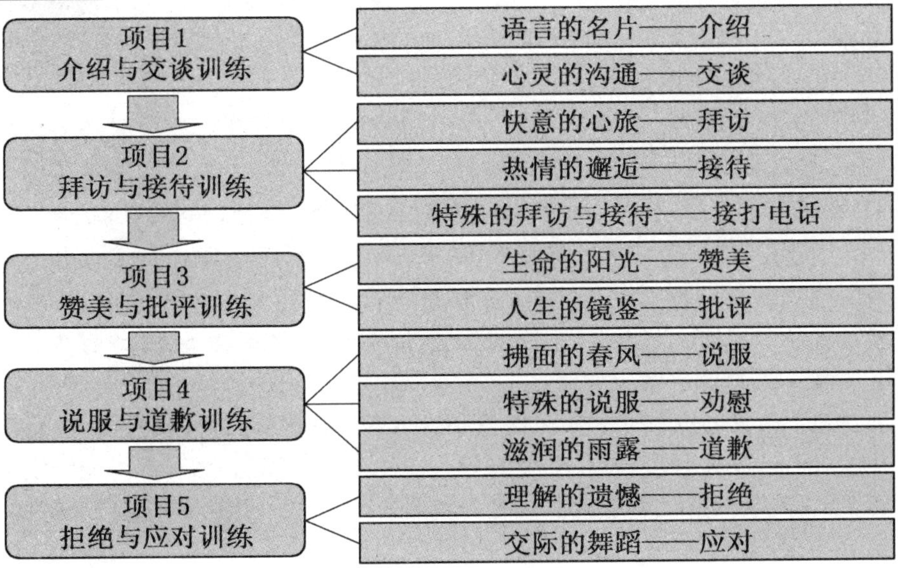

# 项目1 介绍与交谈训练

介绍与交谈，在交际活动中占有重要的地位。因为人与人之间，总是从不认识到认识，然后再进行交际活动。如果说介绍是一切社交活动的开始，那么交谈则是社交活动通向成功的桥梁。

## 一、语言的名片——介绍

介绍是社交中人们互相认识，建立联系必不可少的手段。主要有自我介绍和居间介绍两种形式。

### (一) 自我介绍

自我介绍是指把自己的情况如姓名、身份、特点等介绍给对方，意在使对方了解自己，尽可能为自己提供方便。

从交际心理上看，人们初次见面，彼此都有一种了解对方，并渴望得到对方尊重的心理。这时，如果能及时、简明地进行自我介绍，不仅满足了对方的渴望，而且也会使对方以礼相待。这样，双方以诚相见，就为进一步共事奠定了良好的基础。

1. 自我介绍的语言技巧

(1) 巧报姓名。自我介绍首先要自报姓名，为了使对方听清并记住自己的姓名，往往要对“姓”和“名”加以注释，注释得越巧妙，给人的印象就越深刻。同时，对姓名的注释，还可以反映一个人的文化水平、性格、修养和口才等。

**范例** 在“蜀秀礼仪小姐大赛”决赛中，有位演讲者这样自报姓名：“唐代大诗人白居易有一首词：‘江南好，风景旧曾谙。日出江花红胜火，春来江水绿如蓝。能不忆江南?’我就是‘能不忆江南’的‘江南’。”这样一说，她的名字就会给评委留下深刻的印象。

(2) 独具创意。许多人在自我介绍时有一种通病，即先报姓名，然后说工作单位、职业、文化程度、特长和爱好等。这种千篇一律的介绍，不可能给别人留下深刻的印象。相反，若能独辟蹊径，选择既顺口自然又使对方感到新鲜的内容，定会给人们留下良好印象。

**范例** 著名的喜剧表演家王景愚是这样自我介绍的："我就是王景愚，表演《吃鸡》的那个王景愚。人称我是多愁善感的喜剧家，实在是愧不敢当，我只不过是个走火入魔的'哑剧迷'罢了。你看我这40多公斤的瘦小身材，却经常负荷许多忧虑与烦恼，又多半是自找的。我不善于向自己所敬爱的人表述敬与爱，却善于向所憎恶的人表述憎与恶，然而胆子并不大。我虽然很执拗，却又常常否定自己，否定自己既痛苦又快乐，我就生活在这痛苦与快乐的交织网里，总也冲不出去。在事业上，人家说我是敢于拼搏的强者，而在复杂的人际关系面前，我又是一个心无灵犀，半点不通的弱者。因此，在生活中，我是交替扮演强者与弱者的角色……"作者运用"两点论"的观点，实事求是地评价自己，给人留下深刻的印象。

(3) 幽默生动。采用幽默风趣的语言把自己"推销"给别人，既能给听众留下更加深刻的印象，同时也比较容易引起人们的好感和认同，产生与之接近的愿望。

**范例** 台湾地区著名艺人凌峰在中央电视台举办的春节联欢会上是这样介绍自己的："我就是光头凌峰，我是以丑出名的，中华五千年的沧桑和苦难都写在我的脸上。"话音刚落，台下掌声、欢呼声响成一片。凌峰的自我介绍之所以产生这样好的效果，是因为他抓住自己的形象特征，并把它加以夸大，既风趣幽默，又出人意料，给人留下深刻的第一印象。

2. 自我介绍的注意事项

(1) 要繁简适度。自我介绍包括姓名、年龄、籍贯、职业、职务、工作单位或住址、毕业学校、主要经历、特长、兴趣等。在具体介绍时，要根据不同的社交目的需要来决定介绍的繁简。一般来说，在公共场所和一般性社交场合，自己并无与对方深入交往的意愿，只需介绍自己的姓名，如"我叫王海"或"我是王海"。有时，也可对自己姓名的写法作一介绍，如"我叫陈华，耳东陈，中华的华"。如果因公务、工作需要作自我介绍，应包括姓名、单位和职务，无职务可介绍从事的具体工作。如果希望新结识的对象记住自己，作进一步沟通与交流，除姓名、单位、职务外，还可提及与对方某些熟人的关系或兴趣爱好。若在正式场合，则应简短又细致地介绍自己。

**范例** 一位油泵厂的业务员在投标时是这样作自我介绍的："大学毕业后，我就在汽车制造厂油泵车间当技术员，后来承包了厂服务公司的汽车修理厂。这些年来，了解机械加工方面的先进技术，对汽车油泵的品种、工艺流程、销售情况也比较熟悉，有一定的管理经验。我年富力强，很想干一番事业。我个人做事果断，敢于钻研，只要给我一定的时间，比如说10天吧，就能把全部情况调查清楚，并拿出具体方案，提出上缴利润的指标。”此业务员较为具体详尽地介绍了自己的学历、经历、兴趣、专长、能力和性格，又表示了自己的决心，因而赢得了招标单位的初步信任，为后来的中标奠定了基础。

(2) 要把握分寸。自我介绍不仅是对自己基本情况的客观陈述，也包括自我评价。涉及自我评价的内容应恰到好处，既不可过高，也不能过低，以给人留下美好印象为目的。应当做到自信、自识、自谦。自信，即对自己的能力、特长要敢于肯定，不要回避。一个充满自信的人，才能给人一种较强的感染力，使之产生与你交往的欲望。自识，即有自知之明。在肯定自己长处的同时，还应严格地剖析自己的短处。这种实事求是、一分为二的自我评价，才能令人信服，从而对你产生信任感。自谦，即在肯定自己的长处时，要留有余地，不要谈得太“满”，不宜用“很”、“极”等极端的字眼，以免给人留下“狂妄自大”的感觉。

**范例**

例一：我是×××，请多指教。

例二：我是上海华伦实业公司经销科科长×××，请多指教。

例三：我是上海华伦实业公司经销科科长×××，是××大学经济系的毕业生，××教授是我的老师，我曾在××厂担任过副厂长。

第一例介绍语言过于简单，对方听了介绍之后，除了名字之外其他一无所知，很难把话题接下去，作进一步的交谈。第三例画蛇添足，太啰嗦，有自吹自擂之嫌，容易引起对方反感，有时对方会因此而不乐意与你作更深的交谈。第二例则既简洁，又能使对方找到接下去交谈的话题。如“啊，华伦实业公司，我在报上看到过介绍你们搞改革的文章。你们公司现在搞得怎样了？能给我们谈谈吗？”或“啊，你是搞经销工作的，我对这项工作也很有兴趣。你一定很有经验，能介绍介绍吗？”这样，双方就能很自然地找到话题，使彼此接近起来。

(3) 要注意时机。在社交场合或工作联系时，自我介绍还应选择适当的时机，当对立无兴趣、无要求、心情不好，或正在休息、用餐、忙于处理事务时，切忌打扰，以免尴尬。

### (二) 居间介绍

居间介绍，是介绍者站在第三者的立场，使被介绍双方相互认识并建立关系的一种交际活动。在居间介绍中，介绍者既要做好“媒人”，促进双方关系的建立，又要兼顾自己同双方关系的发展。

1. 居间介绍的语言技巧

(1) 直接陈述，简洁明了。介绍他人时，信息量要适中，不要过于冗长，能为双方攀谈引出话题即可。不要拐弯抹角，故弄玄虚，要用简洁明快的语言，三言两语勾画出被介绍人的轮廓。如“这位是我的朋友老李，他是搞电视艺术的。”“这位是××，很喜欢唱歌，你们肯定会谈得来的。”

(2) 征询引见，得体有礼。征询引见，即采用询问句式，征得同意后再引见的介绍方法。这种方法不仅能显示出你对双方的尊重，而且询问的语调能使人产生一种亲切感，易于为双方所接受。如“×××先生，我可以介绍××小姐与你认识吗？”“××经理，你想了解××产品的供求状况吗？这是×××推销员，他可以回答你的问题。”

2. 居间介绍的注意事项

(1) 讲究顺序。一般情况下，是将年纪轻、身份低的介绍给年纪大、身份高的，以示对后者的尊重。具体来讲：

不同性别的两个人，在一般情况下应将男士介绍给女士，如，“李小姐，这是赵先生，刚从河北来。”如果男士尊于女士，则应把女士介绍给男士：“赵老师，这位是从哈尔滨来的李小姐……”

不同辈份、职务的两个人，应将年轻、职务低、知名度低的介绍给年长、职务高、知名度高的。如：“汪老，这是×××报社的小陈，陈××先生。”

把一对夫妇介绍给他人，在一般情况下应先说丈夫，后说妻子。

同龄人聚会应将未婚的介绍给已婚的，将自己熟悉的介绍给不太熟悉的。

客人到家中拜访，应先把客人向家庭成员介绍，然后把家庭成员向客人作简单逐一的介绍。介绍时，应把被介绍人的关系、姓名讲清楚，同时要能简明地点出他们的爱好和特点更好，这样会给客人以愉快亲切的感觉，也显示出家庭的和睦与乐趣。

作集体介绍时，当被介绍双方的身份、地位大致相似，或难以确定时，先介绍人数较少的一方，后介绍人数较多的一方；若被介绍双方的地位、身份存在明显差异，就先介绍地位、身份较低的一方，为尊的那一方即使人数较少，甚至只有一个人，也要到最后才介绍。

但是，交际中的介绍有时会遇到交叉两难的情况，需要灵活掌握。

(2) 注意礼节。介绍时一般应起立，面带微笑，手掌朝上示意，四指并拢，拇指张开，胳膊略向外伸，指向被介绍一方，并向另一方点头微笑。但切不可用食指指指点点。介绍时多使用尊称、谦敬词，如“请允许我向您介绍……”介绍的话语应热情洋溢，切忌冷冰冰的，更不可伤害被介绍人的尊严。

**范例** 约翰·梅森·布朗是一位作家兼演讲家，一次他应邀在某地演讲，被会议主持人作了这样的介绍：“先生们，请注意了。今天晚上我给你们带来了不好的消息。我们本想邀请伊塞卡·F·马科森来给我们讲话，但他来不了，病了。下面，有请约翰·梅森·布朗为我们作演讲。”这样的介绍不仅不能起到融洽气氛、建立交流关系的目的，而且还伤害了被介绍者的自尊心。

(3) 突出重点。在居间介绍中，应根据被介绍双方的情况，有所侧重地介绍。应选择双方都感兴趣的内容进行介绍，如：“××也很喜欢钓鱼，有机会你俩可以切磋切磋。”这种介绍对促进双方了解，建立友谊是非常有益的。介绍两位素不相识者相见，更应如此，如：“小苏，这位是林教授。你正在学摄影，林先生是位摄影高手，曾有多张作品参展。”这样的介绍有穿针引线、增进了解的作用。

无论是自我介绍，还是居间介绍，都要做到：第一，要镇定自若，落落大方，即使遇到意外情况，也要从容对待；第二，要音量适中，口齿清晰，语速不可太快；第三，要注意礼节，方法灵活。

## 二、心灵的沟通——交谈

交谈是由两个或两个以上人员参加的，围绕某个或几个感兴趣的话题，进行交流、沟通的言语表达活动。在我们的社会生活中，人与人之间的交往、合作、交流经常需要通过交谈来进行。交谈有利于加强个人与外部环境的联系，保证个人、组织与社会的密切关系；有利于消除误解，确立互信的人际关系，营造良好的环境氛围，增强个人、组织的诚信力与凝聚力。交谈按其性质和目的划分，有聊天、谈心和问答等形式。

### (一) 交谈的语言技巧

1. 聊天的语言技巧

聊天是一种交换意见、交流思想和交融情感的交谈活动。交谈双方无需进行任何准备，形式不拘，话题丰富，轻松愉快，属于自由度较大的“闲谈”。

(1) 寻找话题，引发兴趣。几个人在一起聊天，如果大家都不知从何说起，就会出现沉闷的尴尬局面。作为聊天的参与者，要选择一些容易引起对方兴趣的话题，这样有利于创造一个轻松活跃的谈话氛围，使交谈得以深入，友谊得以发展。

一般而言，以下话题容易引起大家的谈话兴趣：与谈话者自身利益密切相关的话题、与谈话者兴趣相关的话题、具有权威性的话题、新奇的话题、某些特殊的话题等。但在具体选择这些话题时，要善于从参与聊天者身上寻找共同点，并由此引出话题。这样，大家都聊共同关心的话题，就会引发亲近感。如与人初次见面，可以问对方出生地、曾就读的学校、生活上的兴趣爱好、近期所从事的工作等。倘若是同行，可以谈业务上的问题，同事则可以聊聊单位的情况，老同学可以回忆同窗共读的情景等。

**范例** 美国女记者芭芭拉·华特初遇美国航空业界巨头亚里士多德·欧纳西斯时，见他正与同行们热烈讨论着货运价格、航线、新的空运构想等问题，芭芭拉没法插上一句话。在共进午餐时，芭芭拉灵机一动，趁大家谈论业务中的短暂间隙，赶紧提问："欧纳西斯先生，你在海运和空运方面都取得了伟大的成就，这是令人震惊的。你是怎样开始的？当初你的职业是什么？"这个话题一下叩动了欧纳西斯的心弦，他立即同芭芭拉侃侃而谈起来，动情地回顾了自己的奋斗史。

(2) 把握时机，转换话题。聊天往往没有贯穿始终的话题，而是随着参与者的兴趣而经常变换。但要注意把握转换时机，当一个话题正是交谈中心时，不应随意转换，免得使对方摸不着头脑，不知所云，影响聊天气氛。如果一旦出现冷场，可以通过转换话题的方式打破冷场。

**范例** 1984 年美国总统里根访华前夕，根据顾问们设计的步骤，他先与一名复旦大学毕业的留学生接通了电话，告诉他将访的消息，问有什么需要他转告母校的。这位学生在毫无准备的情况下，突然听到里根总统本人的问话，顿时心慌意乱，紧张得说不出一句话来。里根知道"此路不通"，立即调转话头，亲切地问："你来美国有多长时间了？生活过得惯吗？……"对方顺着里根的话，从这些日常小事谈起，心绪逐渐平静下来，里根趁势又很自然地把话题转到原来话题上，这位学生也很高兴地请总统转告他对祖国人民对母校师生的问候，通话终于取得了预想的结果。

(3) 幽默风趣，调节气氛。话题丰富，轻松愉快是聊天的特点之一。但聊天过程中，有时会由于一时失言或突发的干扰而出现难堪。如果处理不当，则会使双方感到尴尬，令人扫兴。因此，要善于运用幽默风趣的语言，把双方从尴尬中解脱出来。这样，不仅能维护和谐气氛，而且能为聊天增添新意。

**范例** 一家女主人正在请客，她丈夫下班回家，与在座的朋友寒暄之后，便去换拖鞋，女主人一看忙高声说："快去洗你的尼龙袜子和汗脚，别污染空气！"当着这么多客人的面，她丈夫的脸不由红了。但他随即机灵地"嘘"了一声，故做神秘地说："小声点，脚臭不可外扬！"本来有些窘的客人顿时哈哈大笑。

(4) 赞扬肯定，委婉表意。心理学研究成果表明，一般人都比较容易接受赞扬的话，不太容易接受批评。在交谈中要注意调动对方的情绪，营造宽松和谐的气氛，采用委婉的语言表达自己的看法，帮助对方克服弱点。

**范例** 一位老师做家访，本意是要告诫学生家长关心孩子的学习。但她没有直接表述，而是对家长说："你的儿子很聪明，将来必定大有作为。"家长听了这话，心里十分高兴。老师接着说："你的儿子成绩考差了，不敢把考卷拿给家长签字，便模仿家长的笔迹自己签字。上课时，手在书桌下面搞小动作，但面部表情却似认真听课。这种才能不是每个孩子都有的，这反映出你儿子很聪明。如果引导得当，将来必成大器。"这位教师家访并未直接告状，而是在笑谈中提醒家长多关心孩子的学习情况。由于老师巧妙地使用婉言表意，使家访在轻松愉快的闲聊中达到了目的。

2. 谈心的语言技巧

谈心，是人际交往中通过心灵沟通而取得共识的一种交谈方式。谈话双方重在沟通感情，针对某一思想问题进行交流，多在亲人、朋友、师生之间进行。

(1) 以诚相待，准确应对。谈心能否成功，首先取决于一个诚字，心诚则灵。只有以诚相见，才能达到推心置腹、情感交融的境界。诚意表现在语言上是语意明确、措辞诚恳、口气平和等，不言过其实，不讽刺挖苦，不强加于人。诚意表现在行动上是专注倾听，不专心听对方讲话的人是不可能取得信任的。

谈心是双向交流活动，双方都要有听有说、有问有答，这就是应对。不注意应对，会使谈话东拉西扯，偏离主题，影响谈心的效果。所以，在倾听对方谈话时，要善于及时形成自己的见解；要注意领会对方的中心思想，弄清说话动机，包括听懂对方的言外之意；要迅速组织语言，正确表达自己的思想。

(2) 循循善诱，因势利导。谈心尤其是在对方情绪对立，缺乏诚意，或者固执己见，态度消沉时，更需因势利导。具体方法如下：

第一，换位思考。用恰当的语言诱导对方换一个角度去思考，从而对问题做出新的评价。

第二，现身说法。用自己的亲身经历去劝解、说服对方。

第三，曲径通幽。暂时撇开正题，同对方闲聊，寻找具有共同语言的话题，以缩小情感上的距离。

第四，对比映衬。在生活中，当我们看到别人比自己更伤心、更失落时，自己因此而不再伤心，甚至反过来去同情、安慰别人。或者因别人的失落而发现自身的有利条件，从而鼓起自己奋发向上的勇气。因此，巧妙运用这样一种比差心理效应，能够达到沟通交流的目的。

3. 问答的语言技巧

问答是一种重在提问与回答的双向性交谈。问答由于问题明确，针对性强，配合紧密，多出现在请教、咨询或采访等场合。

(1) 提问的技巧。提问犹如音乐的定音，音定准了，乐曲演奏起来就顺畅、动听。因此，成功的问答必须善于提问。

第一，抓住要害，问得具体。交谈提问应该化大为小，变笼统为具体，善于抓住关键进行提问。那些大而空泛的问题，往往让对方摸不着头脑，难以回答。相反，问题明白具体，就有助于打开对方的思路。

第二，讲究逻辑，问得清楚。如果就某一专题性问题请教别人，就必须按事物的规律，先从最表面、最易回答的问题问起，或者先从对方熟悉的事情问起。口子开得小些，然后逐渐由小到大，由表及里，由易到难提出问题，并注意前后问题间的逻辑关系，这样既有助于自己从对方谈话中归纳总结出谈话的规律或要点，也有助于对方回答问题。

第三，字斟句酌，问得恰当。具体来讲，一要选择恰当的词语。如柜台售货员问顾客："您要看点什么？"这里，用"看"比用"买"或"要"更得体，更能体现出对顾客购物自由的尊重。二要选择恰当的句式，问句按句式分，包括是非问、选择问、一般问、特殊问等。如有家咖啡店，如果买可可饮料可以加鸡蛋，服务员通常问顾客："要加鸡蛋吗？"后来，一位人际关系专家建议他们改问："要加一个鸡蛋，还是两个鸡蛋？"结果，这家咖啡店的生意更好。因为这个选择问句会促使顾客做出必然选择。三要调整词语顺序。如在二战后，日本许多商店因人手奇缺，想减少送货任务。为了达到目的，同时又不违背文明服务的规则，有的商店就将"是您自己拿回去呢，还是给您送回去呢？"改为"是给您送回去呢，还是您自己带回去呢？"结果大奏奇效，因为这种选择问句更强调后者。

此外，在对外交往中，有些中国人习以为常的交谈方式，对西方人却绝对行不通。根据实践，有人归纳出与西方人交谈有八个"不能问"。即：年龄不能问，西方人大多希望自己永远年轻，对自己的实际年龄讳莫如深，妇女更是如此；婚姻状况不能问，尤其是对异性，更不能打听其婚否，否则有"过分关心"之嫌；家庭状况不能问，它会使独身者、离异者尴尬；经济收入不能问，因为它与个人能力、地位有关，对方会认为你是在调查他；住址不能问，按西方人的习惯，把住址告诉别人，意味着请人上门作客，而他们通常不喜欢随便请人上门的；个人经历不能问，因为这个问题难免会涉及个人隐私，会影响个人在社交场合中的地位和形象；工作及职业不能问，这在西方会被认为是爱窥探他人隐私的无聊表现，会引起对方的反感；宗教信仰不能问，在西方，宗教信仰和政治见解都是非常严肃的话题，泛泛之交，还是免开尊口。

(2) 应答的技巧

第一,提纲挈领,直言作答。用简练的语言直接回答对方,不仅会给人留下深刻印象,而且可以帮助双方更好地理解、沟通。

**范例** 范徐丽泰任香港特别行政区临时立法会主席时,一次记者问她:"你从政这么多年,感受最深的体会和经验是什么?"范徐丽泰答道:"我从政多年,有起有落,有时候很多人认同我的看法,有时候不少人批评我的做法,而且有人是有意抹黑我,所以,苦我尝过,甜也尝过。可是对我来说,这都是我人生的一种经历。我之所以参与社会服务,并非为了个人名利,我一向的感觉就是,我住在这个地方,我是中国人,当然希望香港好,中国好。所以,我做事情一般都不是因为自己喜欢做或不喜欢做,而是因为我应该做,有一种责任感和使命感在驱使我,我觉得最重要的就是我已经尽了我的能力,尽了我的责任,承担了一个生活在香港的中国人应该承担的责任。"这样对答,必将给人留下深刻的印象。

第二,突破控制,机智应答。一般来说,问在交谈中处于主动地位,提问人总是用疑问词语和句式来对被问人的回答进行控制。因此,妙答的实质就在于积极突破这种限制,掌握说话的主动权。

**范例** 有人问哲学家梅内德谟:"你是否停止打你的父亲了?"提问者想使他陷于困境,不管他的回答是"是"还是"否",在这里都是有危险的。如果说"是",那么他就是打过他的父亲;如果说"不是",那就意味他还在打他的父亲。结果,梅内德谟机智地答道:"我从来也没有打过他。"这样,他就突破了问话的控制,显得机智幽默。

第三,承接问话,巧妙对答。接过问话,然后将它的词语、句式稍加改动,造成与问句的词语结构相近,内容却有利于自己的效果。

**范例** 有人问一位党委书记:"你是怎样一下子成为党委书记的?"这位书记答道:"我是先成为共产党员,然后成为党委书记的,不是一下子,而是两下子。"这样对答,机智幽默,也摆脱了尴尬的被动局面。

第四,李代桃僵,避而不答。选择一个与所提的问题相邻近的话题作答。

**范例** 周总理去世前在病床上接见的最后一位外国客人是泰国前总理克立,克立问总理:"为什么您将'为人民服务'的纪念章换成毛主席的像章?"周总理答道:"看来,克立先生对中国的像章很有兴趣。我知道您想要我这枚像章,送给您好了。"其实,这也是婉言拒答的一种方式,含有答非所问的意思。

第五,避实就虚,反答为问。面对对方的尖锐提问,由于各种原因一时不便回答,采用反答为问,既可避免尴尬,又可在谈话中争取主动。

**范例** 物理学家法拉第有一次在大庭广众下做电磁学实验表演，有人问："先生，请问这有什么用？"法拉第反问："请问，新生婴儿有什么用？"这样以问作答，可以反客为主，变守为攻。

### (二) 交谈的注意事项

1. 注意倾听。倾听是起码的礼貌行为，也是交谈取得成功的基础。首先，要尊重对方，不能把听话看成是一种漫不经心的事情，应当充分重视对方的谈话。态度表情要自然，眼睛注视着对方，不左顾右盼，不随便打断别人话头。其次，要主动及时地做出反馈。通过点头、微笑、手势、体态、语言做出积极的反应，鼓励对方完整地表达思想。其三，要以聆听的姿态暗中察言观色，根据对方哪怕细微的体态语势并做出恰当反应，有效地驾驭和控制交谈，实现交谈的目的并拥有良好的人际关系。其四，要用心对声音信息进行辨析，对其内含的情感和思想进行正确地感受和理解。特别要注意对方话语中的委婉、隐含说法，靠经验和背景材料去揣摩，抓住真意，听出"弦外之音"。

2. 注意态度。在交谈中，人们的态度往往直接影响到谈话的顺利进行。首先，要有浓厚的交谈兴趣。试想，假如你对交谈本身就抱着冷漠的态度，对交谈的对象也毫不重视，那么对方怎么能满怀热忱地与你交谈呢？其次，要讲究言行举止的礼貌。要善于运用相关的礼节用语如称呼语、迎候语、致谢语、致谦语、告别语、介绍语等；遣词造句时要谦恭得体，恰如其分，多用委婉征询的语气；语态平易近人，亲切自然。其三，与人交谈，贵在推心置腹。俗话说："感人心者，莫先乎情。"只有用自己的真情，才能激起对方感情的共鸣，才能说到对方的心灵深处。与人交谈，要为自己的话负责，每句话要掷地有声，句句有用，句句有味。不说空泛、不着边际的话，不说浮夸油滑的话，不说似是而非的话。

3. 注意对象。话总是说给别人听的，正所谓"射箭要看靶子，弹琴要看听众"，交谈时的言语表达要看交际对象，要受对象的身份、职业、经历、文化教养、思想、性格、处境、心情等因素的制约。因此，在交谈过程中就应有针对性地确定交谈的内容和方式，做到因人施语，有的放矢。首先，要考虑对方的文化教养，抓住对方的职业特点或专长，来诱发话题，触动其心灵的热点，产生共鸣。其次，要考虑对方的情感心境。其三，要考虑对方的性别、年龄和个性特征。一般来讲，少年儿童求知欲强，猎奇心重，喜欢富于故事性、趣味性、知识性的交谈。年轻人往往对前途理想、婚姻恋爱、科学文化和娱乐体育的话题津津乐道。中年人多热衷于专业学术、社会新闻、家庭管理和人际关系的交流。老年人则对退休生活、健身长寿、文物古迹和书法诗画感兴趣。因此，在交谈形式、内容及用语上要有所区别。同时,不同性别不同气质性格的人在交谈方式、态度和语气上应加以区别。

4. 注意场合。环境也是一种“副语言”,它直接影响交谈者的心理状态。说话都要受由一定时空和交际情景有机组合的言语交际场合的影响和制约。场合一般分公开场合和私下场合、正式场合和非正式场合。交谈场合的选择要因人制宜、因事制宜。一般说来,关系较密切的人之间进行谈心、劝导应选择在优美的自然环境或优雅的家庭环境中进行,这样显得轻松自如,无拘无束。同时要注意排除干扰,比如,不要小孩哭闹,不要开电视、音响等,防止分散注意力,打断交谈。重要的公务交谈,如谈判、协商等,一般宜选在正规的庄重场合进行,也要注意不要被电话、部下请示工作等干扰。正式的重要的谈判还要注重双方“主”、“客”心理,通常选择中立国(中立地区),或轮流在双方地域举行,避免因地点造成不利形势。

## 强化训练

**【训练要求】**

按照各项训练的具体要求与步骤进行,要精心准备,及时总结,学以致用。

**【训练指导】**

教师可组织学生以学习小组为单位进行,由每个学习小组推举代表抽取相应的练习,并组织本小组成员按照题签要求准备,然后在全班进行训练交流,并按照相应的训练要求进行自评与互评。

学生可根据自身实际,有针对性地进行练习,一定要将课外练习与课上演练结合起来。

**训练一** **请为自己的姓名设计一个巧报家门的方法。**

**训练二** **预设情景训练。**

在下列社交场合下,你该怎样作自我介绍:

1. 在学生社团纳新会上
2. 在学生会干部竞聘会上
3. 在学院主持人大赛上
4. 在人才招聘会上
5. 在企业新员工欢迎会上

**训练三　预设情景训练。**

根据下列规定情景(也可根据实际自行设计),由同学扮演不同的角色,使用相关的技巧进行训练。

1. 学生小D因聚众设赌受到记过处分,学校责成班主任李老师通知家长来校面谈。小D的父母曾是李老师的中学老师,他们对小D要求很严,期望颇高,多次嘱托李老师严加管教,使其成材。李老师设计了几种谈话开头,都觉不妥。请你为李老师设计这次艰难的谈话。

2. 一位同学平时学习努力,自律严格,成绩很好。可是最近一段时间表现异常,经常迟到,上课分心,数学测验差点不及格。他本人也知道自己退步明显,心中有愧,处处回避这个话题。如果你是他的朋友,很想帮助他,你打算怎样和他谈?

3. 有位同学报名参加《大学语文》自学考试。另一位同学嘲笑他:大专语文没学好还要学大学语文。这位同学很生气,两个人争论起来。恰巧你在场,双方请你评说。请使用交谈技巧解决分歧。

4. 有位同学和家里人闹别扭,回到学校心里闷闷不乐。一位热心的同学很想安慰他,就一个劲地刨根问底。那位同学感到有点为难,把心里的话说出来吧,觉得这是个人隐私不便告人;不回答吧,又担心别人误解,说到底对方是出于一片好心。假设你遇到这种情况,如何化解。

5. 甲同学原是A班后进生,最近在班主任的帮助下学习和纪律方面都小有进步,正当大家感到欣慰时,该同学又犯了过失。晚自习时,B班两位男生闹恶作剧,将一只死老鼠扔在A班一位女生的桌子下,堂上哗然。甲同学带着几位男生去B班讨"说法",险些引起两班间的事端,造成不良影响。假如你是那位班主任,设计与甲同学的交谈方案。

**训练四　创设情景训练。**

以介绍、交谈为主题,由各学习小组自行设计情节,假定各自身份,进入扮演角色,模拟实际情景,重点进行口语交际训练,并结合相应的语言技巧与注意事项进行点评。

## 项目2　拜访与接待训练

在社交活动中,拜访与接待是两种常见的形式。借助这种交际活动,人们达到彼此了解、沟通信息、加深感情、增进友谊的目的。

## 一、快意的心旅——拜访

拜访是指为了礼仪或某种特定目的而进行的访问、访晤。有礼节性拜访、工作性拜访、公关性拜访等。无论哪一种拜访中，都需要掌握一定的口才技巧和社交礼仪知识，这样才能使拜访成为快意的心灵旅行，而不是程式化的谋面或尴尬的接触。

### (一) 拜访的语言技巧

1. 拜见时的进门语。进门语就是同主人见面后的打招呼，具体要根据拜访的形式和内容而定。

(1) 初访时，往往比较慎重，打招呼要注意礼节，一般用这样的话："一直想来拜访您，今天如愿以偿了！""初次登门，就劳驾您久等，真不好意思！""真对不起，给您添麻烦来了。"

(2) 重访时，关系趋向密切，打招呼就不必多礼，一般只需简单地说一句："好久没有来看您了。"或者说："我们又见面了，真高兴。"关系密切者，不妨以玩笑的口吻说："我又来了，不招您讨厌吧！"

(3) 回访时，多出于礼仪或答谢，打招呼时一般可以这样说："上次劳驾您跑了一趟，我今天登门拜谢来了。"或者说："上次托您办事，一定给您添了不少麻烦，今天特地登门拜谢。"

此外，礼节性拜访大多与唁慰、祝贺、酬谢等有关，进门语要与唁慰、祝贺、酬谢的内容联系起来，如"听说您生病住院，今天特地来看望您。"又如"好久不见，借您走马上任的东风，给老朋友贺喜来了。""听说您的儿子已被××大学录取，特地赶来祝贺！"等。

2. 晤谈前的寒暄语。晤谈同一般的交谈无多大区别。但拜访他人，特别是有求于人的拜访，一般而言，切不可直奔主题，开口便提问，张嘴就求人，而应该有些融洽气氛的寒暄，以引起被拜访人的好感和兴趣，然后再慢慢引到自己拜访的目的上来。寒暄语就是指宾主坐定以后相互之间表明友好态度的应酬话，主要有以下几种：

(1) 问候式寒暄。日常生活中最常见的一种寒暄方式。多由问候语组成，这类话语有时并无太多的实际意义，只表示一种礼貌和关怀。常见的如：

你(您)好！

好久不见，最近在忙些什么？

你的身体好些了吗？

最近天气热，多注意休息。

老太太身子还硬朗吧？

（2）赞扬式寒暄。以赞美对方的衣着、气色、学业、工作业绩、孩子等为话题的见面话语。这样的寒暄能使对方心情愉快，感觉良好，极易创造出一种愉快、和谐的交际气氛。常见的如：

你穿这套牛仔装挺合适，看上去特精神！

你写的那篇文章昨天见报了，还是头版头条呢，真不简单！

这些天你的气色好多了！

这是你的孩子呀，都长这么高了，还挺机灵！

（3）致谢式寒暄。指别人提供了服务或帮助时，以致谢的方式与他人的寒暄。常用的致谢语有“谢谢”、“谢了”、“非常感谢”和“十分感谢”等。传统致谢语还有“有劳你了”、“难为你了”和“劳你费心了”等。

（4）即景式寒暄。指以身边的人和事作为话题而进行的寒暄。如宴会上你可以说：“今天的晚餐很丰盛”，在家中可以说：“这房间布置得很有特色”。也可以根据对方的特点来寻找一些的话题，如“哟，浇花啦？”或“这么晚才吃饭呀？”等。还可以对方感兴趣的事作为寒暄语。如对方喜欢音乐，不妨先与他谈谈贝多芬、莫扎特，谈流行歌曲、当红歌星等。只要你对音乐略知一二，你们很快就有了共同的话题，就会由寒暄进入晤谈。如果你对音乐不在行也不要紧，可以趁机向对方求教，这样既显得你谦逊有礼，又可学到音乐知识。

（5）攀认式寒暄。指以攀认的方式作为话题而进行的寒暄。如“听说你是××大学毕业的高材生，说起来我们还是前后校友呢！”或“我曾在你的家乡工作过好几年，我们算是半个老乡呢！”这样，交际双方很快就能找到共同点，增加双方的亲和性，为进一步交往奠定良好的基础。

3. 告别时的辞别语。辞别语即拜访结束后的告别语。辞别语的使用有以下几种：

（1）同进门语相呼应。如进门语为：“上次托您办事，一定给您添了不少麻烦，今天特地前来拜谢。”辞别时可说：“再见，再次感谢您的帮忙。”又如进门语为：“初次登门，就劳驾您久等，真不好意思。”辞别语可说：“今天初次拜访，十分感谢您为我花了这么多时间。”

（2）表示感谢，请主人留步。客人在辞别时，应对主人的热情款待表示谢意，并请主人留步。如“十分感谢您的盛情款待，再见！”“就送到这里，请回吧。”

“这件事就拜托您了，谢谢！”等。

（3）邀请对方做客。客人告辞时，除对主人表示感谢外，还可邀请主人及家属（同事）做客。如“老同学，告辞了。什么时候也到我家坐坐！”或“欢迎到我们那儿去看看。”但要注意，邀请对方不可勉强。

（二）拜访的注意事项

1. 选择拜访时机。由于现代生活和工作节奏加快，人们的交往既表现得较为频繁，又较为封闭。拜访时要多为对方着想，做到既达到自己的拜访目的，又不影响对方。因此，选择什么时机去拜访是必须慎重考虑的问题。具体来讲要注意：

第一，要选择恰当的时间。拜访应在对方有时间接待时进行。若是去对方单位拜访，应当选在上班时间，不要在快要下班的时间去拜访，以免影响拜访效果。若是去对方家中拜访，一般说来，清晨、吃饭、午休、深夜等时间都不宜登门拜访。还要注意提前预约，让对方有所准备，免得对方有事外出，或使对方措手不及。

第二，要考虑对方的心情。拜访应在对方心情愉快、平静悠闲的精神状态下进行。当对方家中有事或身体不适、心绪不佳时，应取消拜访或另择时日，或尽快结束拜访，不要当一个不识趣、不懂眼色的拜访者。

2. 节制晤谈内容。拜访是对他人私人空间或工作空间的造访，不可占用主人太多的时间。一般来讲，工作性的拜访，在简单的寒暄后，客人就应说明来意，得到答复后即可离开。私人性的拜访，寒暄的时间可能要长一些，个人化的话题要多一些，但交谈的时间一般也应以半个小时为宜（朋友之间的随意性拜访除外），以免占用主人过多的时间。千万不要东扯西拉，没完没了；也不要谈主人不感兴趣或是对主人犯忌的话题。否则，既可能影响拜访主旨的表达，又可能出现“言多必失”的情况，最终会影响拜访目的的实现。

3. 注意言行举止。人们常说，听其言还须观其行，主人对客人的印象来自听觉和视觉两个方面，因此，拜访时一定要注意自己的言行。具体来讲：

第一，注意体态。拜访别人，举止要文明，不得指手划脚。切不可得意时手舞足蹈、不安时来回走动、痛苦时捶胸顿足、听主人说话时搓手耸肩或显得不耐烦等，这些都会引起主人的不悦，成为拜访的失败因素。只有文明、礼貌、得体、适度，才是拜访成功的前提。

第二，节制音量。登门拜访时，无所顾忌，高谈阔论，会搅扰主人的生活或工作，引起主人的反感。因此，谈话应降低音量，保持适度，千万不要敞开嗓门说话。

## 二、热情的邂逅——接待

在社交活动中，有拜访，就会有接待。俗话说："主雅客来勤。"完美地接待客人，既可以树立良好的形象，又可以使双方的情谊进一步加深。

### (一) 接待的语言技巧

1. 热情周到地迎客。古人云："有朋自远方来，不亦乐乎？"任何客人来访，都应热情周到地欢迎。作为主人，如果是事先有约的远方来客，应主动到车站、码头和机场迎接；如果是到家中或办公室来访的客人，应到门口迎接。

迎接客人时，一定要向客人展现亲切的笑容、柔和的眼神，并做礼貌、周全、热情的应答，如"欢迎，欢迎！""一路辛苦啦！""稀客，稀客，非常欢迎，快请进！"之类的欢迎语或问候语，使客人有受到礼遇、获得尊重、产生激情的感觉。

引导客人时，手势要优雅，一般来讲，视线要随着手动，手的位置在哪里，视线就跟着去哪里；语言要准确简洁，并注意危机提醒，如"请您注意，拐弯处有个斜坡"。进屋后，应让客人先落座，然后主人再坐下，以示尊敬。

2. 真诚友好地待客。迎来客人后，要正确地安排座次，一般会客室离门口最远的地方是主宾的位置。客人落座后，马上要奉茶，奉茶时，茶不要太满，以八分满为宜；水不宜太烫，以免客人不小心被烫伤。

客人来访，一般都会有事相商，主人不要急于询问客人来访的目的，应该等客人主动开口。同时要注意维护好会客环境，保持友好的交谈气氛，避免不礼貌的言谈举止，如责骂他人、互相争执，表现得没有礼貌；频频看表、四处张望，表现得心神不宁；掏耳朵、修指甲，表现得漫不经心等。如果自己确有急事外出，应客气地对客人说："真不巧，我有点急事，您坐，我去去就来。"如果遇上健谈的客人，久坐不走，不要有不耐烦的表示，应巧妙地向客人暗示，如让家人安排小孩就寝，询问客人"天晚了，路好不好走"等，客人自会明白主人的意思。

3. 谦恭有礼地送客。客人如要离去，先要诚恳挽留，如客人执意要走，则不必强留，应起身礼貌相送。如果是在家会客，必要时应邀约家人热情相送；如果是在单位会客，必要时应全员送客。如果是贵宾、远客，应送至车站、码头或机场；如果是一般客人，也要送到门口、电梯口、车旁、路口等。

客人离别时，应提醒他们检查一下该带的东西是否都已带好，分手时应说一些诸如"慢走""走好""再见""欢迎再来""经常来玩""一路顺风"一类的话。

送别客人时，如果是送客至门口，要目送客人离开后再回转，回屋关门时，声音要轻，否则客人听到会产生误会；送客至电梯口，在电梯门关上之前，都要对客人注目相送；送客至车子旁，等车子开走后才可离开；送客至车站、码头，等车船开动并消失在视线以外后再返回；送客至机场，应待客人通过安检处后再返回。如果有很特殊的原因不得不提前返回，也应详细向客人说明理由，请客人谅解，否则，将被认为是失礼行为。

### （二）接待注意事项

1. 迎客要做好准备。当接到客人的来访预约时，应该根据来访者的个性、年龄、性别特征以及来访目的等，做一些适当的准备。从物质方面说，要适当清扫房间，调整服饰打扮，准备糖果烟茶，必要时，还需准备饭菜等。从精神方面说，要调控好自己的心情，做好情绪准备，用满腔的热情迎接来访客人。

2. 谈话要因人而异。来访的客人在年龄、性别、文化层次、职业以及来访目的等方面都各不相同，这就要求主人要具备与各种不同的来访者侃侃而谈的本领。首先，作为主人应尽快弄清来访者的意图，以便迅速确定谈话话题，顺应客人的心愿，给客人以愉快的感受。相反，不了解来访者的意图，谈话就可能出现“话不投机”的尴尬局面。其次，要在语速、音量、用语等方面因人而异。如与老年人交谈，应注意音量稍大，语速稍慢；与小朋友交谈则应轻言细语；与文化层次较高的来访者交谈，则应使用文雅的语言。

3. 待客要一视同仁。对于来访者，无论是事先有约还是无约，无论是熟人还是生人，无论是业务关系还是友人关系，都要一样看待。

## 三、特殊的拜访与接待——接打电话

随着科技的发展和人民生活水平的提高，电话已经成为人们普遍使用的、最主要的通讯工具。使用电话交流，不仅简便快捷，而且还能节约时间和金钱。因此，在信息时代的今天，电话交流已经成为人际交往中的一个重要组成部分。为了提高电话的使用效率，我们必须具备一定的口语技巧。

### （一）打电话的技巧

1. 接通电话要礼貌有节。当电话接通后，应礼貌地询问对方，“请问，您是×先生吗？”“请问，这里是××单位吗？”待对方肯定答复后，马上作自我介绍。如果是你拨错了号码，给对方带来了麻烦，应该向对方道歉，然后挂断电话。如果你要找的人不在时，也不宜“咔嚓”一声把电话挂了，以免受话人得知有人来过电话，又不知道是谁的，造成悬念和不安。礼貌的做法是把自己的单位、姓名、电话号码告诉接电话的人，请他转告你要找的人。

2. 通话交流要简明扼要。与人通话时，应尽量长话短说，简洁扼要。重要的事项可预先做成记录，并在心底默念一番，待正式拨通电话时，就能有备而谈，不至于乱了头绪而说不出口。除非有重要的问题需反复强调解释，否则应尽量遵守“通话三分钟原则”。如果你在通电话的中途必须跟身旁的人讲话，那么应先向通话的对方抱歉一声，再用手遮住受话器，这种中断的时间越短越好，同时别忘了，即使你遮住了受话器，对方仍旧可能听到，所以不要说些引人误解的话。

3. 结束通话要尊重对方。通话结束后，不宜不明不白地将电话挂了，而应该礼貌地说声“再见”，这是通话结束的信号，也是向对方表示尊重。如果身旁发生了什么事，必须挂断电话时，应先简短道歉或解释一下再说“再见”。假如你告诉对方，你等一会儿再打电话给他，那你就要尽可能快点打过去，不要让对方一直等。

### （二）接电话的技巧

1. 接听电话要迅速及时。一般应在铃响二至三次的时候接听并立即打招呼，可讲：“您好，我是××。”或“您好，这里是××（单位）。”如果振铃多次才接电话，应立即表示歉意：“对不起，让您久等了。”

接听固定电话，如果受话人正忙着，应立即告诉来电话的人留言或以后再打电话来；如果受话人不在，可向对方做充分的解释，如“很抱歉小张刚走出办公室。”或者说：“您愿意等一会儿呢，还是让我告诉他给您去电话？”除非得到允许，最好不要说：“他在开会，不能打扰他。”或“他不在家，我不知道他现在在哪儿。”应尽量使用以下回话方式，对方比较容易接受，如“现在不在办公室（家）。”“他正在办公室（家里）和人谈话。”“他在开会，可能要开到×点。”“他出去办点事，一会儿就会回来。”“我帮您留句话好吗？”“我告诉他给您去电话，好吗？”如果来电话的人要留言，就要准确地记下日期、来电话人的单位、姓名及电话号码，为了准确无误，要将这些内容在电话里重复一遍。

使用移动电话，除特殊场合，比如飞机上或正在开车、开会、动手术、讲课、表演、会谈以及参加各种仪式时，一般情况下都要保持开机状态，以便及时接听；在公共场所，比如参加报告会、研讨会、宴会、音乐会、听证会或是参观博物馆、展览馆，以及在医院、图书馆、公交车、办公室等处时，应将手机调到静音或振动状态，如果当时不便接听，一有空闲，就应及时回话，说明原因并致歉。

2. 通话回应要积极谨慎。在通话过程中，要仔细倾听对方讲话，为了表示已经听懂，应及时地用“嗯”“对”“是”等语言给对方以积极的反馈。如果聆听对方谈话，没听清楚，应礼貌地打断对方，请他再讲一遍，“对不起，我刚才未听清楚，麻烦您再讲一遍，行吗？”如果你不能确定来电话的人是什么身份，有什么意图，他所需要的信息是否可以提供，那你可以这样回答：“让我查一查再给您回电话，怎么样？”“我得跟×先生商量一下才能决定下来。”

3. 通话完毕不要急于挂断电话。通话完毕后要说“再见”“谢谢”，要让对方先结束通话，切不可不耐烦地把话筒扔回原处或随便挂断电话。

### （三）电话交流的注意事项

1. 吐字清晰。根据社会学家的研究，有55%的信息是通过表情、身体、手势等态势语传达的，但是在接打电话时，却只能用声音来传达信息。在电话中，有许多字的发音是相同或相近的，为不使听者产生误解，一定要注意吐字清晰。咬字要清楚，吐字要比平时略慢一点，声音要清脆悦耳，语气要亲切自然。必要时，可把重要的话复述一遍，交待地点、时间时要仔细。要对准话筒说话，声音太大、太小、太粗、太细，都会影响谈话效果。此外，正在吃东西时，绝不可边吃边打电话，拿话筒前先把食物咽下去，才会口齿清晰，不致造成差错。

2. 语调从容。接打电话是一个只凭声音传达意思的过程，通电话时，微笑、手势和别的种种传送情意的方法都不发生作用，语调成了惟一的工具。与对方谈话要像在一个房间里一样，要用那种最能表达你个性的语句和音调。此外，以祈使句、疑问句替代陈述句，语言效果也会好得多。如将“经理在开会”换成“经理在开会，请稍等”或“经理在开会，请等一下好吗？”听来更诚恳可亲。当你心情不好时，要特别注意语气和声调。因为情绪不佳，说话的语调往往会生硬、呆板，而对方又不知道你的心事，容易引起误会。有时事情很急，你希望能用最简单的语言、最快的速度解决问题，这时，也往往容易忽视语气与声调的控制，结果往往会适得其反。当对方听不清发出询问时，要耐心地回答，切忌不耐烦，始终要给人以和蔼、亲切的感觉。

3. 把握时机。拨打电话必须讲究时机，一般情况下，拨打公务电话，应尽量在工作时间打到对方单位，并且要注意避开早晨上班后1小时和下午下班前半小时，因为这段时间，人们要么比较忙，要么急于下班，通话的效果通常不会好。给同学、同事、朋友家里打电话，应该在早晨8点钟以后，晚上10点钟以前，还要避开对方吃饭与休息的时间，除非有重要的事情需要告知或商量。如果一次通话时间可能很长，就应先说出你要办的事，并询问一下：“您现在和我谈话方便吗？”假如这时不方便，就和对方另约一个时间再谈。

4. 控制时间。特别是在工作中打电话，有一条“3分种原则”，即在打电话的时候，说话者应当自觉地、有意识地将每次通话的时间控制在3分钟之内，千万不能如泄堤之水滔滔不绝。为了做到这一点，可以在打电话之前，先将自己要说的事情梳理好，然后再有条理、准确地说出来。

## 强化训练

**【训练要求】**

按照各项练习的具体要求与步骤进行，要精心准备，及时总结，学以致用。

**【训练指导】**

教师可组织学生以学习小组或同桌为单位进行，抽取相应的练习，并按照题签要求认真准备，然后在全班进行交流，并进行自评与互评。

学生可根据自身实际，有针对性地进行练习，一定要将课外演练与课上演练结合起来。

**训练一　推演讨论。**

在下列情景下，你该怎么办？

1. 当你如约到同事家登门拜访时，刚到门口就听见里面在争吵……

2. 你去拜访朋友，在友人家中，好客的女主人给你端上一杯茶，正当你端起要喝时，却发现杯中有根头发……

3. 有位朋友到你家串门，天很晚了，你也很困，他（她）却没有离去的意思……

**训练二　预设情景训练。**

根据下列规定情景（也可根据实际自行设计），由同学扮演不同的角色，使用相关的技巧进行训练。

1. 几名关系非常要好的中学同学，现在不同的学校读书，到中学班主任家拜访，交流各自的学习情况。

2. 两人是老邻居，因搬家分别已有几年，此次拜访是为重叙友情。

3. 学校委派你到专业对口单位联系见习事宜，你不认识那里的经理，只知道其名，不认识其人，请你带一名助手协助你完成这项任务。

**训练三　创设情景训练。**

以拜访、接待为主题，由各学习小组自行设计情节，假定各自身份，进入扮演角色，模拟实际情景，重点进行口语交际训练，并结合相应的语言技巧与注意事项进行点评。

## 项目3 赞美与批评训练

在人的一生中，取得成绩时需要有真诚的赞美，犯了错误时需要善意的批评。赞美是鼓励，批评是督促，二者缺一不可。

### 一、生命的阳光——赞美

赞美，是指一方给予另一方的称赞和表扬。喜欢听赞美似乎是人的一种天性。当来自社会、他人的赞美使其自尊心、荣誉感得到满足时，人们便会情不自禁地感到愉悦和鼓舞，并对赞美者产生亲切感，这时彼此的心理距离就会缩短、靠近，自然也就为交际成功创造了必要的心理条件。心理学家威廉·詹姆斯曾说过："人类本性上最深的企图之一是期望被钦佩、赞美、尊重。"掌握恰到好处地赞美别人的语言技巧是一个人交际能力成熟的标志。

#### （一）赞美的技巧

1. 以小见大。从细微处发掘被赞美者身上那些潜在的、难以被人看到的亮点，并给予真诚的赞美，往往会收到意想不到的效果。

**范例** 有一次，几位朋友到小林家聚会，有人带来了一位新朋友孙女士，作为主人的小林自然过来招呼，与她坐在一起。初次见面，寒暄过后一时无语，但很快小林就发现孙女士虽然说不上漂亮，可她的皮肤特别白嫩，光彩照人。于是，小林羡慕地说："您的皮肤真美，又白又嫩还有光泽，配上这荷花色的旗袍、银灰色的小天鹅胸针，时尚而不俗气……"话刚说完，孙女士眼里一亮，两人从保养皮肤谈起，聊得十分投机。小林从细微处去赞赏对方的审美情趣，别具一格又切合实际，让人从中感受到赞美者的用心和诚恳，友谊的大门也就因此打开。

2. 比较达意。用一些美名远播的人和事同你想要赞扬的对象作比较，找出两者的共同点去赞美，这样的赞美话显得自然而内涵丰富。

**范例** 有一次，当教师的小秦拜访一位刚刚结识的同行。这位刘老师因自己家窄小简陋而面有尴尬之色，连说“家里太简陋……招待不周”之类的话。小秦觉得他家虽不宽敞，但藏书颇丰，让人仿佛置身于浩瀚文海；窗台上那盆君子兰含苞待放，令人心旷神怡。小秦恳切地说道：“你这可太谦虚了。当年陶渊明‘采菊东篱下，悠然见南山’，刘兄是‘养兰窗台上，南山在心间’啊，虽说起居简单却别有一番清雅格调。而你这儿也是藏书丰富的书香之家，‘斯是陋室，惟吾德馨’，何陋之有呢？”刘老师非常高兴，两人打开话匣子，畅谈起来。小秦把刘老师的“养兰”与陶渊明的“采菊”作类比，夸赞了他的高雅情趣，又把刘老师的“书香之家”与刘禹锡的“陋室”作类比，赞美了他的高尚情操，话说得适合对方的身份和性格，显得自然贴切，恰到好处。

3. 设喻传情。用比喻的方法，表达赞美别人之意。只要比喻得当，话语就生动形象，还常常会新颖有趣。

**范例** 张祥的朋友大同和小玉经过五年的“苦恋”，终于修成了正果，走进婚姻的殿堂。在他们的婚宴上，张祥举杯祝酒时，风趣地说：“当年这对新人初识时，就像两只虫！”一语既出，满座皆惊，就连新人也不由地一愣。在这大喜之时，怎么不恭维几句吉利话？张祥却不慌不忙地接着说道：“不过他们不是普通的虫，而是两只‘春蚕’。古人说‘春蚕到死丝方尽’，祝你们像春蚕一样把思念进行到底，忠贞不二！蚕是要化蝶的，祝你们像两只彩蝶，在百花丛中翩翩起舞，永远快乐！”大家鼓掌喝彩，一对新人格外兴奋。张祥打了个比方，贴切新颖，将千人一腔的套话讲得起伏跌宕，皆大欢喜。

4. 明贬实褒。即正话反说，表面上看是否定，其实是在逆向地肯定和赞美。这种讲法会给人出其不意之感，比正面的褒扬更能让人铭记在心。

**范例** 朱大姐是公司的出纳，“公司十大突出贡献人物”候选人榜上有名。公示榜出来后，员工们在榜前议论纷纷，朱大姐是工会委员，也来到人群中听取意见。供销处的小吴当着朱大姐的面就提起意见来：“朱大姐，你呀，真是铁公鸡——一毛不拔哇！我去年出差去深圳，赶时间买了一张软卧票，回来后硬抗软磨，你这铁公鸡就是不给报。你老公王处长，去上海接客户，开洋荤住了一晚总统套房，回来后还是被铁公鸡卡住了……我们供销处对朱大姐相当不满意呀！”大家一听都乐了，七嘴八舌夸起朱大姐坚持原则的好作风来。小吴正话反说，明贬实褒，以这种方式说赞美的话，显得诙谐、别致，平添了许多生活情趣。

### （二）赞美的注意事项

在交谈中，赞美是取悦对方，与对方保持良好人际关系的重要手段。但是，不恰当的赞美不但达不到说话者的预期目标，反而会起到相反的作用。

1. 真挚中肯，忌虚情假意。赞美要发自内心，出语真诚，让别人觉得你是真心地夸赞，不虚伪，不客套，这样才会有好的效果。如果在赞美中，使用一些空话、套话，如“久仰、久仰”，“久闻大名，如雷贯耳”等，让人一听就知道是客气话，不是真心实意，用这样的话去赞美别人，没有多大用处。

**范例** 小张和小陈一起去拜见某教授。小张一见教授就说：“久闻您老的大名，您老真是才高八斗，学富五车。”教授笑眯眯地反问：“你说说看，我有哪八斗才，哪五车学？”小张闹了个大红脸。小陈对教授说：“我拜读了您老的很多著作。您老的新著《中国当前文化之批判》非常深刻，非常及时。当前这种拳头、枕头文化充斥市场的现象，是要好好地反思一下了。”教授一听，来了兴趣，大有相见恨晚之感，马上和小陈去进行学术讨论去了。赞美一定要赞到实处，说得非常具体，这样才会使人觉得你说的是实话，是真的认为他不错。

2. 实事求是，忌泄露隐私。赞美他人应当实事求是，一定要经过认真考查，全面了解，深思熟虑，力求客观公正，不夸大，不缩小，做到平理若衡，言之凿凿，这样才能让人心服口服。同时，每个人都会有自己不愿为他人知晓的难堪的往事，有的人在赞美自己所熟悉的人时，往往喜欢把人家的过去与现在进行反比，本意是想赞美人家有一个天翻地覆的变化，但对被赞美的人来说，把自己不光彩的往事暴露在别人面前，总是一件不舒服的事。因此，在赞美时，最好不要去揭人家的老底。

**范例** 孙博士是家乡的骄傲，这个从穷山村里走出来的跨国公司的经理，在回乡探亲时，被邀请到家乡的最高学府做了一场报告。报告会后，地方政府要为孙博士接风洗尘，他的中学好友马老师也应邀作陪。在宴席上，大家对孙博士的才华和业绩赞不绝口，马老师借着酒兴对大家说：“你们知道孙博士是从怎样的艰苦环境中走出来的吗？”大伙一听，忙请马老师说说。马老师说：“我和孙博士是一块长大的。他三岁死了父亲，母亲改嫁带他到我们那儿。他家里很穷，读书的学费基本上是学校、老师和同学们解决的。读高中时，由于没有生活费，他还在食堂里捡过剩馍吃，即使这样，他学习非常刻苦，高考时以全县第一名的成绩考入清华大学，后又赴美留学，终于有了今天。”孙博士听后，脸上红一阵、白一阵。大家一看气氛不对，连忙把话题岔开了。

3. 恰如其分，忌夸大其辞。赞美可根据不同的对象选择不同的题材。比如对年长者，可赞美他的健康、经验、知识、地位或成就；对同辈人，可赞美他的精力、才干、业绩和风度。又如初见面，则主要赞美其可见的外表或已知的实绩；在公共场合，则赞美对方那些可引起众人同感的品德、行为、外表和长处；到别人家中做客，则赞美其孩子的聪明、妻子的烹调手艺和家居布置等。但要把握好赞美的度，不要油嘴滑舌、大而无当地夸人。比如，赞美一个孩子时可说："你真是个好孩子，又听话，又聪明，还很懂礼貌，将来一定有出息。"这样就很有分寸。如果说："这孩子绝顶聪明，智慧过人，真是个天才，世上无人能比，将来必做大官、定成伟人。"这样的夸奖就过分了。同时，在赞美对方时，不要以为溢美之词越多越好，赞美程度越高越好。如果赞美被无限拔高，拔到一个连他自己也认为不可能的地步时，被赞美者不但不会相信你的赞美，反而会认为你在调侃他、讽刺他。如某人明明学习成绩不如人，你却说他"名列前茅，百里挑一，才智过人，聪明绝顶"。这必定会让他反感，认为你是在讽刺他，别人听了也不服。

4. 措辞得当，忌比较不当。在赞美时，人们常常利用正比，即用历史上和现实中非常突出的人来与被赞美者相比说明他们差不多；或利用反比，即被赞美者与某人相比，差得很远，以此来突出被赞美者。但无论是正比还是反比，一定要注意所选对象有无问题，措辞是否得当。

**范例** 小刘出席一位青年作家作品研讨会，出于对作家妻子甘当贤内助的敬佩，不禁赞美道："你俩真像诸葛亮夫妻，男的才华横溢，女的相夫教子，天生的一对啊。"丈夫听后倒还没什么，女的一脸尴尬。小刘一见，大惑不解，难道说还有人不喜欢赞美吗？这时，旁边一人悄悄说："人家长得蛮不错，你怎么说像诸葛亮的妻子一样丑呢？"小刘这才恍然大悟。

## 二、人生的镜鉴——批评

批评是一种艺术，其出发点在于如何让对方虚心接受劝告，正确地行事，同时也使自己的人际关系更加和谐。"忠言逆耳利于行"这句话经常被用来告诫人们要虚心接受批评，不应计较批评的方法。作为批评者，要使自己的批评为被批评者所接受，做到忠言不逆耳，需要讲究批评的语言技巧。

### (一) 批评的技巧

1. 渐进式批评。逐渐输出批评的信息，有层次地进行批评。这样可以使被批评者对批评逐渐适应，逐步接受，不至于一下子"谈崩"，或因受批评而背上沉重的思想包袱。

**范例** 1949 年 9 月，陈毅作为上海市市长到北京参加政协会议，由于住房紧张，他主动从豪华的北京饭店搬出来，把房子让给傅作义将军，自己住进了陈旧的小平房。他还代表上海市赠给傅作义两辆名牌小汽车。这在部队引起很多议论，人们说："这些大战犯不杀就便宜他们了，凭什么腾房子、送汽车?"陈毅听到后，在一次会议上批评这些同志说："我的老兄老弟们，要我陈毅怎么讲你们才懂啊！我陈毅不住北京饭店，照样上班，照样骂人！他可不一样了！你们知道不知道，傅先生到电台讲了半小时话，长沙那边就起义两个军！为我军减少了很大伤亡！让傅先生住了北京饭店，有了小汽车，他就会感到共产党是真心交朋友的。"他越说越冒火，用手指敲着桌子道："我把北京饭店让给你住，再送你十辆小汽车，你能起义两个军？怎么不吭声呢?"他的火气出完了，又心平气和地说："我们是共产党嘛，要有太平洋那样的胸怀和气量咧，不要长一副周瑜的小肚肠！依我看，要想把中国的事情办好，还是那句老话，团结的朋友越多越有希望!"陈毅先摆出事实，让战士们了解傅作义将军所做的贡献，然后表明自己的态度与观点，接下来细讲道理。对这样的批评，大家听后，不但没有怨气，反倒觉得一身轻松。

2. 提问式批评。提问形式能使人保持自尊，感到自身的重要，这样也就不会想到反击的。

**范例** 有位棒球教练在纠正选手动作时，不说"不对，不对"，而说："大致上不错，但如果这样纠正一下，会不会更好?"他并非否定选手，而是先加以肯定，再用提问的方式让其修正。这样，先满足对方的自尊心，然后再把目标提高。如果只是纠正、警告的话，只能引起选手的反感与对立。

3. 启发式批评。针对对方的错误，通过启发逐渐地"敲醒"对方，使其充分认识错误，达到批评的目的。

**范例** 小峰学习不求精，总是一知半解。妈妈对他说："以前我上学时，也同你一样，上课时全听会了，可课后没认真复习，结果一部分知识遗忘了。天长日久，新的知识不断增加，就感觉到基础薄了。后来，我在课后及时复习。结果，我的成绩在全班名列前茅。"小峰的妈妈举了自己的切身事例，让小峰自己领悟应该如何去做，从而达到了批评的目的。

4. 类比式批评。为对方提供活生生的例子，通过类比让其认识到错误的严重性，进而达到批评的目的。

**范例** 有位老师在上课时，看到两位学生趴在桌子上睡觉，就停下来说："听说有一个小企鹅，在跟它的师傅学垒巢时，总是爱把头和长长的脖子贴到地面上呆一会儿。它师傅问：'你这是干什么?'小企鹅回答：'我这是对师傅的礼貌。'由此我深受启发。有的同学，上课不注意听讲，总是喜欢把头贴在桌子上，可能这也是对老师的礼貌吧?”老师说完,全班同学哄堂大笑,那两位睡觉的同学满脸羞愧,上课再也不打瞌睡了。这位老师采取讲故事的方式,对错误的现象作了类比,取得了良好的效果。

5. **幽默式批评**。在诙谐巧妙的语言表达后面,潜藏批评、针砭、规劝的内涵,蕴含深刻的智慧与哲理,引人深思,发人深省,达到批评的目的。

**范例** 有位名作家应邀到某学校演讲,时间安排在下午第一节课,又是大热天,是学生最爱打瞌睡的时候。他一上台,就声明说:“在这闷热的午后,要各位听我这老头儿说话,一定会想打瞌睡,我想没关系,各位可以安心地睡。但是有两个原则要遵守,一是姿势要优雅,不可趴在桌上;二是不准打呼噜,以免干扰别人听讲。”语毕,全堂轰然大笑,瞌睡虫一扫而空。

6. **请教式批评**。以请教的方式消除对方因做错事而产生的过度不安和悔恨,营造一种心胸开阔、坦诚相见的良好氛围,给对方带来一种认同感,缩短与对方的心理距离,从而更容易接受你的批评。

**范例** 有个人在一处禁捕的水库内网鱼。远处走来一位警察,捕鱼者心想这下糟了。警察走近后,不仅没有大声训斥,反而和气地说:“先生,您在此洗网,下游的河水岂不被污染?”这番话令捕鱼者十分感动,连忙诚恳地道歉。若是警察当初责骂他,那效果就不一样了。

7. **提醒式批评**。人难免会因一时的糊涂而犯错误。很多人做错事都不是故意的,当他们做错事时,内心里也在反省,觉得抱歉、恐慌、不知所措。此时,如果你再批评指责他,那么他会因为你的谴责而羞愧难过,有的甚至从此一蹶不振,无法再树立自信。有时,不妨用温婉的语气提醒他以后要避免此类错误,也许会取得更不错的效果。如:“以后做事呀,你自己可要多加注意了。”“我想,下次你一定不会再犯类似的错误了。”这样,对方不仅会感谢你对他的信任,同时会感受到你的真诚,更重要的是有了改正错误的信心。

**范例** 美国一位著名的飞行员,经常参加飞行表演。有一次,他在进行完空中表演返回洛杉矶驻地途中,飞机的两个发动机在300米高度时突然熄火,他凭着熟练的飞行技术使飞机降落了。虽然人无伤亡,但是飞机遭到了严重损坏。着陆后,他立刻检查,发现是机械师把燃料加错了。于是,飞行员要见见这位机械师。

当时,这位年轻的机械师得知因为自己的过失造成了昂贵的飞机被毁,而且差点使三人送了命时,非常痛苦。当飞行员走近他时,他泪流满面,浑身发抖,他简直不能想象这位死里逃生的人会怎样惩罚自己的粗心大意。

可是，完全出乎他的意料，飞行员没有怒气冲冲地批评、指责他的失误，而是上前搂着他的肩膀说："我坚信你以后不会再这样做，我希望你明天为我的 F-15 提供优质服务，如何？"

这位机械师被感动了。后来，他不但没有再犯类似的错误，而且干得更加出色。

### (二) 批评的注意事项

1. 寓批评于赞美之中。在所有的语言中，赞美之辞通常被称作语言的钻石。寓批评于赞美之中，无异于在苦口的"良药"之外包上了一层糖衣，从而使听者顺利地接受劝说的信息。所以，在批评前先适当地褒扬对方，肯定其地位和成就，赞美其优点和长处，有助于克服交流中经常遇到的情绪障碍，使批评在比较和谐的气氛中进行，容易达到预期效果。或者，先在个别问题上给对方以严厉的批评，然后在主流问题上再给对方以充分的赞扬与肯定，同样能使被批评者感动。

**范例** 范承祚曾是我国外交部的一名翻译，一次参加周恩来总理的外事活动。总理及友人谈到中国的气候时，突然问范承祚："中国东南沿海的台风来自哪里？"范承祚嗫嚅道："台风来自台湾海峡吧。"周总理听完表情严肃起来，当着外宾的面批评道："我们外交部的翻译，需要学习历史和地理。哪有台风来自台湾海峡的道理呢？台风是来自菲律宾深海区域嘛！"眼瞧着范承祚的尴尬，周总理话锋一转，又说："范承祚同志是我的老乡，多次为我做翻译，我对他很了解。我今天这样批评他，并不是他平时的工作没做好。他还是积极的、勤奋的，为人很诚实。"范承祚事后回忆起这件事时说，总理的这堂"气象课"上得及时，使自己从此更加勤奋学习了，以免再乱弹琴。

2. 选择恰当的时机和场合。批评时机的选择和把握，是使批评收到良好效果的重要一环。一要在双方交谈比较融洽时再批评。批评前，可找一些双方都感到比较轻松愉快的话题闲聊，待对方感到比较亲近、投机时，再提出忠告或建议性批评。二要在双方冷静后再批评。当事人比较激动时，必须稍加等待。一方面批评者本身冷静下来，言词就会缓和，避免偏激；另一方面，被批评者冷静下来，可以比较客观、公正地反省自己，认识自己的错处。三要尽可能避免在大庭广众面前指名道姓地批评别人。此外，尽可能不要在清早批评他人。早晨是人的情绪与思维处于最佳状态的时机。批评会给对方心理上留下很不好的影响，甚至会影响对方一天的工作、学习效率。

**范例** 1952 年，周恩来总理率政府代表团抵达苏联，就我国"一五"期间苏联援建项目问题进行谈判。抵苏后，他把有关人员集中起来，逐字逐句讨论修改计划草稿。付印前，他又专门叮嘱一位同志把好最后校对这一关。但当周总理拿到稿子后发现仍然有差错，他并没有直接批评校对的同志。第二天，周总理来到代表团驻地与大家共进午餐时，特地与这位同志碰了杯，笑着说："罚酒一杯吧！"这么简单的一句话，既亲切又严肃，使这位同志内疚而又不会难堪，收到了"心有灵犀一点通"的效果。

3. 动机与效果要统一。从动机上说，批评者的出发点必须是善意的、真诚的，做到尊重、理解和信任被批评者，最好是对事不对人。一般不要这样说："我本来不想说的，可是……""说了你也许不高兴，但我又不得不说，所以……"应做到有的放矢，不可抓住一点不及其余，把别人说得一无是处，应把重点放在改善目前不足的方面。从效果上说，批评者不仅要考虑如何把正确的意见告诉对方，还要考虑对方能否接受你的意见，效果如何。否则，对方要么当面接受，过后照旧；要么表面同意，心底不服，甚至当面顶撞，无法下台。

4. 要因人而异，对症下药。批评他人要注意区分对象，采取不同的方法和语气。如对年轻人，要语重心长；对中年人，宜于旁敲侧击，点到即止；对长辈和上级，要巧妙提醒，含蓄委婉；对那些"老虎屁股摸不得"的不讲理者，要理直气壮，以正压邪，在严厉批评之后，再辅之以耐心说服。批评还要根据不同对象的特点，灵活采取不同的批评方式。如对性格外向的人要直言不讳，对性格内向的人则尽量做到和风细雨。

## 强 化 训 练

**【训练要求】**

按照各项练习的具体要求与步骤进行，要精心准备，及时总结，学以致用。

**【训练指导】**

教师可组织学生以学习小组或同桌为单位进行，抽取相应的练习，并按照要求认真准备，然后在全班交流，并进行自评与互评。

学生可根据自身实际，有针对性地进行练习，一定要将课外演练与课上演练结合起来。

**训练一 案例讨论。**

1. 一位同学学雷锋做好事，每天清晨在路口设立一个义务打气站，为过往行人的自行车打气，但因此也常常迟到。你对这种行为是赞成还是反对，还是兼而有之？为什么？

2. 餐厅的啤酒杯里发现了苍蝇，据说，6个国家的顾客各有不同的处置方法，你喜欢哪一种？为什么？

英国人以绅士的态度吩咐侍者："请换一杯啤酒来。"

法国人会将这杯啤酒倾倒一空。

西班牙人不喝它，只留下钞票默然走掉。

日本人令侍者把经理叫来，训斥对方："你们就是这样做生意的吗？"

沙特阿拉伯人则会把侍者叫来，说："我让你喝……"

美国人会向侍者微笑着说："以后请把啤酒和苍蝇分别放置，可让喜欢苍蝇的客人自行把苍蝇放在啤酒里，你觉得怎样？"

**训练二 案例分析**。

下面的几例批评方式好在哪里？

1. 1923年就任美国总统的约翰·卡尔文·柯立芝发现自己的女秘书工作上经常出现些小差错。一天，柯立芝看见秘书走进办公室，便对她说："你今天穿的这一套衣服真漂亮，更能显出你的美丽。"女秘书听完受宠若惊，脸都红起来了。柯立芝接着说："但我希望以后你打字的时候，对标点应特别注意一下才好，让你打的文件和你一样漂亮。"

2. 查尔斯·施瓦布是美国著名企业家。一天中午，查尔斯·施瓦布路过炼钢车间时，看见几位工人在吸烟，而在他们的头顶上方就悬挂着"禁止吸烟"的警示牌。于时，他走上前去，递给每人一支烟，然后诚恳地说："年轻人，如果你们能到外面去吸掉这些烟的话，我将非常感谢。"

3. 几个学生背地里抽烟，班主任说："抽烟有几大好处：第一，可以防小偷。因为抽烟会引起深夜剧烈咳嗽，小偷怎敢上门？第二，节省衣料。咳嗽的时间一长，形成驼背，衣服可做短一些。第三，可演包公。从小吸烟，长大后脸黄中带黑，演包公不用化装。第四，永远不老。根据记载，吸烟人的烟龄越长，寿命越短，当然别想老了。"

**训练三 规定情景练习**。

运用恰当的赞美技巧，当众赞美以下你所熟悉的人：

1. 你的同桌；

2. 你的朋友；

3. 你的男同学；

4. 你的女同学；

5. 你的班主任(辅导员);
6. 你的任课老师;
7. 你的父母;
8. 你的兄弟姐妹;
9. 你自己。

**训练四　创设情景训练。**

以赞美、批评为主题,由各学习小组自行设计情节,假定各自身份,进入扮演角色,模拟实际情景,重点进行口语交际训练,并结合相应的语言技巧与注意事项进行点评。

## 项目4　说服与道歉训练

在日常生活中,由于阅历、年龄、职务、身份等各方面的不同,往往造成人们对事情、问题的认识与看法也会不一致,甚至产生矛盾,这时就需要说服。当人们自己做错了事,就应及时承认,及时道歉。

### 一、拂面的春风——说服

说服是指使人动摇,改变、放弃自己原有的主张或意见,从而同意、接纳、服从他人的主张和意见。

人们在大多数情况下总是趋于坚持己见,不愿意自己的意志被别人所左右。因此,说服别人时,应该特别注意语言表达的艺术性和技巧性,真正让对方心服口服。

#### (一) 说服的技巧

1. 以退为进。就是用退一步的方法,避开正面,迂回出击,先消除了对方的对抗情绪和排斥心理,然后再使对方接受自己的意见。这种方法常常可以收到意想不到的结果。

**范例**　楚庄王十分钟爱他的一匹马,但这匹马因过于养尊处优,太肥胖而死。楚庄王命令全体大臣为死马致哀，并要用一棺一椁装殓，按大夫的礼节举行葬礼。百官纷纷劝阻，庄王大动肝火，下令谁再劝阻，定判死罪。宫中有个叫优孟的人，进宫号啕大哭。庄王问他哭什么，优孟说："这匹马是大王最心爱的马，以楚国之大，什么东西弄不到！现在却只以大夫的葬礼来办丧事，实在太轻慢了！我请求用君王的礼仪来埋葬。"楚庄王一听甚为高兴，便问："依你之见，怎么个埋葬法呢？"优孟说："最好以雕琢的白玉做棺材，以精美的梓木做外椁。还要建造一座祠庙，放上牌位，追封它为万户侯。这样天下的人就知道，大王是轻贱人而贵重马了。"楚庄王一听，如梦方醒，说："我的过错竟到了这种地步！"

2. 当头棒喝。是指用严厉的言辞给执迷不悟的对方以逆向心理刺激，促使对方迷途知返，幡然醒悟，接受说服者的正确意见。运用这一技巧，一方面要把握好时机，该出口时才出口。另一方面应该把握好分寸，话说得过轻，太委婉，达不到预期的效果；话说得过重，太尖锐，也会适得其反，给对方造成不必要的心理伤害。

**范例** 村民张三的父亲进城卖菜，不慎被某村运输专业户的拖拉机撞成重伤，不治身亡。张三悲愤交加，一怒之下从家里拿了一把菜刀，要砍司机为父报仇，声称："杀了他，我也不活了！"这时，村长赶来喝道："你爸刚死，你也不活了，你死了，剩下你娘谁来养活？你忍心叫你老婆年纪轻轻守寡？孩子没爹？嗯？"听了这些话，张三一愣怔，菜刀"当啷"一声落了地，抱头大哭起来。村长缓口气劝道："司机小王一不是坏人，二不是仇人，他也是一时的闪失，加上你爹耳背……不管怎么说，出了事咋处理，咱得靠政府，按法律办事。眼下你应该好好安慰你妈，把你父亲安葬了……"

3. 衡之以利。就是权衡利弊得失，讲清利害关系。设身处地充分考虑对方的切身利害，在此基础上进行说服，才称得上是真正的通情达理，也更令人心悦诚服。

**范例** 某一百货公司与某一电脑厂家签订了购货合同，定于三个月内交货。但一个月后，该工厂见电脑价格大大提高，就想撕毁合同，将货高价卖出。这家百货公司的经销人员已经敏锐地觉察到了这个问题，立即派代表前来交涉，力争让对方履行合同。百货公司代表说："这次和贵厂打交道，我们是慕名前来的。三年前，不少公司就向我们提起贵厂，说贵厂经营有术，管理有方，产品品质优良，讲究信誉。在我们打交道的近两年中，我们已深刻认识到了这些。这次我方向贵厂订购的货物，是与另一家大百货公司合作经营的。如若我们不能按期提货给对方，就可能闹出问题，也许到时候就要劳驾贵厂出面为我方解释一下。我们的困难，想必你们是可以理解的。另外，我们是老朋友了，过去打了交道，将来还要合作，何况我们公司的分店正在逐渐增加呢！这次，我们双方虽然有一点风波，但我们是能够理解的。贵厂做事一向谨慎，若中断了我们之间的关系，其他新老客户也就不得不三思而行了，他们是不是会觉得你们不讲信用，难以合作，甚至与你们中断业务往来呢？那样，贵厂就得不偿失了……”虽然电脑工厂早就做好了迎战准备，但是百货公司代表的一席话却让他们最终改变了主意。

4. 事实说话。当一种观念进入心底很长时间时，有时外人用话语的确难以改变它，此时，可用事实这种最有力的武器。改变一个人对一件事的偏见，就要找到与他观念相悖的事实，自然而然地引进这个事实，并在时机成熟时阐述它，发挥它，使之真正成为你的有力论据。若要改变一个人对另一个人的偏见常常要难得多，但用同样的方法也可以做到，只不过需要更长的时间，更多的坚持，积累更多的事实。

**范例** 1961 年 6 月 10 日，周总理接见溥杰的夫人嵯峨浩时，了解到嵯峨浩的顾虑。嵯峨浩刚到中国，因为自己是日本人，又是伪满皇帝的弟媳，担心受到歧视。为了打消嵯峨浩的顾虑，周总理请三个人作陪，一位是老舍夫人，一位是京剧名旦程砚秋的夫人，另一位是照顾总理夫妇的护士。为什么请这三人？因为她们都是满族人。总理先介绍了三位陪客，然后讲了我们党的政策，讲中国各族人民都有平等的地位，不会受到歧视。如果没有三位满族人在场，以事实作证，嵯峨浩未必会相信总理，未必会去除偏见，打消顾虑。让事实说话，能让说话的声音更有力。

5. 诱其说“是”。即以征询的口气引导对方多说“是”，尽量避免让对方说“不”。有研究表明，当人们对事物作肯定回答时，全身放松，心情平和，这时更容易接受不同的意见；而作否定回答时，全身紧张，处于戒备和警觉的状态，这时就不易被说服。

**范例** 小王与小张是好朋友，最近因为一点小事闹翻了脸，小王的哥哥得知后对小王这样说道：

“他过去是不是你的好朋友？”

“是。”

“他是不是为人还不错？”

“是的。”

“他平素是不是很讲义气？”

“是的。”

“他以前是不是也曾帮助过你?”

“是的。”

“既然如此,你就不要计较那点小事了,大度点,去与他和好吧!”

6. 借题发挥。就是借助对方的话题,巧妙地加以引申,以发表自己的独到见解,使对方的话题为已所用,从而收到意想不到的说服效果。使用借题发挥的技巧,关键在于一个“借”字。话题是对方提供的,能否为己所用,关键在于能否从中找出共同议论的问题。在说服他人时,善于利用借题发挥的技巧,往往能使对方在不知不觉中走入你的“圈套”,使你的谈话更具说服力。

**范例** 齐威王即位后,朝政大事全都委托给卿大夫去办,他从不过问,因而齐国国势日衰,诸侯不断侵扰齐国。一天,威王召邹忌弹琴,邹忌以手扶琴却不动手。威王质问他,他大谈乐理却不奏曲。威王说:“行了行了,你的乐理我已记到心里。但只知弹琴之理还不行,还要听琴音才成,请先生试弹一支曲子。”邹忌回答说:“我以弹琴为生,当然要悉心研究奏法;大王以治理国家为正事,为什么不好好研究治国之计呢?这就和我不弹琴,只摆个空架子是一样的。我只摆架子而不动手弹,就没办法使您心情舒畅;您有国家而不治理它,就没有办法使老百姓心情舒畅。这个道理还请大王想一想。”齐威王听后,如梦初醒,就和邹忌谈起治理国家的大事来。因邹忌对治国之道有独到见解,齐威王便拜他为相,不久齐国又兴盛起来了。

7. 巧用比喻。就是用一些生动贴切的比喻来代替那些枯燥的介绍和平淡的道理,使对方更明白自己所表达的意思,心悦诚服地接受自己的意见、建议等。

**范例** 有一位棒球运动员,在球场上他是一个众人瞩目的球星,可在某保险公司推销员的眼里,他却是个难于攻破的堡垒。因为他对保险、理财之类的事情没有丝毫的兴趣,对一个喋喋不休的推销员们更是反感。

有一天,一位推销员敲开了这位棒球运动员家的大门。他很幸运,因为主人实在无聊,想找个人聊天才给他开门的。当然,在放推销员进来的同时,棒球手也暗下决心,无论对方怎么说,自己都坚决不会浪费钱去买什么保险。

可是聊了一会儿之后,棒球手发现这个推销员从进门以后,居然一句也没有提保险的事,而是以一位相当在行的热心球迷的身份听自己大谈棒球。他的倾听、他的插话、他的问题和那些简短的议论,都给这位棒球手留下了深刻的印象——他几乎就要把这个素不相识的推销员当成自己生平最知心的朋友了。在一个恰当的时刻,推销员向球手提出了一个问题:“你对贵队的另一位投手安德森的评价如何?”

"安德森？正是有了他，我才能放手投球的，因为他是我坚强的后盾，万一我不在状态，他同样要站出来，帮助球队，战胜对手。"

"请原谅我打个比方。"推销员开始引入正题，"你想过没有，如果把你的家庭比作一个球队，你家里也要有个安德森。"

"我不明白。谁是我家里的安德森？"

"就是你。"推销员完全进入了状态，侃侃而谈，"你想想，你的太太和两个孩子所以能'放手投球'，换句话说，能无忧无虑地生活，就是因为有了你，你是他们坚强的后盾和幸福的保证。所以你就是他们的安德森。"

"你的意思是……"

"请你原谅我的直率，职业体育充满了危险和不确定性，更何况人有旦夕祸福，万一你有个不测，我们就可以帮助你、帮你的太太和孩子。诚然，你很富有，但是你的钱足够你的太太将孩子们养育成人并且幸福地过完下半生吗？恐怕不够。如果你买下这份保险，你就更可以放心地驰骋球场，绝无后顾之忧。所以，从这种意义上说，我们也是你的安德森。这份保险可以给你一家人今后的生活带来很大的保障，而你，只需付出你财产的一部分而已。"

至此，棒球运动员才想起他的对话者的身份。然而，他被推销员精妙的比喻彻底说服了。于是，他当场决定买下了这份保险，并且还和这位精通棒球的保险推销员成了一生的好朋友。

### （二）说服的注意事项

1. 要言之有理。说服别人的过程实际上是促使对方放弃原有的打算和意见，认同自己的观点，从而实现思想上与行动上大转折的过程。因此，在做工作时，不能强词夺理，只能摆事实；不能搞专制，只能讲道理；不能目中无人，必须让其从思想上认识。此外，人们对于经过自己头脑思考发现的真理更坚信不疑。所以，在说服时最好同被说服者一起来推理，共同探讨，让他把你的意见、主张当作自己寻求的答案，自愿接受，自动就范。

2. 要言之有威。不卑不亢，这是成功地说服对方的真谛之所在。在进行说服时，既不能轻描淡写，也不能草率从事，更不能盛气凌人，以势压人。要认真对待，做到刚柔相济。同时，要揣摸对方心理，有的放矢地针对其症结所在进行劝说，或让其抛掉后顾之忧，或让其认识利弊，促使其心服口服，做出符合你的观点的选择，从而达到说服的目的。

3. 要言之有情。"感人心者，莫先乎情。"通情才能达理。感情是沟通的基础，要想说服他人，必须跨越这一座桥，才能攻破对方的心理堡垒，征服对方。在说服时，用感情色彩浓厚的语言，去进行绘声绘色的诉说，易令人感到亲切可信，引发情感上的共鸣，从而为对方接受道理扫清障碍，铺平道路。此外，要站在对方的立场上，多为对方考虑一些，自然能用真情打动对方，用真诚说服对方。

**范例** 松下电器公司还是一家乡下小工厂时，作为公司老板的松下幸之助总是亲自出马推销产品。松下幸之助在碰到杀价高手时，他就说："我的工厂是家小厂。炎炎夏日，工人在炽热的铁板上加工制作产品。大家汗流浃背，却努力工作，好不容易制造出了产品。按照正常利润的计算方法，应当是每件XX元承购。"对手听他这样叙述之后，展颜一笑说："哎呀，我可服你我，卖方在讨价还价的时候，总会说出种种不同的话，但是你说很不一样，句句都在情理之中。好吧，我就照你说的买下来好啦。"松下幸之助的成功在于两点，一是他真诚的态度，他强调自己是依照正常的利润计算确定价格的，并没有贪图非分之财；二是他的语言充满情感，他描绘了工人劳作的艰辛、创业的艰难，语言朴素、形象、生动，语气真挚、自然，唤起了对方的切肤之感和深切同情，对方接受也自在情理之中。

4. 要言之有趣。幽默而风趣的话，能够增强语言的感染力，常常能给人以轻松、随和、愉悦的感觉，并能为交际创造一个良好的氛围，自然也更能博得对方好感，易于接受你的意见。加之，比喻、类比、比拟等手法的运用，能使说理深入浅出，令其心悦诚服。

## 二、特殊的说服——劝慰

劝慰也是一种说服，是说服处于逆境中的人。人生的道路不平坦，不幸的事人人难免。身处逆境，痛苦再加孤寂，痛苦倍增；痛苦有人分担，痛苦减半。因此，面对不幸，当事者不仅本人需要坚强起来，也迫切需要别人的安慰。劝慰如"雪中送炭"，能给不幸者以温暖、光明和力量。但是，要想使劝慰收到实效，就得讲究技巧。

### （一）劝慰的技巧

1. 要表现得"患难与共"。当对方遭遇不幸时，表情、动作、语言都应当真诚地表现出"同舟共济"之心，体贴关怀之意。无论是慰问逝者的亲属，探视伤病员，还是安慰失恋者，都应表情凝重，语调深沉舒缓，语含关心与同情之意。当然，也不能矫枉过正，表现过分。"人未语，泪先流"，这样恶化对方的情绪也是不恰当的。

2. 慰问语的重点是关心、体贴与疏导。具体来讲：

(1) 劝慰病人。一般来说，生病的人都会感到心情烦躁，有的还会顾虑重重，住院的病人更会常常感到寂寞、孤单和愁闷。因此，在探望病人时，应该多交谈些愉快的事情，多讲些安慰、鼓励的话，使病人振奋精神、增强信心，进而积极配合治疗，更有利于早日恢复健康，它是抚慰心灵的一剂“良药”。如探望身患重症的人，即使友情很深，也不能在病人面前流露出哀伤的情绪，以免给病人造成精神上的压力和负担。而有关的医疗知识，医生已有所交代和说明，勿需再多言。应该多谈点与对方有关的喜事、好消息，并适时给予真诚和符合客观事实的鼓励。尤其是一些颇具现身说法的劝说性语言，说服力更强，效果更好。医生送去治疗身体的良药，挚友送去温暖人心的情感，都是治疗重病必不可少的。

**范例**　有一位年老的胃癌早期患者，因为害怕剖开腹腔而拒绝手术。其家属虽一再劝说，都不奏效。一个做过胃切除手术的老朋友前来探望，他通过自己的亲身经历劝慰道：“和以前相比，现代医疗条件和手段都先进了许多，你怕什么。你看，我做了手术后恢复得多好。而且你还是早期，手术后更容易恢复。所以，你不用害怕。”通过朋友的劝说，这位患者终于接受了手术。

（2）劝慰被人歧视者。在现实生活中，那些因生理缺陷或因其他原因被人歧视的人，往往都存在着共同的心理缺陷——自卑。因此，劝慰时应多讲些有关类似名人的模范事迹，鼓励他不向命运屈服，从而唤醒他的自尊心和自信心，使其坚信只要充分发挥自己的主观能动性，便能够争取人生的幸福，实现人生的价值。

（3）劝慰事业上屡遭挫折、失败者。对于胸怀大志而又在事业上屡遭挫折、失败的人，最需要的是对其强烈的事业心的充分理解、支持，怜悯是变相的侮辱，敬慕才是志同道合的表现。劝慰时，不必劝说对方忘掉忧愁、痛苦，更休想说服对方随波逐流，放弃理想、追求。最好的安慰是帮助对方总结经验教训，分析面临的诸多有利和不利条件，克服灰心丧气的情绪，树立必胜的信念，并共同探讨到达事业顶峰的光明之路。这就要求劝慰者对其所从事的事业要有一定的了解，才称得上是名副其实的知音。

（4）劝慰丧亲者。亲人或好友去世，死者家属的悲痛心情是可想而知的。安慰这类不幸者，不要急于劝阻对方的恸哭。强烈的悲痛如巨石积压在心头，愈久愈重，不吐不快，让其宣泄、释放出来，反而会如释重负，有利于较快恢复心理平衡和平静的状态。劝慰者应当注意倾听对方的回忆、哭诉，让其悲痛的心情得以宣泄、释放，这样有利于较快恢复心理平衡。同时，劝说些“节哀顺变”“逝者安息，生者奋进”等话语。还应与死者的家属多谈谈死者生前的优点、贡献，以及对他的敬仰与怀念。因为对死者的评价越高，其亲属就越感到宽慰。

### （二）劝慰的注意事项

1. 要同情，不要怜悯。当一个人遭到挫折和不幸的时候，十分需要别人的同情。真挚的同情，是站在完全平等的地位上交流思想感情，给对方以精神和道义上的支持，分担对方的感情痛苦，使不幸者痛苦、懊丧的消极情绪得以宣泄，消除心理上的孤独感，使他们增强战胜困难的信心。怜悯不是平等的感情交流，而是对不幸者的感情施舍。这种施舍只能有两种结果：一是刺伤不幸者的自尊心，激起他们的反感，从心理上拒绝接受；二是使不幸者更加心灰意冷，无法振作。

2. 要鼓励，不要埋怨。遭遇不幸和挫折的人，由于一时无法摆脱感情的羁绊，往往会垂头丧气、消极悲观。此时，最重要的是要通过积极的鼓励，给予信心和勇气，让其在困难的时候看到光明的前景。消极埋怨只会使不幸者更加悲观，个别情感脆弱的甚至会酿成悲剧。更不要嘲讽、指责对方，如："瞧，我原先说什么来着，不听好人言，吃亏在眼前。""当初我也碰上过这事，我可不这样。"等类似的话。

3. 要安抚，不要训人。当一个人遇到某种挫折，精神处于迷惘状态时，很需要有人给以真诚的开导。要针对对方的心理，情真意切地循循善诱，积极引导，动之以情，晓之以理，帮助对方解除忧愁，驱散烦恼，给对方以心灵上的抚慰。如果以教训的口吻讲大道理，只能引起对方的更加不安，甚至产生破罐破摔的情绪。例如当孩子高考失利了，有的家长是一味地责怪："真是个笨蛋，没出息！只配去扫垃圾。"有的家长则是同情安慰、积极开导："这次虽然没考上，但你已经尽力了，我们理解你的心情，好好总结经验教训，明年再考。或者边工作边接受继续教育，就是自学也能成才嘛。"两相比较，显然前者的态度只能使孩子倍增痛苦，后者的态度才能鼓舞孩子进步成长。

4. 要选择恰当的时机。劝慰效果的好坏，在很大程度上取决于能否选择恰当的时机。对生老病死等突发事件要注意及时安慰。当一个人的情绪处于失控的情况下，任何人的安慰都听不进去，这时不要火上浇油，还是等他冷静下来，再交谈为好。此外，与被慰问者进行一些交流是必要的，但没有必要将对方的"伤心往事"刨根问底，逼人"一吐为快"。

## 三、滋润的雨露——道歉

道歉是指当自己对别人有所损害或伤害时的一种精神补偿方式。一个人一生中不做错事是不可能的，重要的是错了就应该及时承认、及时道歉。如果我们每个人都能这样做，就会减少许多不必要的矛盾和纠纷。道歉是现代文明人的一种基本素养。一个能够知错道歉的人，才是对家人友人、对社会有责任感的人。当然要使我们的道歉为对方所接受，还必须讲究技巧。

(一) 道歉的技巧

1. 直言式道歉。就是直截了当地表达自己的歉意。这种道歉适用于自己错误比较明显，给人造成的损失比较严重，对方比较恼怒的情况下。态度要特别诚恳，道歉的话一定要说到位，并且要把弥补对方损失的意思表达出来，这样一般都能很快获得对方的谅解。

**范例** 一个星期日的上午，周老师正在聚精会神地写论文，突然，感觉不对劲儿，一看，客厅全是水，打开卫生间的门才发现，水正从洗衣机的缸里往外流。原来，头天晚上停水，妻子准备洗衣服，打开水龙头，忘记关了，这会儿妻子不在家，周老师又一门心思写文章，水来了，自己也没有注意到，结果满屋的水乱流。他正想着如何收拾，这时，突然传来了重重的敲门声。开门一看，是楼下的王先生。他冲着周老师喊道："怎么搞的，下面都发大水了，你知道不知道？"周老师马上道歉："想得到，想得到。实在对不起！我在书房写东西，也是才发现这个情况。"周老师一边说，一边指指地板。王先生看见周老师家的样子，语气放缓了些："你也注意点。"周老师连忙说："都怪我，发生这种事情，连累你家也跟着遭殃，我真的很抱歉！您算算损失了多少东西，费用我来付，以后我加倍小心。"听了周老师这话，再看看满地的水，王先生反倒不好意思起来："没什么大不了的，以后注意点就行了。你赶快收拾收拾吧。"

2. 婉言式道歉。就是把歉意委婉地表达出来。人际交往中，常会由于言行不当，出现交际失误，这时，不妨委婉地表示一下自己的歉意。一方面可以表明诚意，另一面也可以消除可能产生的负面影响。

**范例** 一位年轻的业务员第一次到一个新客户那里洽谈业务，由于比较生疏，把对方名片上写着的一位仇（音"球"）主任称作了仇（音"愁"）主任，而且叫了一上午，等中午一块吃饭，突然听到有人叫仇（音"球"）主任时，他才意识到自己叫错了，而且别人为了保全他的面子，一直没好意思纠正他。就这么改口吧，显得太突然，恐怕大家也别扭。不改继续装糊涂吧，不好，第一次来这里，连姓都叫不好，影响形象不说，还显得不真诚。这位业务员趁大家互相敬酒的时候站起来说："我这人打小就身子弱，最怕上体育课，一见打'球'就发'愁'，这不，今儿个见了仇（'球'）主任，我又'愁'了一上午。来，仇（音'球'）主任，我敬您一杯，算是给您赔个不是。""哪里,哪里,不要客气,都怪咱老祖宗造的字太奇怪,我这姓还真是'愁'坏了不少人。来,祝我们合作愉快!"

3. 转言式道歉。就是请第三人来帮助转达歉意。这种道歉适用于不好意思当面道歉、来不及当面道歉或者当面道歉效果并不好的情况。请一个合适的人转达你的歉意,时间上更充裕,话说得更透彻,回旋的余地更大,效果也会更好。

**范例** 李佳是公认的好学生,各门功课都出色,新学期他们班开设了一门新课——物理,教物理的是一个年轻的教师仝春明。第一节课,新课新教师,同学们都很好奇,很兴奋,老师也非常投入,课上得十分出彩。临近下课时,老师在黑板上布置作业,让大家抄完再下课。李佳抄得很快,几乎老师刚写完他就抄完了。然后收拾课本和文具,这时仝老师看见了,以为他没抄完就想走。二话没说,来到李佳身边用书在他头上拍了一下,随后拿起李佳的本子查看。这时,李佳的眼眶中已溢满了委屈的泪水。仝老师也怏怏地走回讲台,说了声"下课",就匆匆地离开了教室。此后,仝老师上课虽然仍然很投入,可每次与李佳目光相遇时总是躲躲闪闪的,满含着歉意。过了几天,班主任黄老师找到李佳:"李佳,前几天物理课上,是不是受委屈了?"一听班主任问起,李佳的眼圈又红了起来。"是不是还在生老师的气啊。昨天仝老师跟我说了那件事,他说这几天他一直很内疚,冤枉了你,还打了你,他很难过,让我替他向你道歉,希望你能原谅他。""黄老师,您别这么说,我没生仝老师的气,每一节物理课我都在认真听。""那我就先替仝老师谢谢你。仝老师还说要找你当面道歉呢。"

4. 无言式道歉。就是通过行动,如献一束鲜花,送一件礼物,为对方做些小事情等来表达歉意。好友或亲人之间,因一些小摩擦和小误会而出现不愉快时,用这种方式道歉最合适。因为关系密切,彼此之间有默契,又是一些生活小事,所以,用这些善意的方式表示歉意,对方一看就会明白,很容易"一笑泯恩仇"。

**范例** 在飞腾公司举办的一次聚会上,企划部的小蔚和小萱联袂合唱《友谊地久天长》。两人打扮得很漂亮,在舞台上举止也落落大方,可没唱几句,小蔚就跟不上词了,在小萱的提示下,词接上了,却又跑了调。就这样,两个人辛辛苦苦练了一个星期的节目,草草收了场。小萱责怪小蔚说:"我们练了这么多遍,你怎么还忘词啊?忘词就算了,这么简单的歌怎么还会跑调呢?别人还不笑话死!"小蔚也气鼓鼓地说:"我是故意的吗?别人要笑话,让他们笑去吧。"两个好友都气鼓鼓的,闹了个不欢而散。回到家里,小萱就后悔了,觉得不应该为了这么点小事,就责备小蔚,话还那么戗人。想当面去道歉,又有点不好意思,打电话,又不知说什么好,请个人说说吧,又显得太见外。小萱想了好久,有了主意。第二天，小萱早早来到公司，准备了两份早餐：两杯热气腾腾的咖啡，两块香喷喷的刚出炉的面包……小蔚来了一看，一下就明白了小萱的意思，两人又和好如初了。

总之，善于运用恰当得体的方式道歉，不但能很快赢得对方的谅解，还能营造出和谐的人际关系。

### （二）道歉的注意事项

1. 先道歉后解释。有错就应先认错、道歉，以取得对方的谅解。千万不要找客观原因，为自己的错误做过多的辩解、开脱，使对方怀疑你的诚意，从而扩大裂痕，加深隔阂。如确有非解释不可的地方，应在道歉之后再作解释，才能表示自己的诚意。例如，与朋友约会迟到了，见面后应先道歉："真对不起，我来迟了，让你久等了，抱歉！抱歉！"然后再解释迟到的原因。

2. 道歉应当大方。人非对贤，孰能无过。道歉绝非耻辱，故而应当大大方方，堂堂正正，完全彻底。不要遮遮掩掩，"欲说还休，却道天凉好个秋"。同时，道歉时也不要过分贬低自己，说什么"我真笨""我真不是个东西"，这可能让人看不起，也有可能被人得寸进尺，欺软怕硬。

3. 道歉要有诚意。道歉是一种美德。真诚地道歉更能体现一个人良好的人品与修养。道歉时要语气温和，态度坦诚而不谦卑，目光友好地看着对方，道歉语应当文明而规范。有愧对他人之处，宜说"深感歉疚""非常惭愧"。渴望见谅，需说"多多包涵""请您原谅"。有劳别人，可说"打扰了""麻烦了"。一般场合，则可以讲"对不起""很抱歉""失礼了"。道歉的语言以简洁为好。只要表明了自己的态度，对方也表示谅解就行了，切忌重复、啰嗦。道歉后要使自己此后的所作所为有所改进，不要言行不一，依然故我，让道歉仅仅流于形式。

**范例** 一次有位顾客在喝酸奶时，从吸管里吸出了一小块玻璃，于是怒气冲冲地去公司投诉。他直冲经理办公室，张口就说："你们只顾赚钱，难道不顾别人的死活吗？"可是，正在办公的经理并没有因这些刺耳的话而恼怒。他听完后关切地问："啊，对不起，那碎玻璃伤着你没有？"当听说没伤着顾客又自责道："那真是不幸中的大幸！如果不是你，而是老人尤其是孩子喝了这瓶酸奶的话，后果就真的不堪设想了！为了弥补给你造成的惊吓，我们免费送你一箱酸奶。同时，我代表员工向你赔礼道歉。"说完，经理郑重地弯下了身子向顾客鞠了一躬。这位顾客看到经理关心他的态度，和他丝毫不做作、也不找理由辩解，而是真诚地向自己鞠躬的行为，反而被打动了。

4. 道歉应当及时。当需要道歉时就要及时进行道歉，不要有这种意识而没有行动。也不要以工作忙等为由延误了时间，失去了道歉的作用。知道自己错了，马上就要说“对不起”，否则拖得越久，就越会让人家“窝火”，越容易使人误解。有研究表明：最佳的道歉时间是事情发生后10分钟～2小时。及时道歉，可以在很大程度上弥补自己言行不当而带来的不良后果。道歉及时，还有助于当事人“退一步海阔天空”，避免因小失大。当对方正处在火头上，什么话都听不进的时候，最好先请第三者转致歉意，待对方火气平息之后，再当面赔礼、道歉，互相沟通。

## 强化训练

**【训练要求】**

按照各项练习的具体要求与步骤进行，要精心准备，及时总结，学以致用。

**【训练指导】**

教师可组织学生以学习小组或同桌为单位进行，抽取相应的练习，并按照要求认真准备，然后在全班进行交流，并进行自评与互评。

学生可根据自身实际，有针对性地进行练习，一定要将课外演练与课上演练结合起来。

**训练一 案例讨论。**

以下案例中的成功与失败，对你有什么启示？

1. 某家用电器公司的推销员挨家挨户推销洗衣机，当他到一户人家里，看见这户人家的太太正在用洗衣机洗衣服，就忙说：“洗衣机太旧了，用旧洗衣机是很费时间的。太太，该换新的啦……”结果，不等这位推销员说完，这位太太马上驳斥道：“你在说什么啊！这台洗衣机很耐用的，到现在都没有出现过什么故障，新的也不见得好到哪儿去，我才不换新的呢！”

过了几天，又有一名推销员来拜访。他说：“这是台令人怀念的旧洗衣机，因为它很耐用，所以对您有很大的帮助。”这位太太非常高兴，她说：“是啊！这倒是真的！我家这台洗衣机确实已经用了很久，是太旧了点儿，我倒想换台新的洗衣机！”于是推销员马上拿出洗衣机的宣传小册子，提供给她做参考。

2. 第二次世界大战期间，美国一位科学家去请求总统罗斯福拨款用以研制原子弹。这位科学家百般陈述利害，罗斯福仍然不为所动。临走时，那位科学家发现罗斯福的办公室墙壁上挂着一幅画，上面画着一艘潜艇，顿时计上心来：“19世纪，曾有人向拿破仑提出过制造潜水艇的建议，拿破仑觉得很可笑，没有采纳。如果拿破仑采纳了这个建议，今天欧洲的历史就要重写了。”罗斯福听罢，立刻改变了态度，同意研制原子弹。

3. 里根与卡特在竞选总统时，对听众这样讲道："每一个公民在投标之前都应该好好想一想这样几个问题：你的生活是不是比四年前改善了？你到商店里去买东西时，是不是比四年前更方便了？美国的失业人数是不是比四年前减少了？美国在国际上是不是比四年前更受尊重了？"之后，他的支持率明显上升。

**训练二　案例分析。**

以下案例中的道歉方式好在哪里？

1. 三国时，公孙渊在辽东割据，害怕曹操征讨，就给孙权写信要吴援助。孙权决定派军队带着钱财去支援他，并封公孙渊为燕王。大臣张昭认为公孙渊不可靠，极力反对孙权这样做，两人因此发生了激烈的争执。最后，孙权还是没有采纳他的意见。张昭一气之下，不去上朝。孙权也生了气，把张昭家的门给堵上了。张昭更不示弱，让家人在门里又堵上了一层。后来，公孙渊杀了孙权派去的人，孙权这才认识到张昭的意见是对的，多次到张昭家去认错，张昭就是不见他。一次，孙权又来到张昭家门口，高声喊张昭的名字，张昭仍卧床，孙权派人烧他的门，本意是想逼张昭出来，但张昭却让人把窗户也关了，孙权一看，连忙让人把火扑灭，自己一直在张昭的门前站着。后来，经过儿子的劝说，张昭终于露了面，孙权一看，非常高兴，赶紧把他让到自己车上，一路上自责不已，请张昭原谅，君臣和好。

2. 1754 年，华盛顿还是一位上校，率领部下驻守在亚历山大市。有一次选举弗吉尼亚议会议员时，一名叫威廉·佩思的人反对华盛顿所支持的候选人。据说，华盛顿与佩思在关于选举问题的某一点上发生了激烈的争论，他说了一些冒犯佩思的话。佩思把华盛顿一拳打倒在地，华盛顿的部下马上赶了过来，准备替他们的长官报仇。华盛顿当场予以阻止，并劝他们返回营地。第二天一早，华盛顿给佩思送去一张便条，要求他尽快地到一家小酒店去。佩思如约到来，他是准备来进行一场决斗的，令他感到惊奇的是，他看到的不是手枪而是酒杯。"佩思先生，"华盛顿说，"犯错误乃人之常情，纠正错误是件光荣的事。我相信昨天我是不对的，你已经在某种程度上得到了满足。如果你认为到此可以解决的话，那么请握我的手——让我们交朋友吧。"从此以后，佩思便成了一个热烈拥护华盛顿的人。

3. 在 20 世纪 50 年代，民主德国总理来中国访问，拟签中德友好互助条约。按照国际惯例，公布要在双方约定的时间同时进行。然而由于记者的疏忽，在条约未签订时，就提前发了消息。周恩来总理看到报纸，立即打电话向已到外地访问的民主德国总理表示歉意。当天下午他把有关领导和记者请到办公室开会，在了解问题发生的经过后，他说："我只在国务会议上提醒记者暂不发表，却没在人大常委会上向记者交代，结果出了问题，这是我的疏忽。"然后，总理才对有关人员指出错误的性质、影响，及各自应负的责任和教训。

**训练三** **规定情景练习。**

根据下列规定情景(也可根据学生的专业实际自行设计)，由同学扮演不同的角色，使用相关的技巧进行训练。

1. 你的好朋友，没有考上理想的大学。
2. 你的同学高烧一周，住院治疗仍不见效，病情尚不明朗，你去探望。
3. 你的邻居下岗，生活遇到困难。
4. 你不小心摔碎了邻居家的花盆，那花是名贵品种，且很难栽活。
5. 你把向同学借的一本书弄丢了，买又买不到。
6. 你因误会责骂了同桌。
7. 你把妹妹(弟弟)最喜欢的MP3弄丢了。

**训练四** **创设情景训练。**

以说服、道歉为主题，由各学习小组自行设计情节，假定各自身份，进入扮演角色，模拟实际情景，重点进行口语交际训练，并结合相应的语言技巧与注意事项进行点评。

# 项目5 拒绝与应对训练

在现实生活中，每个人都会遇到问题和困难。互相帮助是人之常情，但有求必应却又不可能。因此，我们必须学会拒绝，理智应对。

## 一、理解的遗憾——拒绝

拒绝就是不接受，即对他人的意愿或行为的否定。可分为直拒和婉拒两种。

心理学研究成果表明，当一个人被明确地否定的时候，他的整个身心便处于十分紧张的状态；而一个人在提出要求遭到拒绝的时候，更会产生紧张和不愉快的情绪。在这种情况下，就会影响交际的发展。怎样才能打破这种交际障碍呢？这就需要掌握相应的技巧。

(一) 拒绝的技巧

1. 直接拒绝法。就是将拒绝之意当场明讲。采取此法时，重要的是应当避免态度生硬，说话难听。在一般情况下，直接拒绝别人，需要把拒绝的原因讲明白。可能的话，还可向对方表达自己的谢意，表示自己对其好意心领神会，借以表明自己通情达理。有时，还可为之向对方致歉。

**范例** 一位科长要给他的下属介绍女朋友，这位下属这样拒绝了他："这件事情我恐怕要让你失望了，实在抱歉！因为，现今的我，实在还谈不上结婚的条件，况且我的事业尚未有所成就；我想，总要等我有经济基础了，再来谈结婚之事比较妥当。这完全出自我自身的考虑，绝非关系介绍对象的好坏，希望你能谅解。"

2. "yes, but"拒绝法。就是先承认对方的观点，然后再利用转折关系，将话题改换到拒绝上来。这种办法既保证了对方不会产生强烈的抗拒感觉，你的拒绝之意也表达清楚了。这种办法一般的句式是"是的，是的……不过"、"是，是……可是"，"对，对……但是"等等，这些句式往往会让对方失去说服的欲望。

我们常会碰到一些来自上级、同事、朋友、邻居的要求，如果你确实力不能及，千万不要马上表示不可接受，而应先谢谢他对你的信任和看重，并表示很乐意为他效劳，再含蓄地说明自己爱莫能助的原因。这样，彼此都可以接受，不至于把事情弄得很不愉快。

**范例** 约翰是一位能力出众而且工作勤奋的员工，最近，他向老板提出了加薪的要求。老板这样对他说道："约翰，我知道你是个很棒的员工。上次那么重大的销售任务，你都完成了，简直太棒了！我个人认为，你确实应该加薪。但是，你应该知道，我们本季度整体的销售并没有达到预期的目标，因此，公司方面暂时不会调薪。从个人而言，如果单单为你一个人调薪的话，那么一定会引起其他人的不满，这势必会影响公司的整体发展。我想你也不希望出现这样的情况吧。"

3. 诱导否定拒绝法。当对方提出的要求，不急于回答时，可采用迂回战术，提出一些条件或出一个问题诱使对方自我否定，从而自动放弃原来的要求。

**范例** 有一次，一位记者问基辛格："你们有多少潜艇导弹在配置分导式多弹头？"基辛格回答说："我不确切知道正在配置分导式多弹头的'民兵'导弹有多少。至于潜艇，我的苦处是数目是知道的，但不知道这是不是保密的。"记者说："不是保密的。""不是保密的吗？那你说是多少？"记者愣了一下，笑了。

4. 预埋伏笔拒绝法。对于对方的要求，先不拒绝，而是充分阐明不利因素，埋下伏笔，让对方先有足够的思想准备，再在适当的时候，用恰当的方法加以拒绝。

**范例** 某人托老王介绍一份工作，老王这样回答了他："你的学历没有达到规定要求。何况名额少，竞争激烈，难度较大。不过，我会尽力争取的。但你也不要抱太大的希望。"其实，"没达到学历、名额太少、竞争激烈"已充分展示了对方的不利条件，为拒绝对方埋下了伏笔。

5. 转移话题拒绝法。对方提出的要求一时难以回绝时，还可以采用转移话题、答非所问、寻找借口等方式，暂时把对方说话的焦点转移开而达到拒绝的目的。

**范例** 24届奥运会时，中国代表团一到汉城，记者就缠着李梦华团长问道："中国能拿几块金牌？"李梦华回答："10月2日之后，你们肯定能知道。"记者又追问："新华社曾预测能拿11枚金牌，你认为客观吗？"李梦华答道："中国有充分的言论自由，记者怎么想，就可以怎么写。"这种避实就虚，似答非答的方法，既达到了在要害问题上拒绝答复的目的，又显得落落大方、无懈可击。

6. 比喻拒绝法。就是用生动的比喻含蓄委婉地表明自己拒绝的意图，这样既避免了对方的难堪，又转移了对方被拒绝的不快。

**范例** 一次，钱钟书先生在电话里对想拜访他的美国女士说："假如你吃了个鸡蛋觉得不错，又何必认识那下蛋的母鸡呢？"用下蛋的母鸡比喻自己，不但巧妙生动，委婉而风趣地拒绝了拜访，而且表现了钱老平易和蔼的性格。

7. 类比拒绝法。当对方提出一些难于满足的要求时，用类比的手法，委婉说"不"。这种手法说服力强，但运用时要注意两类事物之间的相似性。

**范例** 古时有个神童叫甘罗，他的爷爷是秦国的宰相。一天，甘罗得知秦王不知听了谁的教唆，硬要吃公鸡下的蛋，并命令三天之内必须找到，否则，满朝文武都将受罚，就自告奋勇替他爷爷上朝。秦王见到甘罗很不高兴地说："小娃娃到这里捣什么乱！你爷爷呢？"甘罗说："大王，我爷爷今天来不了啦。他正在家生孩子呢，托我替他上朝来了。"秦王听了哈哈大笑："你这孩子，真是胡说八道！男人家哪能生孩子？"甘罗说："既然大王知道男人不能生孩子，那公鸡又怎么能下蛋呢？"秦王愣住了，只好收回之前的命令。

8. 幽默拒绝法。就是用轻松、幽默的方式委婉回拒对方，让对方心领神会，甚至开心地接受，这种方法风趣诙谐，易于被对方接受。

**范例** 意大利的一位音乐家罗西尼出生于2月29日。由于每4年才有一个闰年，所以，当他过第18个生日时，已经72岁了。他认为这种过生日的方法很好，至少可以为他省去很多麻烦。一次，朋友们集了两万法郎，准备为他过生日。在生日的前一天，朋友们对他说："我们准备花两万法郎为你修建一座纪念碑，以此作为生日礼物送给你。"他听了以后说："浪费钱财！把这笔钱送给我，我自己站在那里好了！"罗西尼并没有直接拒绝别人，而是提出一个不切实际的想法，使大家在觉得可笑的同时，同意了他的观点。

9. 拖延拒绝法。对一些不便于立即回绝的请求，可以用拖延的方法加以拒绝。可以这样对说："你是不是让我想一想？""这件事我还得同××商量后才能回答你。"时间的拖延，可以使对方的请求变得没那么迫切。

10. 无言拒绝法。对那些实难启齿的拒绝，可以不必开口，而用摇头、摆手、耸肩、转身、皱眉、打呵欠等身体语言和否定性的表情来表达自己拒绝的态度。类似的肢体语言还有微笑中断、频繁看表、目光不断往别处看、催小孩子睡觉等，这都是一些拒绝的暗示。

### （二）拒绝的注意事项

1. 具体说明拒绝的理由。在拒绝别人的请求时如果你只是说："我很忙。"很可能会被对方说成是："那个人真是不爱帮助别人。""求他什么事都是一脸的不高兴。"所以，你在拒绝别人时要具体地说明一下不能接受的理由，让对方理解你确实无可奈何，无能为力。

**范例** 小辉的舅父是一家石油厂的厂长。小辉同朋友一起合开了一家加油站，想让舅父给批点儿"等外油"，这样可降低成本。舅父诚恳地对小辉说："我是厂长，的确我打个招呼，你就可以买到'等外油'。但我不能为你说这个话，这是几千人的厂子，不是我一个人的。我只有经营的权利，没有走后门的权利。你是我的外甥，你也不愿意看到我犯错误，而让大家指指点点吧？生活上有什么困难，我可以帮助你，这个要求我不能答应，我不能用厂长的权力为亲属谋私利呀！"小辉听了舅舅的话，什么说的也没有了，从此他再也不给舅舅找类似的"麻烦"了。

2. 把握拒绝话语的尺度。拒绝的分寸和尺度就在于既要礼貌地尊重对方的心情，又要带有一种遵守原则公事公办的透明性。既要充满人情味，又要明确地拒绝。说话时只有掌握这种尺度，拒绝才能成功。

**范例** 下面有三种拒绝的话语，分别是：

“谢谢你对我的信任，非常感谢。可是我现在手上已有两份紧急文件了，我真是没法帮你了，真是遗憾不能与你合作。”

“没看我正忙着吗？告诉你我没空！”

“你要我帮助你，表示了你对我的信任。我真的很想帮你，但我最近好像没空。看看吧，可能过两天我就有空了。”

这三种不同的拒绝方式相对照后，我们不难发现，第一种的表达较好，它既表达了拒绝之意，又做了相应的“善后处理”，拒绝的效果较好。而第二种虽然拒绝明确，但太过冷淡，不易让人接受。第三种表示感情化的词语太多，拒绝之意不很清楚，会让被拒绝的人心存余念。由此可见，后两者的拒绝效果远远不如第一个。

3. 不要找借口开脱。拒绝别人有一种常见的习惯性做法，那就是找借口开脱。这种做法的初衷是良好的，但效果往往不强。原因就在于临时找到的开脱借口没有太坚固的理由根基，很容易让对方抓住把柄，然后被对方用来攻击你。比如你不想答应帮某人做事，推说：“今天没有时间。”他就会说：“没关系，你明天再帮我做好了，事情就拜托你了。”又如你要拒绝对方想转让给你的一件衣服，你推说：“钱不够。”那么对方会说：“钱够了再说好了。”这种给对方制造可乘之机的拒绝办法应该尽可能避免，否则会陷入自造的“谎言”里。

借口开脱的拒绝办法也不是不可以用，但首先在于你应该有百分之百的理由确信自己的借口是攻不破的，否则还是不用为妙。

4. 说话忌绵软无力。拒绝别人时若说话绵软无力甚至哼哼叽叽，会让人很容易产生一种厌恶，认为你不是帮不了他，而是根本不想帮他，因为一般而言只有心虚的人才会如此吞吞吐吐。所以，当别人的请求你无法满足时，就迅速做出反应，友善、真诚地谢绝他，不留任何回旋的余地。

**范例** 一位热情奔放的老妇人决定与年轻的女邻居交朋友，她发出邀请：“欣迪，你明天上午到我家来玩，好吗？”欣迪脸上露出温和宽厚的笑容说：“谢谢了，但不行啊！明天，我还有事呢。”她的拒绝既友好又温情，但态度又是那么坚决，老妇人只好作罢。

5. 拒绝忌他人代为转达。有些人在不愿意答应别人的请求时，不好意思当着对方的面来拒绝，就让他人代为转达。实际上，这样一来会给对方一种不受尊重的感觉，觉得你架子很大，没有诚意。同时，对方还会怀疑，你是否真的是拒绝？是否有别人指示你拒绝呢？所以，在表达拒绝的意思时，最好是自己当面告诉当事人，表明你的态度和立场。这样就避免了很多不必要的麻烦。对方受到了应有的尊重，内心也不会再犯嘀咕。

## 二、交际的舞蹈——应对

被人拒绝时，心情总是不愉快的。那么，遇到这种情况，应该如何处理呢？

### (一) 应对的技巧

1. 保持良好的心态。在被人拒绝时，心情是不可能愉快的，但还是要顾全大局，尽可能替对方设想，尽量面带微笑，保持良好的风度，给对方留下一个美好的印象。只有这样，才能使双方继续保持良好的关系，为将来双方的再次合作创造条件。

2. 做好善后工作。当被对方拒绝时，可能会对对方有所不满，心里产生疙瘩，这是正常的心理反应。但是，如果只是一味地责怪、抱怨对方，则是有害无益的。因为这种做法于事无补，反而会堵塞人际交往的通道。正确的做法是打电话、写信或者亲自登门拜访，以诚挚的态度就此事给对方增添的麻烦表示歉意。

**范例** 一个人经他的朋友介绍去一家公司应聘，几天后，他得到了公司寄来的不被录取的通知。当时他马上给公司写了封回信，感谢公司总经理给予他的机会。同时他又打电话给他的朋友，让这位朋友代他向公司表达谢意。这位朋友照他的话给公司去了一个电话。没想到，几天后他竟收到了这家公司的录取通知。这到底是怎么回事呢？原来是那封回函起了作用。他那亲切、有礼的回函，在主试者之间传阅着，大家发现，他正是公司需要的人才，于是，决定在既定名额之外追加录取。

原本未被录用，但由于他懂得如何正确对待拒绝。结果给自己带来了意外的收获。由此可见，被人拒绝时，虽然事情似乎已经结束，但如果你能重视善后工作，就有可能使之出现转机，或为下一次交往创造条件。

### (二) 善于领悟对方拒绝的态势语言

作为提出要求的一方，除了要善于从对方的言辞中领悟其意图外，还必须注意捕捉对方的态势语言。下面介绍的五种情况就是对方在告诉你拒绝的信息。

1. 在谈话的中途不时插嘴。说服别人接受自己的要求时，总喜欢一鼓作气地阐述理由，假如中途对方不断地插话，你的语言表达功能就会受到影响，其说服力就大大减弱了。

2. 表示出不耐烦的态度。对方不时左顾右盼、来回移动自己的视线，或者不停地用手触摸办公桌上的东西，此时对方在告诉你他的不耐烦，你就该识趣地早点结束谈话。

3. 不断地看表。对方不断地把目光停留在自己或你所戴的手表上，或者不停地看墙壁上所挂的钟。这就在提醒你不要再磨蹭下去了。

4. 经常离开座位。倘若你和对方谈话时，对方经常借口离座，你的内心一定会感到不舒服，因为这表示对方并不重视你的存在。所以当对方不喜欢和你交谈时便运用此招。

5. 故意自言自语。在两个人谈话时，如果对方"环顾左右而言他"，那么，你就会明白对方对此话题不感兴趣，应主动中断谈话。

当你与对方交谈时，出现上述情况，你就应该感到是"话不投机"，既然多说无益，不如识趣地"撤退"，这样反而会给对方留下一个为人机敏、办事利落的良好印象。

## 强化训练

**【训练要求】**

按照各项练习的具体要求与步骤进行，要精心准备，及时总结，学以致用。

**【训练指导】**

教师可组织学生以学习小组或同桌为单位进行，抽取相应的练习，并按照要求认真准备，然后在全班交流，并进行自评与互评。

学生可根据自身实际，有针对性地进行练习，一定要将课外演练与课上演练结合起来。

**训练一　推演分析**。

俗话说："听话听声，锣鼓听音。"下面几例中答话人的"话中话"是什么？如果你是问话人，该怎么办？

1. 小艾约小李共进晚餐："今晚 7 点，我们老地方见。"小李说："啊，对不起，今晚我已有约会，改日吧！"小艾："那么明天？"小李："到时我再打电话，好吗？"

2. 一位姑娘穿了件新衣服，问："你觉得好看吗？"答："我对服装的鉴赏能力很差。"

3. 甲送乙一本书，乙说："这是一本很好的书，可惜我最近没时间读，先留在你这儿吧"。

4. 小张说："我这支歌唱得好吗？"老张答："有意思！"

**训练二 规定情景练习。**

根据下列规定情景(也可根据实际自行设计情景),由同学扮演不同的角色,使用相关的技巧进行训练。

1. 你过 18 岁生日时,爸爸送给你一部你早就想要的数码照相机,恰好同学郊游想借用,十分恳切,你不想借。

2. 周六是你好朋友生日,她将举行一个生日晚会,并邀请你参加,但你有一个朋友将去外地工作,你已约好在当天为她饯行。

3. 朋友邀你打麻将,你觉得这种娱乐不健康且浪费时间,你不想打。

4. 朋友向你借钱,说用作购书之用,但你怕他不还你,又怕他作玩乐用,你不想借他。

5. 同学游说你染红发,但你怕被教师训斥,你不想染。

6. 朋友邀请你去唱卡拉 OK,你认为那种场合人员复杂,且你一向歌喉平平,你不想去。

7. 朋友邀请你和他的朋友们一起露营,而你有一个测验需要时间温习,且又不喜欢他的朋友们,你不想去。

8. 朋友游说你抽烟,你不想抽。

9. 一个同学请你去电子游戏厅玩电子游戏,并且由他付钱。他再三劝说你,你不想去但又不想伤了和气。

**训练三 创设情景训练。**

以拒绝、应对为主题,由各学习小组自行设计情节,假定各自身份,进入扮演角色,模拟实际情景,重点进行口语交际训练,并结合相应的语言技巧与注意事项进行点评。

## 模块六

# 求职口才训练

### 学习目标

1. 掌握求职前应做好的各项准备工作。
2. 掌握求职中的面试礼仪、语言技巧。
3. 掌握求职后应做好的几项工作。

### 核心能力

1. 掌握求职前应做好的各项准备工作。
2. 掌握求职中的面试礼仪、语言技巧。

### 学习任务

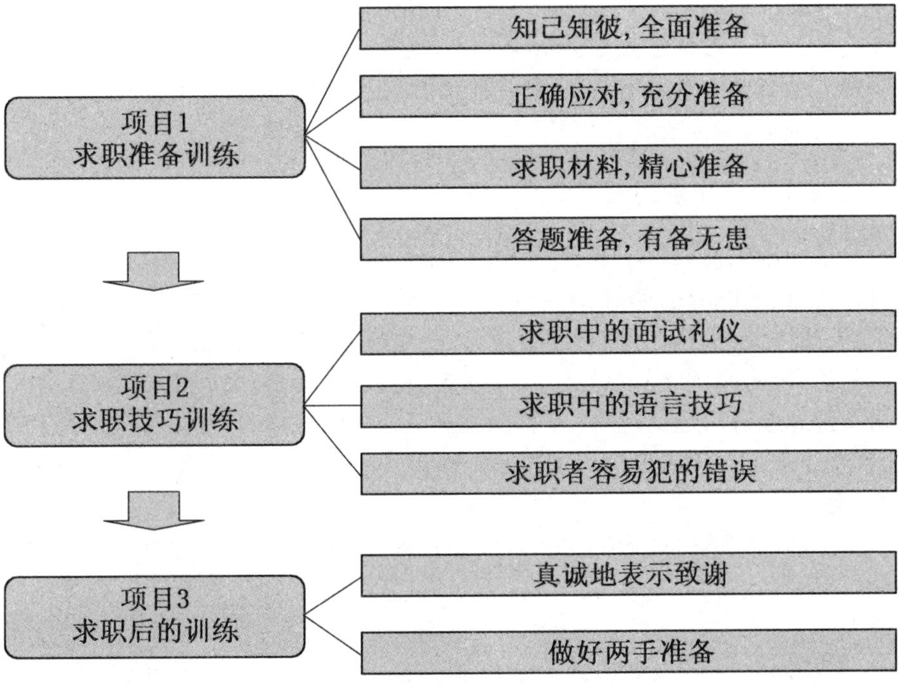

# 项目1 求职准备训练

## 一、知己知彼，全面准备

### (一) 正确评价自己

求职前，求职者先要进行自我评价、自我选择。具体来讲，要客观、实事求是地认识自己，全面了解自己的长处与不足。要通过分析来明确：自己在整个人才市场中处于什么位置，目前最需要什么；自己有哪些有利和不利因素，目前准备怎么处理；自己有什么特长可以发挥，目前能做些什么，不能做什么等。只有这样，才能扬长避短，在竞争激烈的人才市场中成为求职的胜利者。在求职过程中，有些人往往因为过高估计自己而未能得到用人单位的青睐。

**范例** 某银行国际业务部需要一位既有较高外语水平，又懂金融知识的专业人才。有一位读金融专业的大学生，其专业水平很高，唯独不足的是外语水平一般。他自认为只要有拔尖的专业知识，必定受用人单位的欢迎。当他满怀信心地面试时，第一次就被刷了下来。

### (二) 充分了解用人单位

求职者想要取得求职成功，就要充分了解用人单位。只有这样，才可以减少盲目性，使求职时的问答更有针对性。求职前要全面了解用人单位的性质、背景、发展历史、机构设置、管理方式、人员组成、企业形象、经济效益、产品状况、发展前景、招聘原则、岗位设置、人才缺失情况、当前的突出问题、人际关系状况、生活条件和经济待遇情况等。同时，还要广泛了解社会、行业的客观情况和需求状况，要注意了解用人单位或主考官对哪种类型的人才感兴趣，以及对方有什么兴趣、爱好等。

了解用人单位的途径主要有以下几种：一是通过用人单位的相关人员；二是利用报刊杂志刊登的相关报道；三是通过互联网查阅用人单位主页的相关资料等。

**范例** 某企业急需招聘一位公关人员，有三位学生前去应聘。因第二天才面试，其中两位早早就休息了，而另一位应聘女生却没有休息。她心想，三人竞争一个职位，自己并无优势可言，必须留心做些准备。于是，她去找到该企业的一位领导打听情况，得知该企业公关部设有新闻报道组、公众接待组、策划组和调查组，现在急需新闻报道人员。第二天面试时，企业领导请三人自报特长。一位说对公共关系中的人际关系很感兴趣，另一位说对企业策划很感兴趣，而那位女生则说："我喜欢新闻写作，并擅长散文创作，已有六七篇文章见报了。我希望能够在公司对外宣传上尽自己一份力量。"听了三位同学的自我介绍，结果企业领导一致通过，录取了这位女生。

## 二、正确应对，充分准备

### （一）树立正确的择业观

在市场经济下，人才市场风云变幻，就业形势复杂严峻。作为求职者，要正确应对各种矛盾关系，树立与时俱进的择业观念，实现顺利就业。

1. 正确面对理想与现实的差异。求职者尤其是一些大中专毕业生，对就业形势和自身求职设想都过于理想化了，由于过高估计自己或就业形势，往往事与愿违，常常四处碰壁。在求职过程中，应树立"先就业、后择业、再创业"的观念，先积累社会工作的经验与阅历，不断提高自己适应社会发展需要的各种能力。

2. 正确对待专业是否对口问题。求职者不能固守"专业对口"的思想，不要"拿着专业去选择社会"，这样，可能很久都找不到令自己满意的"对口单位和岗位"。在求职过程中，应树立"量力而行"的观念，只有让自己"拿着能力去适应社会"，才能够面对社会很快找到合适的岗位。

3. 正确对待个人得失。求职者的眼睛不能只盯住党政机关以及大城市、沿海地区效益好的国有企业、外资企业。在求职过程中，应树立"奉献社会"的观念，不要过分计较个人得失和享受，应该考虑为社会多做贡献，为单位多创造价值，应该结合自身的实力，从社会需要和个人未来的长远发展考虑到西部、偏远地区和乡镇企业去工作。

### （二）做好充分的心理准备

每一个求职者都希望能够拥有一份理想的工作。要想做到这点，就必须调整好自己的心态，做好把自己的素质、能力展示给用人单位并被对方挑选的心理准备。在求职过程中，如果做好了充分的心理准备，就能以沉着自信的良好形象适应求职中可能面对的各种情况；就会把求职当作人生的一次普通经历，把自己比作一件产品去宣传、推销；也就能坦然面对用人单位审视的目光，欣然接受对方的挑选。如果没有做好充分的心理准备，就有可能在用人单位面前显得心慌意乱，语无伦次，不能发挥自己的正常水平，使人大失所望。当然，如果求职有望，便沾沾自喜，得意忘形；求职不成，便气急败坏，懊恼沮丧，也都是心理状态不好的表现。

**范例** 两位男士进入了某企业最后一轮的面试。主考官是个体育爱好者，他很随意地问道："会游泳吗？"A君回答："会。"B君回答："游得不好。"主考官又问："如果给你一个月的时间学习，可以学会打乒乓球吗？"A君坚定地回答："没问题。"B君回答："也许可以"。结果，公司录用了A君。

## 三、求职材料，精心准备

求职前的准备往往要从精心准备相关的求职材料做起。求职材料包括推荐表、履历表、自荐表、证明等文字性的材料。根据应聘的需要，要精心准备个人简历和求职书信。

### (一) 准备个人简历

写个人简历，不论是采用文章式还是表格式，都要明确应达到的目的。除了要向应聘单位陈述自己的姓名、性别、出生年月、籍贯、毕业学校、所学专业、学习简历、爱好、特长等基本信息以外，还要在个人简历中表明想得到的工作类型和能得到这份工作所具有的资格，要集中强调自己的一些特殊技能，激发出令招聘者要见到你本人并了解你更多的愿望。

书写个人简历，应特别注意以下细节：一是书写简历的纸张以白色为佳，简历尽量放在一张纸上，最多两页；二是使用简单明了的词句，将自己的姓名、性别、出生年月、籍贯、通讯地址、电话号码等基本信息置于第一页纸的中上部分，最好在右上角贴上一张自己的免冠照片；三是为便于阅读，将学习、工作简历按照时间的先后顺序排列；四是将自认为最重要的材料放在第一位，用取得的主要成绩来替代一些工作性描述，但不要过多地重复强调自己的能力和责任心；五是认真校对，使自己精心准备的个人简历具备真实、全面、简练、重点突出、语言准确、版面美观、自我评价客观等特点。

## (二) 准备求职书信

一般来讲，在求职书信中，要扼要说明写信的目的，简略叙述自己所具备的知识才能与兴趣爱好，并恰当表达求职意愿。要做到表意准确，条理清楚，语言简洁，感情真挚，收件人的姓名和地址正确。求职书信还应具有个性特点，不需要太多的文字，切忌面面俱到，不需要华丽的词藻，避免奉承和夸张。

准备求职书信，要特别注意以下方面：

1. 要揣摩用人单位的心理。准备向某一单位求职时，首先要揣摩对方的用人心理，做到“投其所好，荐其所求”。要善于寻找自身条件与对方需要之间的最佳结合点，千方百计地引起对方的兴趣和关注。

在毕业生就业市场上，用人单位“欢迎”的往往是思想政治素质较高，有事业心和责任感，有艰苦奋斗精神，基础扎实、知识面较宽，有组织管理能力，善于处理好人际关系，有奉献精神和创新能力的毕业生；用人单位“不欢迎”的常常是成绩“优”却无其他专长，计较名利、追求享受、以自我为中心，未老先衰、暮气沉沉，学习时代学无所成，头脑简单、缺乏内涵，口齿木讷、不善交际，身体状况欠佳，自我意识太强，志愿动机模棱两可，给人第一印象不深的毕业生。

用人单位喜欢应聘者表现为友好、乐观、轻松、坚定、诚恳、坦率、有思想、机敏灵活、积极主动、有必胜的信心、对工作充满兴趣、适度的举止和充分的准备。用人单位不喜欢应聘者表现为冷淡、怀疑、害羞、紧张、缺乏信心、满腹牢骚、志向低下、进取心差、气势汹汹、举止不雅、对金钱和地位过分感兴趣。

因此，作为一名求职者，不仅要在个人素质上不断向这些“受欢迎”的标准靠拢，向“不受欢迎”的标准疏远，而且还应在准备求职信时留意这些标准，契合这些标准，以适应用人单位的求才心理。

2. 要突出重点。在求职书信中，要注意突出以下几个方面，赢得对方的器重：

(1) 要突出名气和名声。即求职者及其所在单位或学校的知名度和美誉度。名气是一种求职资源，应该尽可能地充分利用它。

(2) 要突出自己的求职优势。每个人都有自己的优势，应该善于发现和自荐自己的优势，让这种优势打动招聘者的心并胜过竞争者。

(3) 要突出自己的特长与特点。即表明自己的性格特点，以及自己的技术特长和素质专长，特别是要针对所求职位和工作性质的特殊性来突出自己在这方面的特长和优势。

(4) 要突出以情感人。话表诚意，言传心声，用袒露的诚恳和质朴吸引对方，使用人单位看到你身上有一股充满活力的精、气、神。

(5) 要突出“美”字。求职者撰写的求职材料要工整清雅，从形式到内容都要给人以美感。如果是手写的求职材料，一定要书写得清楚漂亮；如果是打印材料，应当精心设计编排，精选内容，使其清晰整洁；如果是通过电脑网络发送求职信息，也要精心设计，使其看起来美观大方，成为一件艺术品，让用人单位不仅获得你的个人信息，而且得到一种美的享受。

3. 要做到“十忌”。具体来讲，忌病急乱投医，无的放矢；忌书写潦草，卷面脏乱；忌语无伦次，条理不清；忌胡吹乱侃，大夸海口；忌过分谦虚，缺乏自信；忌堆砌辞藻，哗众取宠；忌好高骛远，志大才疏；忌礼貌不周，语言粗俗；忌拐弯抹角，又臭又长；忌平平庸庸，毫无新意。

## 四、准备答题，有备无患

求职者除了准备书面的求职材料外，还需要提前做好面试前的准备工作。用人单位往往通过面试这一环节考察应聘者的素质、能力和各方面的条件，以决定是否录用。因此，求职者应该提前做好面试答题的准备工作，并要多做几套预案。

### (一) 面试答题技巧

在面试过程中，往往采用问答的形式，下面介绍几种技巧：

1. 浅显问题深入答。有些面试题，看上去浅显、简单，使你很容易答出而不用再深入分析，回答结果往往是流于肤浅。

2. 深奥问题简单答。有些面试题，乍听题后，感觉理论性较强，一时难以把握。其实只要仔细分析，联系自己所掌握的知识，完全可以用简单的事实与道理去解析，避免死抠字眼，让其套住自己的思路而陷入难以超脱的局面。

3. 陌生问题伸展答。当面试者遇到自己不熟悉的陌生问题，首先应保持镇定，而后再尽量搜罗自己脑海中的积累，哪怕是少量的相关知识、资料，也可以就此作些伸展发挥。在这种情况下，不妨根据自己的日常积累，结合生活中的所见所闻，伸展开去，做一点设想，当然回答不宜冗杂。在做简单的解释之后，也可再作一点说明，既作了回答，又有坦率、谦逊的态度，很容易赢得考官的谅解分、印象分。

4. 原则问题坚定答。求职者的回答，应该坚定地按党的方针政策、党纪国法的规定、光明磊落的人格等标准去分析评价问题，树立起求职者的人品。对类似问题的回答一定要遵循原则性的标准。

5. 实践问题总结答。有些面试题是属于实践性的，目的是考察应试者的一些经历、体验。在回答此类问题时要注意归纳总结、提炼升华，使回答具有条理性。

## （二）面试中常见问题例析

1. 谈谈你自己的情况

（提示：这往往是开场白。要求你自我介绍个人简历，注意介绍时语言要简练，不要过多涉及其他方面。时间以三四分钟为宜。）

2. 你为什么要到我们这里求职？

（提示：这是用人单位对你心理的试探，从而了解你求职的真实目的和要求。要说出用人单位有何优点和特点这类的话，容易成功。）

3. 你对我们单位了解吗？

（提示：作为一名求职者，你应该尽可能多地了解面试单位的详细情况。对这些问题的回答准确无误又干净利落，无疑会使你从众多的竞争者中脱颖而出，独受青睐，加大被聘用的可能性。）

4. 你来我们这里能干什么？

（提示：回答这个问题，要致力于谈该单位的事。要事先作调查，做到心中有数，然后通过经历中的实例说明你是拥有这些必要的技能的。如果不能就这个问题给主考人员一个巧妙的回答，他们就会对你失去信心。）

5. 你最大的优点是什么？

（提示：如果你平时就很注意了解、剖析自我，回答这个问题是很容易的。趁机列举两个既与该单位的工作有关、又能体现出你优点的例子，但说话要得体，不要给人留下自吹自擂的印象。）

6. 你最大的缺点是什么？

（提示：没有十全十美的人，任何人都不能说自己毫无缺点。但凡主考提出这一问题，其目的并不是想得到具体的信息，而是想了解你是否诚实正直，是否心态平衡。回答这一同题时，要注意体现自己健康的心理。）

7. 你最喜欢（或不喜欢）哪几门课程？为什么？

（提示：主考人员希望弄清你的价值体系。说出你最喜欢学的课程后，最好不要这么回答缘由，而应该强调这门课的积极价值，还应指出你具备的技能。你之所以喜欢这门课，是因为它具有挑战性，丰富了你的才智，开发了新技能并使你从中受益匪浅。）

8. 你的业余爱好是什么？

（提示：没有任何业余爱好是一个很大的缺陷，而有业余爱好说明你的兴趣广泛，显示你是一个有能力的人。）

9. 你喜欢什么样的领导？

（提示：不要表现你专爱和领导闹意见。可以直接表明心迹："我喜欢有能力、办事果断、给我效力机会、能指导我、当我办错事的时候能严格批评我、帮助我的领导。"）

10. 你的目标是什么？

（提示：你必须答出你的目标，并能对它加以简述，指出自己为什么有此目标和实现的方法。如果不能恰当地对这个问题做出回答，很容易使主考人员认为你没有目标，这将说明你思想准备不足，尚不成熟。）

面试前，要把准备的资料浓缩提炼，拟成提纲，并形成腹稿，熟记于心，以便在面试时能够在最短的时间里完整流畅地表述出来，给用人单位留下令人满意的印象。

## 强化训练

**【训练要求】**

结合自身实际，有针对性地展开训练，要持之以恒。

**【训练指导】**

教师要做好有关学生求职情况的调查，有针对性地进行指导，并引导学生认真小结。

学生要结合专业与自身实际，认真做好准备，有针对性地进行个人演练与小结。

**训练一** **浏览相关招聘信息，根据所学专业选择意向单位，并收集该单位相关的信息资料。**

**训练二** **根据意向单位招聘要求，设计个人简历。**

**训练三** **根据意向单位招聘要求，撰写求职书信。**

**训练四** **根据意向单位招聘要求，准备面试应答问题。**

# 项目2　求职技巧训练

在求职过程中，面试往往是必不可少的重要环节，也是极为关键的一步，求职是否成功往往取决于面试的结果。因此，面试时应该注意做到懂礼仪、善表达、会应变。

## 一、求职中的面试礼仪

礼仪是人类文明和社会进步的重要标志，它既是交往活动的重要内容，又是道德、文化的外在表现形式。在面试中注重礼仪，可以给用人单位留下美好深刻的第一印象。

### （一）面试言谈礼仪

1. 注意使用礼貌用语。称呼对方要用尊称，应该使用敬辞“您”来表示谦虚而有礼貌，使用“请问”来征询对方的意见。

2. 回答问题一定要抓住要点。尽可能用第一、第二、第三来说明，这样能给人以头脑清晰、反应快、思维能力强、办事精明可靠的印象。

3. 巧妙拉近彼此间的心理距离。利用空当时间，找机会与主持人套套近乎，这将大大有利于融洽气氛，增加好感，为进一步的交谈打下基础。

4. 语言表达要清晰准确。面试的整个过程主要是通过面对面的交谈来完成的，这就要求前去应聘的求职者一定要在口语表达上下功夫。在说好普通话的前提下，一定要注意发音准确、吐字清晰，要让招聘者听清你所说的每一句话。口语表达能力强的求职者往往会得到更多成功的机会。

### （二）面试仪容、仪表礼仪

面试是一种正式场合，求职者仪容、仪表的好坏直接关系到用人单位对求职者的第一印象，因此，必须认真对待。

1. 面试仪容礼仪。对于女士来讲，一要保持头发清洁健康，其发型还应适合自己的脸形，以达到美观的效果；二要化妆，用化妆品来装扮自己，可以达到振奋精神和尊重他人的目的。面试应以淡妆为主，色彩要求鲜明、丰富、和谐统一。

要根据自己的面部肤色选择化妆品，使化妆品与自己原有肤色恰当地结合，才能显得自然、协调。同时，还应根据自己的脸形和五官的局部特征来进行修饰，扬长避短，突出自己脸上富有美感之处，掩饰面目的不足，以达到化妆的最佳效果。

对于男士来讲，一要保持头发清洁健康，要注意修饰、修理，保证头发没有头皮屑，发型以短发为宜，一般前额的头发不要遮住眉毛，侧部的头发不要盖住耳朵，同时不要留过厚或者过长的鬓角；二是注意面部的修饰，要注意面部的清洁及滋润、面部毛发及口腔清洁等三方面的问题。

2. 面试仪表礼仪。一般来讲，求职者的着装应与社会时尚相协调，做到既高雅端庄，又大方得体，给人以和谐感、明快感、整体感。对于衣冠不整者，用人单位可能会认为是不懂礼貌，不拘小节，甚至怀疑有没有认真负责、扎实精细的工作精神。因此，在着装时，不要穿奇装异服，不要不修边幅，不要不顾细节。女士着装，要注意服装与身材、服装与色彩、服装与装饰物之间的相互协调。男士如果穿西装要注意衬衣、领带、马夹、皮带、裤子、皮鞋的色彩搭配和协调，注意处理好皮鞋是否光亮、钮扣是否扣好、衣服上是否有油污等细节。

**范例** 某企业到某高校前去招聘文秘职员，成绩优异的小张为了应聘成功，她提前一天用一个月的生活费到美发店做了一个最新潮的发型，又到商场买了一条款式新颖的长裙，并且请寝室的同学帮助化了浓妆前去面试。主考官见到小张的这身打扮，却说："打扮得不像学生，让人看着有点别扭！"结果小张落选了。

### （三）面试举止礼仪

1. 彬彬有礼，礼貌行事。求职者来到求职单位，首先要轻轻敲门，当听到"请进"后，再轻轻地推开门，并主动向屋内的人打招呼，等主人说"请坐"后，再慢慢入座。不打招呼、直接闯入的举动都会被视为失礼的举动。

2. 举止动作，姿势优雅。求职者面试时主要采用站姿、走姿和坐姿三种姿态。

采用静态的站姿时，应站得端正、稳重、自然。正确的站姿应做到五点一线，即脚跟、小腿、臀、肩胛骨、头在一条线上，臀部收紧，脊背挺直，挺胸收腹，双肩水平，头正目平，下颌微收，面带微笑，两臂自然下垂，两腿相靠直立，两脚靠拢，女士脚跟并拢，男士双脚微分，但不能超过肩宽。如果出现歪脖、斜腰、屈腿、双脚叉开过大、双脚随意乱动、无精打采、自由散漫的姿势，都会被看作不雅或失礼。

采用动态的走姿时，要保持自己行姿的优美稳健。脚步要轻而稳，胸要挺，头要抬，肩放松，两眼平视，面带微笑，自然摆臂，尽量走直线，不要左顾右盼。

采用坐姿时，应做到腰背挺直，两肩放松，双手自然放在膝盖上或椅子扶手上，两腿自然弯曲，小腿与地面基本垂直，两脚平落地面，女士应两膝并拢，男士膝部可分开一些，但不要过大，一般不超过肩宽。不论何种坐姿，上身都要保持端正，如古人所言的“坐如钟”，并且身子一般只占座位的 2/3。若坚持这一点，那么不管怎样变换身体的姿态，都会优美、自然。端庄优美的坐姿，会给人以文雅稳重、自然大方的美感。

3. 保持微笑，和善可亲。微笑是社交公关最通用的表情，更是面试求职最不可或缺的表情。笑容是一种可以令人感觉轻松、愉快的面部表情，它可以缩短人与人之间的心理距离，为深入沟通与交往创造温馨和谐的氛围，有人把笑容比作人际交往的润滑剂。从面试开始到面试结束，求职者自始至终都应该面带微笑。微笑可以充分体现求职者充满自信、真诚友善、乐业敬业的良好心境，可以体现求职者自身的修养。因此，求职无论成功与失败，都应该始终面带微笑，从而更好地拉近招聘者与求职者之间的距离。

## 二、求职中的语言技巧

求职中除了要注意面试时的各种礼仪之外，更要重视面试开场时的自我介绍和面试中应答时各种语言技巧的运用。

### (一) 自我介绍的语言技巧

面试时，求职者要做的第一件事往往就是自我介绍。如果说，当求职者刚刚进入面试现场时，招聘者的注意力还集中在视觉效果上，通过对求职者穿着打扮、行为举止的观察来判断求职者的品行、修养、气质、风格，来加深第一印象。那么，当面试进入正题以后，招聘者就会在视觉效果的基础上将注意力转移到听觉效果上。求职者语言表达如何，就成为一种十分有效的手段。招聘者往往都要给求职者一定的时间作自我介绍，并试图通过求职者的自我介绍来做出初步判断。如果求职者能够抓住招聘者所给的有限时间，给主考官留下更好的第一印象，那么可以说面试已经成功了一大半。为此，求职者应该做到：

1. 突出中心，详略得当。在做自我介绍时，介绍什么，哪里要详，哪里要略，事先要胸中有数。面试时的自我介绍宜简不宜繁，并且要有针对性。如可以把事先写好的简历中自己的姓名、性别、出生年月、籍贯、毕业学校、所学专业、学习简历、爱好、特长工作能力、工作经验等基本信息向招聘者做一番陈述。

**范例** 一家报刊正在招聘编辑和记者，一位二十六七岁的姑娘进入面试室，一束松松的马尾辫，穿一条干净利落的牛仔裤，进门、落座、挺身、发言显得生气勃勃。她面对考官落落大方地说："先生，您好！很高兴能来参加贵报的招聘考试，请允许我作一个简单的自我介绍。我叫×××，毕业于××××大学，我学的是中文，我因为喜欢投身新闻事业……"。她的动作紧凑、敏捷，自我介绍落落大方，赢得了招聘者的好评。

2. 充满自信，语言清晰。在自我介绍的过程中，求职者应当表现出自信心和胆量。信心往往会使人精神百倍，会使自我介绍魅力大增。同时，在自述时要做到语气坚定，吐字清楚，语速适中，声音大小恰如其分。

3. 诚实谦逊，避免炫耀。求职者在自我介绍时，可以实事求是地表明由于刚刚步入社会，自己还存在阅历短和工作经验少等不足，并表示自己通过向单位领导和老职工的学习，以及后天的勤奋和努力会有所成就。但不要为了给主考官留下深刻的印象而过多地炫耀自己。骄傲自负、言过其实，往往适得其反。总之，求职者在展示自己时，要注意三点：态度要诚，表达要准，内容要实。

**范例** 一位竞聘者在陈述了自己的优势之后言明：我深知自己还有不适应这份工作的地方，但是有在座各位的支持与配合，我有信心做好工作。这样的话语言简意赅，既承认有不足，又含而不露，恰到好处。

### (二) 面试应对的语言技巧

招聘与求职既是一种"面对面"的洽谈，也是智慧与口才的较量。求职者在面试过程中需要掌握一些应对的语言技巧。

1. 选准角度，注意措辞。求职者在面试时一定要慎重考虑，讲究措辞，得体作答，不要随问随答。同一件事用不同的表述方式往往会收到不同的效果。

**范例** 甲乙两个求职者都想向招聘单位提"是否招聘女生?"这一同样的问题。甲生直截了当地问招聘单位"你们单位要女生吗?"用人单位回答"不要"，顺水推舟地拒绝了甲同学的提问；乙生则选择了一个适当的角度来问："女大学毕业生到你们单位工作的多吗?"如果用人单位说"多"，正合你意，因为已经"多"就不在乎再增加我一个；如果说不多，你可以争取机会，因为既然"不多"，那么增加一个岂不是正好吗？这样，提问的优势总在自己一边。

2. 多谈对方，巧谈自己。求职面试免不了要谈自己的基本情况和所长所短，但交谈时不可一味地只谈自己，而应该时时不忘谈到对方，或者是站在对方的立场上来谈自己。

谈自己关键在于一个"巧"字，既要展示自己的才华和优势，又不要让对方觉得你是在自我吹嘘；既要让面试官觉得你是一位难得的人才，又要给主考官留下谦虚诚实的好印象。

**范例** 当招聘单位的主考官问道："你为什么要来报考我们公司呀?"时，甲生从诉说自己的愿望入题："我是学电子的，我到这里才是专业对口。"乙生从诉说自己的经历入题："我在原单位呆不下去了，那里的领导压抑人才。"丙生从诉说自己的困难入题："我原来上班的地方离家太远了。"丁生从对方入题："我觉得贵公司力量雄厚，领导得力，上下一条心，适于一切有才干的人发展。"甲、乙、丙的回答，主考官心里会想：你们想的都是自己的利益，是为了解决自己的困难才来这里求职的。唯有丁的回答是站在对方的角度考虑的，听起来舒服，一定会引起招聘方的好感。

**3. 温文尔雅，谈吐得体。求职面试时的交谈要把握一定的"度"，即很好地把握说话的速度、声音的高度、感情的温度，以及表情、手势、姿态的风度等。即讲话时语速不可太快也不要太慢，声音不要太高也不要太低，要体现热情但不要过于激动或冲动，动作势态和表情手势要优雅大方、彬彬有礼。**

**范例** 有两名刚毕业的大学生同到一家公司应聘，从外表来看，甲生西装革履，颇有点风度；乙生则相貌平平，穿着朴素。面试中，甲生自恃自己口才好，不等主考官说完，便滔滔不绝地发表意见，中间不让人插话，似乎着意让别人感到他才华横溢，见解不凡。乙生在交谈时，语速平稳，平静而又十分得体地叙述了自己的见解和想法。结果是甲生由于语速过快，给主考官造成此人有些轻浮，不扎实，干工作不会有实干精神的印象。而主考官从乙生的叙述中，看到他礼貌、自信和稳重的品质，看到了他潜在的创造力。甲生在面试中虽然占有优势，但结果适得其反，乙生被录取了。

**4. 出语真诚，坚定自信。在面试应聘时，要尽可能表现出真诚来。在考官面前要让对方感到你是发自内心地想得到这份工作，而且能够尽心尽力地干好这项工作，这样对方才有可能录用你。**

**范例** 艾静得知某广告公司欲招聘一名文案策划人员后，前往面试。面试过程中，主考官问她："有相关工作经验吗?"艾静摇摇头说："没有。在此之前我是一名新闻记者，对广告策划这一行业不是十分清楚。"主考官说："我们的招聘要求是必须有两年以上的工作经验。既然你没做过这行，我们不会选择你。非常抱歉，希望日后能有合作的机会。"艾静接到主考官的"逐客令"后站起身来，礼貌地说了一声"再见"后离去。走到门口时，她突然转过身来，对主考官坚定地说："我有信心将这份工作做好，尽管我没有工作经验，但我有深厚的文字功底。虽然我从未涉足广告这一行业，但我相信自己的能力。我一定能够胜任这份职务的，希望贵公司能给我一次展示自己的机会。”主考官见艾静如此真诚，于是给她出了一道考题。经过一番思索后，艾静交出了一份令主考官满意的答卷，并由此得到了这份工作。

5. 知己知彼，有备而来。作为一名求职者，应该通过各种渠道对用人单位有一个全面的了解，对用人单位了解得越充分，面试回答就越自如。

**范例** 小刘到一家贸易公司应聘，她很有礼貌地同主考官问好。当主考官问过她姓名后，说：“请你谈一谈我们公司的优势和弱点？”小刘有些紧张了。因为对这家公司事前没有做太多了解，只是听别人说这家公司效益不错。因此，小刘临场现编词：“贵公司的优势是一个综合性的集团公司，既有国际贸易，又有国内贸易，而且在社会上的知名度很高，这也是我一直向往的公司。至于贵公司有什么弱点我一时还没有找出来。”虽然小刘灵机一动做出了相应的回答，但是从主考官的表情，她看出他们对自己的回答并不满意。

### （三）面试问答的语言技巧

求职招聘，机遇稍纵即逝；有问有答，应对机变无穷。如何提问，怎样回答，没有一定的模式，关键在于灵活应变、机智对答。

1. 把握问答的分寸。在应聘面试时，如果你说得太少，招聘者就不能对你有充分的了解，也就减少了任用你的可能；如果你说得太多，又犯了一个忌讳：你告诉招聘者的某些东西反而会导致他拒绝接受你。解决这个问题的办法是让你居于两者中间，回答时要慎重，与提问相应，最好使用已经事先准备好的词语，适可而止。招聘者可能向求职者提出如下类型的问题：

（1）提出不容争辩的问题。经常是用这些词开始的：“你能……？”“你干过……？”“你是……？”“哪一个……？”“什么时候……？”“谁……？”对于这类问题，应聘者可以做简单的肯定或否定的回答，但要尽量避免简短的答复，而要通过举例来展开答案。

**范例** 招聘者问：“你能使用计算机吗？”你可以这样回答：“是的，而且我自己就拥有一台。我利用它来结算自己的账务开支，我还利用它来帮助朋友了解股市行情。去年，我还参加了计算机等级考试培训。您愿意知道更多的情况吗？”

（2）提出可以争论的问题。常常是这样开始的：“为什么……？”“告诉我关于……？”“什么……？”“怎样……？”“你认为……？”“给我举几个例子……，如何？”“给我解释一下……，行吗？”这类问题也是招聘者常问的，它可以鼓励应聘者在回答问题时进行发挥。当然对可以争论的问题，也需要进行考虑而后作答，要防止转化成为不容争辩的问题。

**范例** 招聘者问："可以谈谈你的志向是什么吗？"如果你回答："哈，我认为我没什么志向。"或者"五年之后，我希望我能坐到你的位置上，并帮助你继续提升。"这两个回答都是愚蠢而又糟糕的。较好的答复是："我要不断提高业务能力和技术水平，在这个岗位上干二三年之后，我就有能力担负更多的重任。如果时机成熟，我愿意作一名销售经理这样的中层干部，而后成为公司的管理者。"这个回答既显示了自己的抱负又不得罪招聘者。

(3) 提出假设性的问题。常常用"如果……你将怎么办？""假如是你……你会怎么做？"之类的句式。回答这类问题往往要慎重，不要轻易做出判断。要在有绝对把握的基础上给对方一个满意的答复。

**范例** 招聘者问："如果……你将怎么办？"你最好这样回答："在我回答这个问题之前，我想知道这种条件下的所有事实。而且，我还想告诉你我曾经解决过的这类问题以及我的解决方法。"这种问答，可以始终处于熟悉的语言背景之下，使用你为面谈而准备的材料。

2. 正确回答常规性的提问。在任何情况下，应聘者都必须认真对待每一次的提问。在面试中，如果求职者遇到以下常规性的提问可以做如下思考：

(1) 你为什么想到我们这里来工作？

回答应简短而切合实际，如"我一直都很欣赏贵公司的成功之道，我想我在贵公司不仅可以学到其他地方学不到的技能，而且我对贵公司鼓励员工积极进取的做法很感兴趣，正因为如此我愿意到贵公司工作。"

(2) 你为什么来应聘这份工作？

应聘者可以直言相告，把与问题有关的事实坦率明了地告诉主考官，如"我来应聘这份工作，是因为我相信自己为公司能够做出贡献。我在这方面已经积累了很多经验，我希望的我的才能能够得到充分的发挥！"

(3) 这个职位最吸引你的是什么？

回答应使招聘者确认你具备他要求的素质、品质，如"我一直都在渴望得到这个职位，因为我是一个性格开朗、喜欢人际交往的人，贵公司所提供的职位正好与我所学的专业相符合。如果贵公司能够给我一次锻炼的机会……"

(4) 你根据什么，认为你自己能够胜任这份工作？

回答应该理由充分，如"从我多方面了解到的信息，这份工作主要要具备一定的才智、创新精神、解决问题的技巧、诚实守信和随机应变的能力。我相信我可以做到这几点。其理由如下……"

(5) 如果我们录用你,你是否打算做这份工作?

回答应该坚定,表明是经过认真考虑的,如"能在贵公司做这份工作,我是考虑了很久的,我不但做了一套做好这份工作的初步计划,同时我还这样想……"

(6) 你打算在我们公司呆多久?

这是个分量很重的问题,不要流露出把该单位作为一种暂时性的过渡的情绪。虽然人们无法预测将来,但这时的意向要肯定,要采取积极的态度。回答这样的问题,你该持有这样一个明确的态度,如"根据贵公司的需要,能呆多久则呆多久,尽可能长,因为我在这里能继续学习和完善自己。"

(7) 在以前的学习和工作中谁曾经对你的影响最大?

选一个自己非常熟悉的名字即可,最好是你过去的老师、你过去的领导或者是你的亲人,再准备几句简要的说明,如"我的老师……,他曾经……"

(8) 你曾经取得的最大成就是什么?

面试前准备好自己曾经取得成功的小故事,此时,娓娓动听地道来,如"我曾经在……"

(9) 你还有什么问题吗?

你要回答"当然"。因为你要准备通过你的发问,了解更多关于这家公司、这次面试、这份工作的信息,为自己成功应聘之后的工作做一铺垫。不能马上说:"没有。"而应该问一些与工作有关的问题,如"我的职责将是什么?我将要接受何种培训?如果工作出色,以后我的职位能到什么级别?我怎样才能成为单位的优秀职员?单位成功和发展的原因是什么?"

(10) 你对薪金有什么要求?

这往往是必不可少一个的问题,因为你和你的招聘者出于不同考虑都十分关心它,因此,你是不能不回答的,但不能做正面和诚实的回答。要强调你最感兴趣的是这个机遇和挑战并存的工作,有意避免讨论经济上的报酬,直到你被雇佣为止,如"由于我是第一次参加工作,所以自己也不清楚能抱多大的希望";"我了解到从事这份工作的报酬一般都在×××元到××××元之间,如果贵公司能够给我这样的报酬,我很乐意接受";"我把这份工作看作是施展个人才华的良机,薪水的高低对我并不重要"。

3. 机智应答非常规性的提问。在求职面试的过程中,招聘者除了提出一些常规性的问题以外,还有可能提出求职者本身与用人单位有关的比较难以回答的难题和怪题。以探测求职者的智慧、性格、应变能力和心理承受能力。如果遇到,求职者应当心态坦然、灵活处置。以下几种方法可以供求职者参考。

(1) 事实证明，胜于雄辩。在面试中，回答有些问题最好要用事例来说明，提供能够证明自己具有某些方面才能的材料。

**范例** 一次，一位主考官问了这样一个问题："你在上大学时有没有参加过诸如勤工俭学的活动？"作为求职者你可以这样回答："有，在上大学时，我利用课余时间主动参加过许多勤工俭学的活动，比如……"

(2) 保持中立，牵线搭桥。在面试中，考官往往会出一些两难推理的问题，一定要注意摆脱"非此即彼"的回答。

**范例** 有一个单位在招聘一个公关部主任时，提了这样一个问题："我们公司目前经理与员工的关系紧张，你如果当了公关部主任，打算站在哪一边？"很明显，这是一个两难推理的问题：你站在经理一边，那会得罪员工；站在员工一边，又会得罪经理。提这个问题是想试试你的协调能力和反应能力，千万不要顺着对方的思路回答而落到"陷阱"里去。结果这个应聘者是这样回答的："对这个问题，我尚未听说过，更谈不上调查，是非有无都不清楚，当然说不上站在哪一边。不过，我想既然是在一个单位，不管是员工还是老板，都应该把走到一起共事视为一种缘分，不应该闹得关系那么紧张。如果硬要我站的话，我想我最好是站在中间，像一根红线将两方面连接沟通，用我的工作来消除双方的误解，以实现公司上下的友好合作和精诚团结。"这个应聘者顺利得到了这个公关部主任的职位。

(3) 机智反问，滴水不漏。在面试中，有时考官可能出真真假假的题目。为此，考生不要简单地就题答题，要多一个心眼，想得全面一些，以便使答案更完整圆满，首尾相顾，不致顾此失彼，留下缝隙，给人留下把柄。

**范例** 某电视台招聘记者，小魏前去应聘。面试中，考官指出："你说你爱好写作，可是我看了你填的报考表，在'自我评价'栏中居然出现了三处语法错误，现在既没有多余的表格，也不准涂改，你怎么办？"小魏听罢吃了一惊，心想填表时自己是字斟句酌的，怎么会有三处错误呢？但时间不允许多想，他当机立断回答说："为了弥补失误，我可以在表后附一张更正说明，上面写道：'某某地方出现了三处语法错误，实属填表人的粗心，特此更正，并向各位致歉。'不过……"他停顿一下说："在发出这份更正说明之前，我想知道是哪些错误，因为不能无的放矢，错误地发出一份更正说明，我不愿意犯这种错误。"

他的机智应对令考官们笑了。其实他的报考表并没有错误，这不过是考官设的一个圈套，用以考察他的自信心和反应能力。从表达角度看，他的得分主要在于后半部的补充说明。这一段的表达十分完满，滴水不漏，印证了他机智全面、认真仔细的品格，赢得了好评。

(4) 挑战自我，柳暗花明。求职不总是一帆风顺的，特别是在求职失利时，要勇于面对现实，敢于挑战自我，以矢志不移的坚韧和毅力，让求职之路出现柳暗花明的转机。

**范例** 肖某能讲一口流利的英语，为找一份适合自己发展的工作，她来到一家进出口贸易公司应聘业务员。在面试时，她拿出自己的简历，并用标准的国语不时加进几句英语与主考官对话。此时，她的自我感觉挺好。可是，当主考官的话题一转，问她贸易业务中的一些专业问题时，她回答得有些勉强。面对她的窘迫，主考官没有继续问下去，只是很注意地看着她说："下星期我们公司有项重要活动希望你能参加，因为你很漂亮。"她一听这话，懵了，"难道漂亮的姑娘只能充当礼仪小姐的角色？"

肖某没有因这次求职失利而气馁，第二天，她又来到这家公司，敲开了总经理的门，令她颇感意外的是面前的总经理竟是那天的主考官。她直言不讳地对总经理说："当临时的礼仪小姐，不是我的选择。我愿为贵公司当一名免费的市场调研员，请您给我机会。"她的直率和胆量使总经理很为钦佩，该公司在新加坡的办事处正好急需一份国内的市场调研报告，总经理就把这项任务交给了她，并坦诚地告诉她："虽然你不是我公司的正式职工，但出色地完成这项工作，我会很高兴地录用你。"

肖某接到此项任务后，利用自己熟练的电脑操作技能，收集了大量数据和信息，然后分类整理，不到一个星期就完成了一份令总经理大为赞赏的市场调研报告。不久，她就成为公司的一名正式员工，并被派往新加坡办事处工作。

### (四) 面试结束时的语言技巧

1. 及时结束。一般情况下，面试都有一定的时间限定，面试时间过短，往往不能展示一个人才华和能力；面试时间过长，又会造成主考官的疲惫。因此，每一名求职者都应该充分合理地运用面试的时间。在面试前就应该想好交谈的话题，在做完自我介绍并回答考官们的提问后，就应该做好告辞的准备。当听到主考官说："多谢你对我们公司的关心"，"谢谢你对我们工作的支持"，"今天就到这里吧"等类似的话语，就应该立即结束谈话，起身告辞。

2. 礼貌告辞。不论面谈是否成功，都要保持应有的风度和良好的心理。如果面试成功，不要喜形于色；得知面试失败，更应保持镇静，仍应该面带微笑，可以握手告别，也可以鞠躬告别，还可以用语言表达对主考官的谢意。总之，面试中的开场亮相虽然重要，但也不要忘记做事要善始善终。

**范例** 一位面试中被用人单位拒绝聘用的大学生，当得知自己没被录用后，没有灰心，也没有气馁，更没有骂娘，而是在告辞时十分礼貌地对考官们说："十分感谢贵公司给我这次面试的机会，它使我受益匪浅，虽然此次我不符合贵公司用人的条件，但是我还会努力，如果再有这样的机会，我还会努力争取的！"良好的素质和心态，是主考官们认为这人是可塑之才，于是决定破格录取。

## 三、求职者容易犯的错误

容易犯错的求职者通常有两类：一类是没有很好地进行思考、计划、演练以提高自己发言能力的人；另一类是在面试中回答每一个提问时既不顾及招聘者又不考虑自己的人。具体所犯错误的表现有：回答问题不严肃，穿着打扮不适合招聘行业的职业特点，拒绝招聘者分配的工作，对获取某项工作表现出迫不及待，过多地考虑私人利益，总希望招聘单位给自己方便等。

## 强　化　训　练

**【训练要求】**

结合自身实际，有针对性地展开训练，要持之以恒。

**【训练指导】**

教师要做好有关学生求职情况的调查，有针对性地进行指导，引导学生以学习小组为单位进行练习，指导学生认真小结。

学生要结合专业与自身实际，有针对性地进行课堂演练与小结。

**训练一** **浏览相关招聘信息，根据所学专业选择意向单位，根据意向单位招聘要求，进行专项演练。**

1. 设计得体的仪容仪表。

2. 面试自我介绍。

3. 面试问答演练。

**训练二** **运用恰当的求职技巧，进行情景模拟训练。**

1. 训练准备：

(1) 教师以抽签分组的办法，将全班学生分成人数基本相等的若干小组，再将两小组分成一大组；

(2) 每大组中的第一组,模拟用人单位,撰写招聘广告,商定面试程序,准备面试问题;

(3) 每大组中的第二组,对应第一组发布的相关信息,撰写个人简历并做好应聘前的各项准备工作。

2. 训练顺序:

(1) 每大组的第一组,模拟扮演用人单位主持人与主考官,组织面试工作;

(2) 每大组的第二组,模拟扮演应聘者,按照相关要求参加面试。

3. 训练方式:

各大组按先后顺序完成模拟训练后,可根据教学时数,安排每大组的两小组互换角色,进行第二轮训练。

4. 训练小结:

(1) 以大组为单位进行讨论,总结训练得失。

(2) 组织各大组进行全班交流。

(3) 教师点评。

## 项目3 求职后的训练

完成了求职面试的环节后,求职者在被告知是否录用之前,还有一些后续工作要做。如果求职失败,要做好继续努力的准备;如果求职成功,还要做好步入新环境的各项准备。具体来讲,面试后应该做好以下几项工作。

### 一、真诚地表示感谢

面试结束后,自己应该对面试进行实事求是的评估。同时,为了加深招聘人员对自己的印象,增加求职成功的可能性,在面试后二三天内,最好给招聘人员写封感谢信;感谢信要及时寄出,最好是在招聘者做权衡时寄到。在感谢信中重复一下你适合这份工作的那些品质;如有可能,面试几天以后,打一个表示感谢的电话或想办法再接触一下招聘者,再强化一下你对这个职位的兴趣。

在正常的人才招聘程序中,面试人员在面试后要对应聘者的情况进行讨论或者投票,然后将结果送交人事部门汇总,最后确定录用人选名单可能要到几天以后，或者是更长的时间。求职者在这段时间里，不要急于打听或催问，因为急于求成往往适得其反。这时候，你可以由可靠的朋友侧面打听一下招聘工作的进展情况，或者由他人向用人单位举荐。

## 二、做好两手准备

### （一）求职者应聘成功

如果求职者被用人单位录用，在欣喜之余应保持心态平静，不要大喜过望或欣喜若狂，应该积极做好迎接新工作、适应新环境的准备。

1. 尽快完成角色转换。来到一个新的单位、新的环境，要尽快调整好自己的心态，以全新的眼光、全新的角度来看待周围的环境，适应新的工作，完成自己的角色转换。这时候需要做好两件事，一是应该对单位的情况作更深入的了解，尤其对单位的历史、现状、有关政策、规章制度、管理方式等进行全面细致的了解。二是及时构建新的知识结构。在提高专业知识和技能的同时，还需要提高自己的文字表达能力和职业修养。

2. 练好人际交往中的“内功”。良好的人际关系是事业成功的基础，刚刚步入社会的毕业生，步入新环境时应该注意练好社交“内功”，尽快建立良好的人际关系是非常重要的。要想练好“内功”，就应该从以下几个方面下功夫：

（1）提高口语表达能力。掌握一定的表达能力是每个人进行社交的基础。只有不断培养和锻炼自己的口语表达能力，才会使自己升华到更高的层次上去，获得更多的朋友和友谊。

（2）提高自身修养。人与人之间相处不是一朝一夕的事，要经得起时间的考验，就要靠人格的力量、优秀的品质和素养征服人心。

（3）提高社交活动能力。活动能力就是一种社交意识和社交才干，是一个人建立良好人际关系的动力，它既是人们开展社交公关所必需的，也是到一个新单位迅速打开局面的重要保证。因此，要加强这方面的锻炼，提高自己的社交活动能力。

### （二）求职者应聘失败

求职是一项复杂的系统工程，成与不成是由多方面的因素决定的，可能既有自己应聘条件方面的因素，也有用人单位取舍标准方面的原因，还有其他各种难以意料的因素，它们都有可能影响求职应聘的结果，而并不表明你自身的能力如何。因此，如果未被录用，不要迁怒他人，诅咒世道或对招聘单位发泄怨气；也不必灰心丧气，对自己失去信心。

人生在世，难免要遭遇各种各样的挫折、失败，甚至打击，意志坚强者应该能够从失败中崛起，从挫折中总结经验教训，找出失败的原因，从而积蓄实力，迎接新的挑战。求职也应如此。要学会面对求职过程中的“失败”，静下心来总结教训，向其他人吸取成功经验，改进方式，重整旗鼓，为下一次机会做好准备。

## 强化训练

**【训练要求】**

结合自身实际，有针对性地展开训练，要持之以恒。

**【训练指导】**

教师要做好准备，有针对性地进行指导，引导学生认真小结。

学生要结合专业与自身实际，有针对性地进行课堂演练与小结。

**训练一　结合上节所做的面试演练，给用人单位写一封感谢信。**

**训练二　回顾本章训练内容与项目，每人完成一篇求职书面总结。**

模块七

# 行业口才训练

## 学习目标

1. 了解文明服务的要求，掌握常用的文明用语。
2. 了解导游口才的要求，掌握导游口才技巧。
3. 了解营销口才的要求，掌握营销口才技巧。
4. 了解谈判口才的要求，掌握谈判口才技巧。
5. 了解教学口才的要求，掌握教学口才技巧。

## 核心能力

1. 按照文明服务的要求，能够使用常用的文明用语。
2. 按照导游口才的要求，能够进行导游解说。
3. 按照营销口才的要求，熟练掌握营销的语言技巧。
4. 按照谈判口才的要求，熟练掌握谈判的语言技巧。
5. 按照教学口才的要求，能够进行教学。

## 学习任务

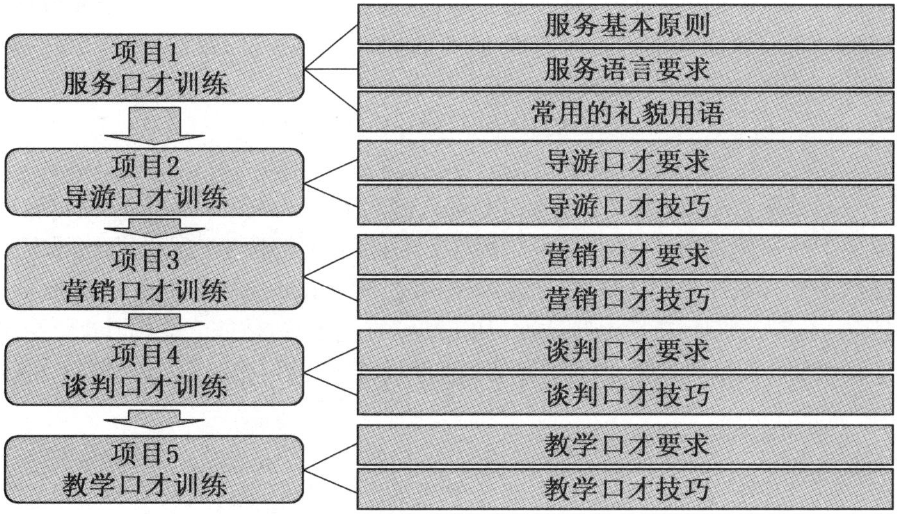

# 项目1 服务口才训练

服务，是当今社会开展最为广泛的业务工作，涉及社会的方方面面。服务行业又统称第三产业，泛指除工业、农业之外的其他各种行业，包括所有一切为他人提供社会性劳务的职业，如商业、旅游业、饮食业、交通运输业等，因此也被称为“窗口行业”，这些行业的从业人员就是该行业的“门面”。

如今，不仅第三产业提倡服务理念，包括国家行政、企事业单位也都在提倡“以人为本”的现代服务理念。各行各业的人们在提高自身业务素质和专业技能的同时，通过不断提高自己的服务意识和服务质量，树立部门、单位、企业自身良好的社会形象。

## 一、服务基本原则

### (一) 真诚

真诚是要求服务人员在整个服务过程中，对顾客始终抱有一颗以诚相待的人道之心，祝福之心，表达出一种善良的情感。语言的魅力并不在于滔滔不绝，而在于是否善于表达真诚。只有真诚相对，才能让顾客感到你是一个实在、有诚意的人，才能赢得对方的信任，建立起信赖的人际关系。因此，在服务过程中，要把自己的真诚注入到服务语言之中，把自己的心意传递给对方并产生共鸣，对方也就容易接受你的说法，并喜欢你为其服务了。

### (二) 热情

热情服务十分重要，也越来越受到人们的重视。各行业都倡导“微笑服务”，就是要把热情通过微笑、体态展示给顾客。对顾客热情，能够在心理上给顾客一种舒适的享受。往往几句热情的话语，就可以让素不相识的人们很快建立起“心理相容”的关系。当然，热情也要适度，如果热情得过了头，往往会适得其反。更不能为了售出货物或拉拢顾客，虽然在顾客面前笑脸相迎、笑语相送，但却说假话，讲瞎话。

### (三) 主动

主动服务是做好服务工作至关重要的前奏曲。主动是指在岗位上，主动开口询问客人，寻觅潜在服务对象，在顾客需要某种服务而尚未开口提出的时候能够抢先一步予以提供。换言之，就是动在顾客之先，说在顾客之前。主动是积极、自觉地走上前去，而不是消极、被动地做出反应。主动会赢得顾客的好感和信任，顾客无意中得到了你主动的服务，既在心理上得到了一种享受，也在情感上得到了一种慰藉。

### （四）尊重

尊重的实质性内涵是以顾客为中心。在服务过程中，务必要记住以对方为中心，切勿以自我为中心。顾客是服务的对象，手里操着主动权，要视顾客为“上帝”。对待顾客或客人，应该使用表示尊称的敬语，切忌使用贬称。要经常使用“欢迎光临！”、“谢谢您！”、“欢迎下次再来！”等礼貌用语。要特别讲究遣词造句和语气语调，多用雅语。做到只称赞不指责，不去命令他人，不从自己嘴里直接说“不”，不去教训别人。同时，要始终以尊重的态度对待每一个顾客，不能以衣貌取人，不能瞧不起外地人，不能崇洋媚外，不能厌烦爱挑剔的顾客。与客人交谈中，不要问客人的年龄、婚姻或薪金情况等不涉及服务的语言，否则，会使顾客容易产生被查问的感觉而引起不必要的误会。

**范例** 格林先生从商店买了一套衣服，穿上后发现衣服掉色，把衬衣领子染成了黄色。他拿着这件衣服来到商店，找到卖这件衣服的售货员，想说说事情的经过。可售货员根本不听他的陈述，只顾发表自己的意见：“我们卖了几千套这样的衣服，从来没有出过问题，您是第一位，您想要干什么？”这令格林先生在失望之余又加了一层愤怒。

他们吵得正凶的时候，另一位售货员走了过来，说：“所有深色礼服开始穿的时候都多多少少有掉色的问题，这一点办法都没有。特别是这种价钱的衣服。”

“我气得差点跳起来，”格林先生后来回忆这件事的时候说，“第一个售货员怀疑我是否诚实，第二个售货员说我买的是便宜货，这能不让人生气吗？最气人的还是她们根本不愿意听我说，动不动就打断我的话。我不是无理取闹，只是想了解一下怎么回事，她们却以为我是上门找茬儿的。我准备对他们说：‘你们把这件衣服收下，随便扔到什么地方，见鬼去吧。’”

后来，商店的负责人沃特女士过来了。首先，沃特女士一句话也没有讲，而是听格林先生把话讲完，了解了衣服的问题和他的态度。接下来，她对格林先生道了歉，说这样的衣服有些特性她们没有及时告诉顾客，请求他把这件衣服再穿一个星期，如果还掉色，她负责退货。对于格林先生被染过的衬衣，沃特女士表示抱歉，同时送给了格林先生一件新衬衫。

### (五) 灵活

灵活就是要求在服务过程中做到灵活机变。服务人员作为企业或单位的代表,面对的是各种各样的顾客。服务工作的目的是为顾客排忧解难,同时实现应有的效益。在服务过程中,能够控制局势,要想尽办法化解可能或将要发生的矛盾。充分运用灵活的语言,把可能或将要爆发的争论平息下来,并合情合理地解决问题。一旦发生矛盾,要采用迂回转移的方法,尽可能地在顾客心里的气消下去之后,再从容地摆事实,讲道理。

**范例** 有位理发师带了个徒弟。徒弟学艺3个月后,这天正式上岗。他给第一位顾客理完发,顾客照了照镜子说:"头发留得太长。"徒弟不语。师傅在一旁笑着解释:"头发长使您显得含蓄,这叫藏而不露,很符合您的身份。"顾客听罢,高兴而去。

徒弟给第二位顾客理完发,顾客照照镜子说:"头发留得太短。"徒弟不语。师傅笑着解释:"头发短使您显得精神、朴实、厚道,让人感到亲切。"顾客听了,欣喜而去。

徒弟给第三位顾客理完发,顾客边交钱边嘟囔:"剪个头花这么长时间。"徒弟不语。师傅马上笑着解释:"为'首脑'多花点时间很有必要。您没听说:进门苍头秀士,出门白面书生!。"顾客听后,大笑而去。

徒弟给第四位顾客理完发,顾客边付款边埋怨:"用的时间太短了,20分钟就完事了。"徒弟心中慌张,不知所措。师傅马上笑着抢答:"如今,时间就是金钱,'顶上功夫'速战速决,为您赢得了时间,您何乐而不为?"顾客听了,欢笑告辞。

## 二、服务语言要求

### (一) 清晰准确

清晰准确是口语表达最基本的要求,在服务语言中尤为重要。一要说话清楚。我们说出来的话只有清晰地传到顾客的耳朵里,才能使顾客能够听懂所表达的意思。二要信息完整。提供给顾客的信息要准确、完整。三要形式规范。应该使用规范的现代汉语普通话同顾客交流。

**范例** 一名宾馆前台接待员为客人安排房间。

接待员:“欢迎光临!罗宾逊先生,您的到来,使我们深感荣幸,我能为您做些什么吗?”

罗宾逊:“我想要1间单人房。”

接待员:“你有没有预订房间?”

罗宾逊:“没有,我昨天刚接到要我来讲学的邀请,就匆匆赶来了。”

接待员:“很抱歉,单人房已经订满了。为您安排1间标准客房,您不介意吧?”

罗宾逊:“不介意。不过,我希望有个安静舒适的环境。”

接待员:“请您放心,这间客房在8楼,客房的设施是本宾馆一流的,窗户朝南,阳光明媚。窗外就是本市著名的风景区——锦绣花园,您可以欣赏到美丽的景色。”

罗宾逊:“太好了,那就要这间吧。”

接待员:“谢谢,罗宾逊先生,这是809房间的钥匙。有什么需要,请吩咐服务台。”

### (二) 简明扼要

服务场所,一方面顾客来去匆匆,另一方面讲求时效。因此,服务人员要在有限的时间内,用简明扼要的语言让顾客了解其内容,做到重点突出,意思明确。

**范例** 一名餐厅服务员为客人安排就餐。

服务员:“您几位请这边坐。想吃点什么?”

客人:“来1只烤鸭,4份配料,1盘薄饼。凉菜不要了。”

服务员:“热菜要什么?”

客人:“软炸虾仁、葱烧鱿鱼、蒜西兰花。”

服务员:“各位要什么酒水?”

客人:“来1瓶茅台,再给女士来1瓶橙汁。”

服务员:“等一会儿大师傅就会用小车把烤鸭送来,当着各位的面儿把它‘片’成薄片,又嫩又香,保您看着满意,吃得高兴!”

### (三) 态度亲切

在服务过程中,服务人员一要说话和气。俗话说“和气生财”,要想使顾客心情舒畅,高兴而来,满意而归,就必须说话和气。二要耐心周到。要学会面对各种各样的顾客,为不同顾客提供各种不同的服务,要像对待自己的亲人一样对待顾客。三要亲切自然。在口语表达、态势语言上,都要让顾客感到你的服务是诚心诚意的。

**范例** 一名空乘服务人员为客人安排座位。

旅客:“请问17A座位在哪儿?”

乘务员:“后边倒数第三排靠窗口的那个座位就是。”

旅客:“太好了,可以看看下边的景致,这架飞机能按时起飞吗?”

乘务员:“能,一会儿就要起飞了。旅客们请注意,飞机马上就要起飞了,请各位系好安全带。”

旅客:“请问安全带怎么系?”

乘务员:“把皮带头插进卡子里勒紧就行了。”

旅客:“谢谢。乘务员同志,我有点儿不舒服,可以给我一杯水吗?”

乘务员:“您是第一次乘飞机吧? 不要紧,您先喝点儿水,一会儿就会好的。”

旅客:“我有点儿晕,想吐。”

乘务员:“那您吃2片乘晕宁,可能会好些。如果想吐,这里有纸袋可以吐在里边。”

旅客:“好,谢谢!”

## 三、称呼语

称呼是当面招呼对方,以表明彼此关系的名称。在宾馆、饭店、商场等服务场所,称呼语是交谈语言中首先使用到的词语,一个充满感情而又得体的称呼,不仅体现出一个人礼貌诚恳的美德,而且可以使对方感到愉快、亲切,易于增进双方的情感,为更加深入的交谈打下了基础。

### (一) 称呼语的种类及使用方法

1. 对陌生客人的称呼

(1) 敬称,如:您。

(2) 称先生、女士等。

(3) 以职务、职称相称,如:李处长、王教授。

(4) 以当地习惯性称呼相称。

2. 对朋友、熟人的称呼

(1) 敬称,如:您。

(2) 直接称呼姓名或称呼时在姓氏前面加“老”或“小”。

(3) 使用类似血缘关系的称呼,要在其前面加上姓氏,如张大爷、吴阿姨。

### (二) 使用称呼语的原则

在服务工作过程中，称呼很有讲究，须慎重对待。它不仅反映一个人的身份、社会地位和婚姻状况，而且也反映出对对方的态度及与之亲疏关系。不同的称呼内容，可以使人产生不同的理解。因此，使用称呼语时要遵循以下三原则。

1. 礼貌原则。这是人际交往的基本原则之一。每个人都希望被人尊重，合乎礼节的称呼，正是表达对人尊重和表现自己礼貌修养的一种方式。在服务工作过程中，称呼对方时，要用尊称。在庄重的场合，忌用小名、绰号等。

2. 尊崇原则。一般来说，人都有崇大、崇老、崇高的心态。如对同龄人，可称呼对方为哥、姐；对既可称“叔叔”，又可称“伯伯”的长者，以称“伯伯”为宜；对副科长、副处长、副厂长等，口语中可在姓后直接以正职相称。

3. 适度原则。要视对象、场合、双方关系等选择恰当的称呼，还要注意亲疏远近和主次关系，做到亲切、自然、准确、合理。称呼他人，感情色彩非常重要，要注意自己的眼神、表情、语音、腔调，让在场的人感觉到你的热情、大方、不卑不亢。

### (三) 使用称呼语的注意事项

1. 忌不使用任何称呼。如只称对方“唉”“喂”“那边的”等。

2. 忌错误的称呼。如误读，为避免这种情况的发生，对于不认识的字，事先要有所准备；如果是临时遇到，就要谦虚请教，切勿不懂装懂。

3. 忌使用不通行的称呼。有些称呼具有一定的地域性，如有的北方地区爱称人为“师傅”“伙计”，而在南方有的地区则不认可，认为“师傅”等“出家人”，“伙计”肯定是“打工仔”。

4. 忌使用不当的称呼。如“哥们儿”“美女”“帅哥”等。

5. 忌使用不雅的称呼。尤其是含有人身侮辱或歧视之意的称呼不宜使用，也不能随便拿别人的姓名乱开玩笑。

6. 同时会见多人时，称呼要注意顺序，一般以先长后幼、先女后男、先上级后下级为宜。

7. 称呼外国宾客时要考虑不同国家的称呼习惯。如中国人经常把配偶、孩子称为“爱人”“小鬼”，而有些外国人则将“爱人”理解为“婚外恋者”，将“小鬼”理解为“鬼怪”“精灵”。

8. 称呼对方一定要声音清楚。

## 四、礼貌用语

在服务工作中，礼貌用语是很重要的礼仪形式与工作手段，也是展示一个人品格的“窗口”。得体、亲和力强的礼貌用语，不但能使服务对象乐于接受你，便于信息的交流和沟通，更能体现一个人的文化积淀和修养。

### (一) 礼貌用语的种类及使用

1. 敬语。是表示恭敬、尊敬的习惯用语。这一表达方式的最大特点是当与客人交流时，常常用“您好”开头，“请”字放中间，“谢谢”或“再见”收尾，“对不起”常常挂在嘴边。日常工作中，“您好、请、谢谢、对不起、再见”等字词用得最多。

2. 谦语。是向人们表达一种自谦的词语。以敬人为先导，以退让为前提，体现着一种自律的精神。在交谈中常用“愚”、“愚见”和“请问我能为您做点什么”等；日常工作中常用的有“太客气了”、“过奖”、“为您效劳”、“请多指教”、“没关系”、“不必”、“请原谅”、“很惭愧”和“不好意思”等。

3. 雅语。又称委婉语，是指一些有便直言的事，用一种比较委婉、含蓄的方式表达。日常生活中常用的有“留步”、“奉还”、“光临”、“失陪”、“光顾”和“告辞”等；称人时常用的有“高寿”、“令堂”和“令尊”等。

### (二) 常用的礼貌用语

1. 见面语

“早上好”、“下午好”、“晚上好”、“您好”、“很高兴认识您”、“欢迎您光临”、“请多指教”和“请多关照”等。

2. 感谢语

向对方致谢时：“谢谢”、“劳驾了”、“让您费心了”、“实在过意不去”、“麻烦您”和“感谢您的帮助”等。

接受对方致谢时：“请别客气”和“不用客气”等。

3. 致歉语

打扰对方或向对方致歉：“对不起”、“请原谅”、“很抱歉”、“请您稍等”、“请多包涵”、“让您久等了”、“实在对不起，给您添麻烦了”、“对不起，我可以占用一下你的时间吗”、“很对不起，我没听清，请重复一遍好吗”和“对不起，让您等候多时了”等。

接受对方致歉时：“别客气”、“不用谢”、“没关系”、“没有什么”、“请不要放在心上”和“很高兴为您服务”等。

4. 告别语

“您拿好，慢走”、“感谢您的惠顾”、“谢谢光临”、“再见，一路平安”、“再见，欢迎下次再来”、“祝您一路顺风”和“请再来”等。

5. 忌用语

“哎”、“喂”、“喊什么”、“不知道”、“你不懂”、“不能换，就这个规定”、“这东西很贵”、“到底要不要，想好了没有”、“你买的时候，怎么不挑好”、“刚才不是和你说过了，怎么还问”和“价格标签上有，自己看”等。

## 强化训练

**【训练要求】**

结合专业实际，有针对性地展开训练，要持之以恒。

**【训练指导】**

教师要有针对性地做好专业分类指导，引导学生以学习小组为单位进行练习，指导学生认真点评与小结。

学生要结合专业与自身实际，有针对性地进行练习，要将课堂演练与岗位实习结合起来。

**训练一　掌握并熟练运用下面的日常礼貌服务用语。**

1. 您好　2. 请　3. 请进　4. 请讲　5. 请坐　6. 谢谢　7. 对不起　8. 欢迎光临　9. 欢迎您下次再来　10. 我明白您的意思了　11. 请恕冒昧　12. 请稍等　13. 没关系　14. 承蒙光临，非常感谢　15. 让您久等了　16. 再见　17. 为您服务，非常高兴　18. 欢迎选购　19. 您需要什么，我给您拿　20. 请多提宝贵意见　21. 请慢走

**训练二　根据下列规定内容编写一段情景对话，并进行演练。**

1. 四人为一个学习小组，两人扮演服务员，两人扮演顾客。

2. 顾客甲、乙同去文具店买钢笔，顾客甲很有礼貌地请求看商品。

3. 服务员甲的服务态度不好，引起顾客乙的不满，说了不礼貌的话。

4. 顾客乙用不适当的方法挑钢笔，引起服务员甲的不满，说了不礼貌的话。

5. 顾客乙和服务员甲争吵起来，顾客甲有礼貌地加以劝解。

6. 服务员乙委婉地批评服务员甲，也委婉地批评顾客乙不适当的挑选方法，礼貌地接待顾客。

7. 顾客甲赞扬服务员乙，服务员乙谦虚地表示感谢。

8. 顾客乙表示歉意，服务员与顾客热情告别。

**训练三　模仿【训练二】中的规定内容，结合所学专业如“餐饮业”、“交通运输业”等，在教师的指导下，以学习小组为单位编写情景对话，并进行演练。**

## 项目2 导游口才训练

旅游是一项集政治、经济、文化等多种因素于一体的综合性社会活动。随着社会的发展，旅游业已发展成为需求兴旺的新行业，被称为“无烟产业”、“永远的朝阳产业”，与石油业、汽车业并列为世界三大产业。

同旅游行业中的其他工作人员相比，导游与游客相处的时间最长、处理的相关事务最多。通过导游的讲解，使游客增长知识，开阔眼界，求得乐趣，陶冶情操，获得美的享受。因此，提高导游口语表达能力就显得尤为重要。

### 一、导游口才要求

#### (一) 知识丰富

导游要为各种文化层次的游客讲解和服务，让游客在游山玩水之间增长知识、激发游兴。因此，导游必须加强学习，不断完善自己的知识结构，特别要注意积累旅游景点中有关人文景观、自然山水、风土人情等方面的知识。

#### (二) 热情礼貌

导游也是一种服务，这就要求导游必须热情礼貌。游客虽然年龄、身份、性格各不相同，但参加旅游活动的目标又是一致的，这就要求导游热情礼貌地对待每一位游客，营造一种愉快的氛围。通过导游的口语表述，让所有游客都能够抱着新奇、向往、期待、愉快的心情，总想一饱眼福，从多姿的景致、壮丽的山河中得到一种心灵的愉悦。

### （三）灵活应变

游客来自世界各地、五湖四海，不同国家、不同民族的游客会存在明显的个体差异。导游要根据他们的社会地位、知识水平、动机情绪等，因人而异、因地而异、因时而异地讲解介绍，以适应对象的差异性。如对待大多性格开朗、随和、崇尚自由、富有幽默感的美国人，可多使用一些风趣的语言；对待大多性格内向、隐忍和尊崇绅士风度的英国人，言谈就应庄重、严谨；对待专业旅游团，要巧妙地将专业知识引进导游中，侧重介绍与游客专业有关的内容；对度假休闲性旅游者，则要言语活泼，古今中外，天上人间，娓娓道来，使其轻松愉快。

### （四）幽默生动

幽默的表达能营造出一个轻松、活泼的氛围。导游的语言应尽量做到活泼大方、风趣生动，使游客在笑声中增长见识，回味无穷。

### （五）情景交融

一个美好的旅游景点就是一部集自然景观与人文景观于一体的“百科全书”。导游要用清新流畅、通俗易懂、优雅有趣、点染有致的语言引领游客去翻阅、读懂这部“书”。导游的语言表达，既要形象直观，又要上升到理性的层次，阐述景点的奥妙之处，丰富游客的想象力，激发游客的游览兴趣。

## 二、导游口才技巧

导游工作离不开语言表达，导游讲解的语言艺术，对于取得良好的导游效应具有十分重要的作用。每一位合格的导游人员都应掌握一定的导游方法和语言技巧，而且要独具特色。在此，重点介绍一些常用的技巧。

1. 引导法。就是在导游解说中，导游人员先概括介绍此游览点的基本情况，包括历史沿革、占地面积、欣赏价值等，使游客对即将游览的景点有个初步的印象，产生“一探究竟”的游兴。然后，再带领旅游者顺次参观，边看边讲，将旅游者引入审美对象的意境当中的方法。如介绍杭州西湖时，一般先从其概况、传说、成因开始讲起，继而带出“一山、二堤、三岛”、“西湖新旧十景”等具体景点的讲解，旅游者边欣赏沿途美景，边倾听导游员有声有色、层次分明、环环相扣的讲解，定会心旷神怡，获得美的享受。

**范例** 在太湖鼋头渚的游览中，导游人员先对太湖鼋头渚作了一个总体介绍。然后，引导一群游客一边往高处走，一边说："唐代诗人王涣之说'欲穷千里目，更上一层楼'，让我们到鼋头渚最高的光明亭去观太湖吧。"上了光明亭，导游接着说："在光明亭可以看到内外太湖的全景，请大家细细看，还可以看出三个层次，就像一幅立体油画。"经导游这一启示，游客们个个屏神细看，不时变换角度观察，不时相互议论，认为已看出的游客急于想让导游证实自己的观赏水平，未看出的游客也急于想知道答案。这时，导游才继续说："第一层次是蠡湖，第二层次是鼋头渚、三山岛，第三层次就是三山岛外一望无际的湖面。所以有句老话说'太湖绝佳处，毕竟在鼋头''人生佳景处，更在努力中'。"话音刚落，游客发出一片啧啧称赞声。

2. 悬念法。就是在导游讲解时，导游人员提出令人感兴趣的话题，但故意引而不发，激起旅游者急于知道答案的欲望，使其产生悬念的方法。一般是由导游先说出一个发人深思或出人意料的现象、结论，设一"关卡"又秘而不宣，让游客自己先去观察、思考、猜测后，然后再由导游加以分析，和盘托出真情，揭开答案。这种方法往往能极大地提高游客的兴致，使双方关系更加融洽。

**范例** 一次，一位导游带一个旅游团参观北海时，他指着九龙壁对游客说："我知道大家的眼力好，可是你们能看出哪条龙身上有块琉璃是假的吗？"游客有的说这块，有的说那块。在众人的争论声中，大家不约而同地围到了这位导游身边，请他揭开谜底。导游指着一条白龙的腹下说："就是这块。"游客们定睛细看，齐声喊道："原来是块木砖。"接着便纷纷提问："这是怎么回事？""它是哪一年换的？""皇帝为什么没有发现？"这时，这位导游已经抓住了游客心理了，他提高嗓门把九龙壁的年代、建筑艺术和"木砖"轶事详细地讲了一遍。这样一来，既调动了游客的浏览情绪，又使讲解内容生动活泼，还融洽了双方的感情，可谓"一举多得"。

3. 问答法。就是在导游讲解时，导游人员向旅游者提问题或启发他们提问题，然后再回答的方法。通过讲中有问、问中有答、你问我答、我问你答等形式，活跃游览气氛，激发旅游者的想象，使旅游者获得参与感或自我成就感；也可避免导游人员唱独角戏的灌输式讲解，促使旅游者与导游人员之间产生思想交流，使双方关系更加融洽。一般有自问自答、我问客答、客问我答等方式。

**范例** 在苏州狮子林游玩时，导游这样述说："狮子林假山是最有名的，这些假山堆成了许多千姿百态、大小不一的狮子，峥嵘壮观，惟妙惟肖。假山互不相连，形成许多山洞，从洞中往外看，一洞一景，各不相同。更有妙者，在这些假山中还隐伏着五百罗汉。不知各位能找到吗？"话音刚落，游客四下分散，兴致勃勃地寻找石罗汉去了。

4. 比较法。就是在讲解过程中，导游人员以熟比生，触类旁通的方法。用旅游者熟悉的事物与眼前景物比较，达到生动形象和通俗易懂的目的，使游客对游览地有进一步地了解并加深印象，从而达到事半功倍的导游效果。常见的主要有三种方法：

(1) 同类相似比较。将相似的两物进行比较，便于旅游者理解并使其产生亲切感。如在参观苏州时，可将其称作“东方威尼斯”；讲到梁山伯和祝英台或《白蛇传》中许仙和白娘子的故事时，可以将其称为中国的罗密欧和朱丽叶等。

**范例** 厦门导游员在接待上海的一批游客时，这样讲解：“各位来宾！厦门是我国东南部的一座海港风景城市，古迹众多，风光美丽，历来有‘海上明珠’的美誉。上海地处我国海岸线的中心，是一座现代化的国际大都市，都市文化、都市风光、都市商业形成了独特的海派风采，被誉为太平洋西岸的明珠。明珠对明珠，相思树对白玉兰，两地人民心连心，手拉手，我们的友谊和感情就像黄浦江一样终年不冻，源远流长！”

(2) 同类相异比较。这种方法可将两种风物比出规模、质量、风格、水平、价值等方面的不同。例如，在规模上将唐代长安城与东罗马帝国的首都君士坦丁堡相比；在价值上将秦始皇陵地宫宝藏同古埃及第十八朝法老图但卡蒙陵墓的宝藏相比；在宫殿建筑和皇家园林风格与艺术上，将北京故宫和巴黎附近的凡尔赛宫相比，将颐和园与凡尔赛宫花园相比等，不仅使游客对中国悠久的历史文化有较深的了解，而且对东西方文化传统的差异有进一步的认识。

(3) 同时代比较。在游览故宫时，导游人员若说故宫建于明永乐十八年，不会有几个外国旅游者知道这究竟是哪一年，如果说故宫建成于公元1420年，就会给人以历史久远的印象。但如果说在哥伦布发现新大陆前72年、莎士比亚诞生前144年中国人就建成了面前的宏伟宫殿建筑群，这不仅便于旅游者记住中国故宫的修建年代，给他们留下深刻印象，还会使外国旅游者产生中国人了不起、中华文明历史悠久的感觉。又如，导游故宫，导游人员一般都会讲到康熙皇帝，但游客大都不知道他是哪个时代的中国皇帝，如果导游人员对法国人说康熙与路易十四同一时代，对俄国人说他与彼得大帝同代，还可加上一句，他们在本国历史上都是很有作为的君主。这样介绍便于游客认识康熙，他们也会感到高兴。

5. 故事法。就是在导游讲解中，将景物介绍同与景观有关的民间传说、神话故事、趣闻轶事等有机结合起来，编织故事情节，以求产生艺术感染力，努力避免平淡、枯燥乏味、就事论事的方法。比如讲解杭州断桥时，结合白娘子和许仙在断桥上“千年等一回”的故事，一定会显得更加风趣生动。再如一座雷峰塔本来显得很平常，由于民间故事的介入，白娘子、许仙、法海等人物穿插其中，导游人员一加喧染，就会激起旅游者的极大兴趣。总之，讲解每一个景点，导游人员应编织故事情节，先讲什么，后讲什么，中间穿插什么典故、传说，心中都应有数。加上形象风趣的语言、起伏变化的语调，定会产生艺术吸引力，受到旅游者的欢迎。

6. 幽默法。就是导游人员在讲解过程中，运用幽默的语言，甚至适当的调侃，能够让游客在笑声里消除疲劳，增长见识的方法。

**范例** 导游在苏州西园对五百罗汉堂内那尊“疯僧”的解说：“朋友们，这雕像可怪了。他有个雅号叫‘十不全’和尚，就是说他有十样毛病：歪嘴、驼背、斗鸡眼、招风耳、瘸痢头、跷脚、抓手、斜肩胛、鸡胸、外加歪鼻头。别看相貌怪，但残而不丑，从正面、左面、右面看，他的脸分别给人欢喜、滑稽、忧愁三种感觉……里面那五百罗汉，尊尊不同。请耐心找找，里面一定有一尊的脸形是像您的。”

7. 展示法。就是导游人员在讲解过程中，通过展示实物、图片等吸引游客的注意力，提高游客的游兴，增强说服力的方法。

**范例** 旅游团抵达南京中山陵后，有几位中老年游客走了没有多少级台阶就坐在一旁休息，再也不想走上去了。这时导游拿出几张中山陵的照片说：“不到上面去瞻仰实在是太可惜了。你们看，站在中山陵顶部，你会感到这座具有中国民族特色的陵墓气势雄伟，布局严整，前有开阔的平原，后有巍峨的山峰。纪念堂内有孙中山先生的石雕全身坐像，四周刻有他的遗著《建国大纲》和中山先生革命事迹浮雕。石雕坐像后面是墓室，整个结构为球状，中间有长方形的墓，上面有中山先生长眠卧像，中山先生的遗体就安放在卧像底下大约 3 米之处。这一切你都不想去看看?”“是吗？那我们得去瞻仰一下。”“走吧！百闻不如一见。”说完，游客就跟导游员走了上去。

8. 引用法。就是引用旅游者本国本土的诗词、谚语、俗语、格言等进行讲解的方法。这不仅能增强讲解的生动性，而且能起到以一挡十的作用。

**范例** 一位导游对龙虎山的讲解：素称“神仙所都”“人间福地”的道教圣地龙虎山，是我市自然风光、人文景点的荟萃地。从这里乘竹筏顺流而下，各位将一览《水浒传》开篇所描绘的龙虎山“遥山叠翠、远山澄清”，“千峰竞秀、方壑争流”的美景秀色；有如诗似画的排衙峰，奇诡如梦的马祖岩；有巍峨险峻的云台山，荒僻孤傲的天台山；还有宫观连袂、宛如仙境的应天山、圣井山、琵琶山、鬼谷洞；清澈澄碧，曲折回环的芦溪河两岸，或古树参天，或陡峭险峻，或乱山横翠；仙水岩山奇水秀,"形似漓江,胜似漓江",百余个人文景点,各呈风姿,尤其是仙水岩至马祖岩5公里的山崖洞穴中100多座2000多年前的古越族墓群,令人目不暇接……。它们相互映衬,争奇斗胜,构成一幅绵延30余里的立体画卷。正如宋代政治家王安石在其《七绝·龙虎山》中所描绘的那样:弯弯苔经引青松,苍石坛高进晚风,方响乱敲云彩里,琵琶高映水声中。各位朋友:有道是"莫道宜春远,江山多胜游"。愿各位在今天的龙虎山景区竹筏游中饱览鹰潭江山景色,领略鹰潭多娇风采!

此外,还有突出重点法、触景生情法、画龙点睛法、成因介绍法、概述法等方法技巧。在具体工作中,各种导游方法技巧不是孤立的,而是相互渗透、相互依存、互相联系的。导游人员在学习众家之长的同时,必须结合自己的特点融会贯通,在实践中形成自己的导游风格和导游方法,并根据游客、旅游目的、景致、气候、场景等的不同,灵活、熟练地运用,这样才能获得不同凡响的导游效果。

## 强化训练

**【训练要求】**

结合专业实际,有针对性地展开训练,要持之以恒。

**【训练指导】**

教师要有针对性地做好专业分类指导,引导学生以学习小组为单位进行练习,指导学生认真点评与小结。

学生要结合专业与自身实际,有针对性地进行练习,要将课堂演练与岗位实习结合起来。

**训练一　选择祖国的名山大川、名胜古迹,收集相关资料,通过多媒体、图片、音响等手段,以导游的身份带领大家参观游览,注意恰当运用导游口才技巧。**

**训练二　选择本地区(家乡)的一个旅游景点,查阅相关资料,自己担任导游,带领大家参观游览,注意恰当运用导游口才技巧。**

**训练三　选择某一旅游胜地,查阅相关资料,串写导游词。**

**训练四　以学习小组为单位模拟成立旅行社,集体讨论选择祖国的名山大川、名胜古迹作为旅游线路中的景点,串写导游词,并推选小组中的一位同学作为导游,带领大家参观游览。**

# 项目 3 营销口才训练

营销是工商企业组织针对社会需求，面对市场竞争，在市场调查论证的基础上，采用人员或非人员等形式所进行的促进产品、商品销售流通的专门活动。在营销活动中，实施营销策略的手段是多种多样的，但几乎所有策略的实施，都离不开语言表达技巧的运用。营销人员运用有效的促销语言，不仅可以把有关商品的信息准确传递给潜在顾客，唤起消费需求，而且可以使信息传递过程更加生动新颖、更有针对性，从而将客户的购买意图转化为购买行动。

## 一、营销口才要求

现代社会充满竞争，要想在激烈竞争的环境下打开局面，无论是商品流通、劳务交流，还是人际交往，无不需要营销口才。而且，随着市场经济的不断发展，更多的现代经营和管理者越来越意识到，选用能说会道的高级人才去开发市场、促进销售，才能更好地占领市场、扩大市场，使企业的生命之树常青。

### （一）真心实意，以礼相待

从心理活动分析，营销开始时，顾客一般心态是消极的。顾客会因为防卫心理而对从事营销的销售人员在感情上保持较大的距离，会因为成见、偏见而对销售人员产生反感、厌烦甚至敌视的心理。销售人员应该遵循“顾客就是上帝”的宗旨，以真诚、热情的态度，用有礼有节、亲切柔和、委婉含蓄的语言打消顾客的疑虑，建立和维护与顾客的良好关系，并且通过向顾客提供真实的信息，缩短与顾客之间的感情距离，逐步消除顾客在营销初期对销售人员固有的偏见、隔阂、戒备心理，真正做到“诚招天下客，信引五洲财”。

**范例** 西屋公司的推销员雷蒙负责推销的区域内有一位富翁。雷蒙的前任和他花了 13 年的时间对这位富翁进行推销，但是直到最近，才使这位富翁答应购买了几部发动机。而当雷蒙再次去拜访他的时候，他却声称以后不会再订购西屋公司的发动机了，原因是他认为这些产品太热，不能把手放在上面。

于是，雷蒙对那位富翁说："史密斯先生，我完全同意你的看法。如果我公司的发动机确实过热的话，你不应该再买。你花了钱，当然不希望买到热量超过标准的发动机，是不是？

"是的。"史密斯说。

"你知道，"雷蒙接着说，"电工行会的规定是，一架标准的发动机的温度不能比室内温度高72华氏度，是这样吗？"

"是的。可是你的发动机却高出了这一温度。"史密斯说。

"你工厂的温度是多少？"雷蒙问他。

"75华氏度。"史密斯想了一会儿然后说。

"这就对了，"雷蒙笑着说"75华氏度加上72华氏度等于147华氏度，如果你将手放在147华氏度的水里，你会不会被烫伤呢？"

史密斯不得不说："会的。"

"那么，"雷蒙继续说，"我建议你最好不要把手放在147华氏度的发动机上面。"

"我想你是对的。"史密斯说。接着他们又谈了一会儿，最后，史密斯答应在下个月订购西屋公司35 000美元的产品。

### （二）学会倾听，耐心说服

在销售商品时，除了用眼睛仔细观察对方，看对方对商品的表情和态度以外，还要学会仔细听取对方议论，从而了解对方的真正意图和内心打算。在销售过程中，销售人员如果善于倾听，就能够在更短的时间里找出双方的共同点。在销售过程中，销售人员还要耐心向顾客传递信息，诱发顾客的购买动机，说服顾客采取购买行动。以耐心说服的态度回答顾客的问题，不仅仅是对顾客的负责，也是一种感情的交流和沟通。或许销售人员的回答很难使顾客非常满意，但是耐心真诚的态度却可以使顾客在情感上给予理解，同时可以降低顾客反对意见的程度，甚至能够取得对商品的共识。在耐心说服时，应注意顾客的想法，要能"想对方所想，说对方所说"，才能将话说在对方的心坎上。一些幼稚的营销员最容易犯的错误，就是不管对方的特点、兴趣、爱好如何，用近似于"王婆卖瓜"的热情，一厢情愿地推销自己的产品。

**范例** 一天，一对夫妇带着孩子来自行车行看车。促销员玛丽热情地接待了他们。当然，玛丽极少说话，只是请他们自己慢慢看。

最后，夫妇选中了某种型号的车子，但他们嫌这辆车比其他品质相近的车子贵了50元。细心的玛丽了解到这种情况后，便对这对夫妇说：“你们的这种感觉我同样也有，只是以后你们就会发现，这50元是你们花的最值的部分。因为，这辆车有一个很好的刹车器，经久耐用，方便简单，更为重要的是它安全可靠。”

当看到夫妇俩点头认同，玛丽继续说：“太太，您的孩子骑自行车，您最担心的是什么？应该是安全问题吧？多花50元买一个安全，您难道不觉得很值得吗？而且这辆车，您的孩子至少可以使用5年，5年才多花了50元，每天多了不到1分钱。你们还有顾虑吗？”

这对夫妇听后，便买下了那辆自行车。

### (三) 语言风趣，形式灵活

销售人员和顾客谈话不可太呆板，否则会令人讨厌、不耐烦。销售人员说话要风趣，有吸引力，让人听了感兴趣，从而在轻松的交谈中促销成功。在营销业务中，恰到好处地运用幽默，可以使双方变得轻松，由幽默带来的笑声，又可以消除彼此间的隔膜。因此，营销人员应学会使用幽默语言，使推销活动更富人情味，更受欢迎。

另外，要善于了解顾客和商品的不同状况，因人、因物而异，以灵活多变的语言介绍，投顾客之所好。

**范例** 某推销员向顾客推销钢化玻璃酒杯。他先向顾客进行商品介绍，接着为了证明杯子质量高、经久耐用，把一只钢化玻璃酒杯扔在地上。本来钢化玻璃杯是不会碎的，可是他碰巧拿了一只质量没过关的杯子，猛地一摔，酒杯“砰”的一声碎了。面对如此尴尬的局面，推销员灵机一动，他压住心中的惊慌对顾客笑笑，用沉着而富于幽默的语气说：“你们看，像这样的杯子我是不会卖给你们的。”大家一听，都轻松地笑了起来，场内的气氛变得活跃了。推销员乘机又扔了几个杯子，都取得了成功，一下子博得了顾客的信任，销出几十打酒杯。

## 二、营销口才技巧

营销的过程大致可分为开局、商谈和结束三个阶段。在不同的营销阶段，营销语言也有所不同。

## (一) 开局阶段

对营销人员来说,“开好局”就是向成功迈进了一大步。营销时说好第一句话十分重要,不亚于对顾客做有吸引力的宣传广告。此阶段的主旨在于接近和留住顾客,推销人员可以根据自己对顾客的观察和经验,精心设计接近顾客的方法,促使话题尽快向第二阶段发展。常用的方法主要有:

1. 介绍接近法。即通过自我介绍或他人介绍来接近对方的方法。例如:“王经理,您好! 我是长城电器公司销售部的业务员,我希望能和您谈谈我们公司的新产品,您看行吗?”

**范例** 日本“推销之神”原一平接近客户实录:

“您好! 我是明治保险的原一平。”

“噢! 保险公司,你们公司的推销员昨天才来过,我很讨厌保险,所以他们都被我拒绝了!”

“是吗? 不过我总比昨天那位同事英俊潇洒吧!”原一平跟对方开了一个小玩笑,然后一本正经地说:“矮个没坏人,再说辣椒不是愈小愈辣吗? 只要您给我3分钟时间,您就会知道我与那位仁兄有何不同。”

无论如何,当两个人同时开怀大笑时,陌生感消失了,彼此也“心有灵犀”了。

2. 产品接近法。即通过介绍销售的产品引起顾客的注意和兴趣,以接近对方的方法。例如:“多么漂亮的跑车,如果想体验一下极速的感觉,您不妨试驾一下!”

**范例** 一位西装笔挺的男士来到一个玩具柜前,拿起一只声控玩具飞碟仔细看了起来。

女售货员走过来介绍道:“先生,是要为小孩子买玩具吧! 这种飞碟是专门为小孩子设计的一款益智玩具。”说着,她打开了玩具飞碟的开关,并拿出声控器开始熟练地操作着——前进,后退,旋转,男士看得津津有味。

这时,她又说道:“玩这种飞碟,不仅可以锻炼小孩子的头脑,而且还可以培养他们的领导意识呢。”说完后,她把声控器递到男士手中,详细地向他介绍了怎么操作,并让他实际操作了一番。

终于,男士发出了求购信息……

3. 赞美接近法。即通过夸奖、赞美等方法取悦对方,接近对方的方法。例如:“您的孩子真懂事! 几岁啦?”

**范例** 某市文化公司要建造一座现代化的影剧院。这一天，公司王经理正在办公，家具公司的李经理找上门来推销座椅。

“哟！好气派。我从未见过这样漂亮的办公室，如果我有一间这样的办公室，我这一生的心愿都满足了。”李经理这样开始了他的谈话。

他用手摸了摸办公椅扶手说：“这不是香山红木吗？难得一寻的上等木料哇！”

“是吗？”王经理的自豪感油然而生。

他说：“整个办公室是请深圳的装潢厂家装修的。”

说罢，不无炫耀地带着李经理参观了整个办公室，兴致勃勃地介绍设计比例、装修材料、色彩调配，兴奋之情，溢于言表。

不用说，李经理顺利地拿到了王经理签字的座椅订购合同。

**4. 利益接近法。通过让利给顾客的方式引起顾客的注意与兴趣，进而进入商谈的接近方法。例如：“购买我厂生产的电动自行车，既安全又便捷，每年可以为您节省一大笔费用呢！”**

**范例** 在一家专营地毯的商店里，一位顾客向营业员询问某种地毯的价格。营业员答道：“每平方米 24.8 元。”顾客听后随口说了句：“太贵了。”转身便想离开。

营业主管看到顾客要离开，赶忙走过来对顾客说：“您好，我是这里的主管。使您的卧室铺上地毯，只需 1 毛多钱。”

顾客好奇地问：“1 毛多钱，这怎么可能？”

主管微笑着解释道：“您想想看，如果您的卧室面积是 10 平方米，地毯每平方米的价格是 24.8 元，而地毯的实际寿命是 5 年，也就是 1 800 多天。这样算来，您每天只需花 1 毛多钱就可以了。”

虽然顾客很清楚这是一种推销的技巧，但他还是毫不犹豫地买下了地毯。

**5. 询问接近法。通过向顾客提出相关问题，使得顾客按照销售人员的思路去考虑以接近的方法。例如：“大姐，听说你对化妆品很有研究，请问现在女孩子都喜欢什么牌子的化妆品？”**

**范例** 美国著名推销员帕尔默来到亚当办公室问：“你们办公室需要多少部电话分机？”

亚当说：“噢，这儿一部，上司办公室要两部，秘书、仓库、会计室各一部。”

“就这么多吗？”

“对，就这么多。”

帕尔默顺势说：“这里有两种型号的电话机，你看喜欢哪一种？”

“看起来都不错，不过，我更喜欢左边的那种式样。”

帕尔默又进而说道：“要是把内线电话跟外线接上，这样既可以打内线电话，又可以打外线电话，这不两全其美吗？”

“那当然好了，但是这样花钱也多呀。”

“花不了多少钱，这是价格表，你看看……我们是否一起到各办公室走一走，看在什么地方安装电话比较合适？办公室的那部就安在这里好吗？”

### （二）商谈阶段

推销商谈是商品推销的关键环节，有了良好的开局，销售人员应立即运用各种语言技巧，吸引顾客对商品的注意，重点做好对本企业产品的宣传，还要对顾客在察看商品过程中提出的异议进行处理。这一阶段以促发消费行为为目的，可以因势利导，逐步提高顾客兴趣，要有耐心，不急不躁，帮助顾客进行合理的分析，坚定顾客的购买心理，达到促成销售的目的。

1. 销售商谈的主要方式

（1）演示性面谈。这是一种非语言的面谈方式，主要是通过产品或文字、影视、图片、音响等手段来进行演示，充分调动和刺激顾客的各种感官，从而激发顾客的购买欲望。

（2）提示性面谈。主要是运用销售的各种语言技巧去影响顾客心理，从而促使顾客产生购买行为。

① 名人提示。即借助顾客对名人的崇拜心理以及名人的声望来说服顾客购买产品。例如：“这是某电影明星喜爱的化妆品，如果您也用这种产品，也能让您容光焕发！”

② 联想提示。即通过提示诱发顾客产生联想，刺激其产生购买欲望。例如：“现在装修您可能认为贵了点，但是可以说一分钱一分货，将来等您住进去了，就会体会到这样装修是物有所值的！”

③ 对比提示。即通过对同类产品价格、质量等方面的对比，使顾客在比较中坚定购买信心。例如：“大爷，我们的这款产品虽然不是功能最全的，但是该产品无论是在质量上还是在价格上可以说是同类产品中价格最便宜的，这款产品操作简便，最适合您这样的老年人使用了！”

2. 销售面谈时同顾客产生异议的处理方法

（1）顾客对需求产生异议。当顾客自称不需要你所销售的商品时或有需求而其实是自己没有认识到时,处理的关键是让顾客相信“这商品正是您需要的,您能从购买中受益”,先让他动心,再向他推销产品。

**范例** 玛丽正在自己的小铺子里整理将要出售的食品,杰弗逊女士进来了,她拿出一张采购单。玛丽小姐迅速看了一眼,说:“好,很清楚,杰弗逊女士。可是,也许您应该……”

这时,玛丽小姐停下来,若有所思地看了一眼这位常来光顾的女管家:“我想是否增加一些肉制品?您知道的,孩子们很爱吃,今年假期又特别长。说实话已经有不少人来订购了。”

杰弗逊女士说:“噢!这我可真是没有想到!那好吧,请把我的数量再增加一些。”随后她的眼光落到了进口的土耳其蜜饯上:进口专卖,数量有限。杰弗逊女士边看边说:“这些食品我都不认识,样子挺喜人的。可对我家主人来说,也许太奇特了。”

玛丽小姐说:“是啊!杰弗逊女士,一般来说,上层人家对这类精致食品挺喜欢的。说起来,我真后悔货订少了。昨天塔楼区的一个厨娘,一下子就让我给她留了两份。”

“当然了,价格贵了一点。”

“我家女主人从不担心价格贵,给我每样留三份。”

“好极了,杰弗逊女士。我立刻给您留出来。您知道,我历来是乐意为您效劳的。”

“真高兴您对我另眼相待,玛丽小姐。现在您再看看,我的单子是否齐了。”

“如果我是您的话,就会再加两筒猪肉罐头,三筒苹果汁。这样有备无患。”

“谢谢,玛丽小姐。您替我想得真周到。自从您在中心街开店后,我省事多了。好了,我该走了。祝您圣诞愉快,宝贝儿!”

(2) 顾客对产品产生异议。当顾客对产品的质量、款式、规格、功能等提出异议时,处理的关键是销售人员自己必须对销售的产品有充分的认识和了解,然后再根据不同的顾客采用不同的方法,消除其异议。

**范例** 在一家植物商店里,一位顾客正在打量着一株非洲紫罗兰。

顾客:“我一直想买一棵非洲紫罗兰,但听说开花很难,我的一位朋友家的就从没开过。”

推销员:“是的,您说得对,很多人的紫罗兰开不了花。但是,如果您按照规定要求去做，它肯定会开的。这个说明书将告诉您怎样照管紫罗兰，请按照上面的要求精心管理，如果仍不开，可以退回商店。”

这位推销员用一个“是”对顾客的话表示赞同，紧接用一个“但是”解释了紫罗兰不开花的原因。这种方法可以让顾客心情愉快地改变对商品的误解。

**(3) 顾客对货源产生异议。顾客对销售的产品的生产厂家、出产地提出异议时，处理的关键是销售人员要详细介绍顾客目前使用的产品品牌的供应厂商，可以采用与同类产品相比较的方法，侧重介绍产品的优点，并向顾客说明两种产品的不同点，向顾客详细分析比较该产品可能带给他的好处。**

**(4) 顾客对价格产生异议。当顾客提出价格异议时，往往表明其已经产生购买的欲望，处理的关键是销售人员首先要让顾客相信自己，然后通过提示和比较，使顾客感到物有所值，从而心理平衡地接受所给出的价格。**

**范例** 一位推销员正在推销一种锅，这种锅是由不锈钢材料制作的，且构造合理，不仅结实而且导热均匀，在质量上超过了其他同类产品。因此，这种锅的价格比同类产品要高出不少。

一次，当他在推销的时候，顾客提出了异议：“价钱太贵了。”

“先生，那您认为与其他的锅相比，要贵出多少呢？”

对方回答说：“120 美元吧。”

这时，他拿出随身携带的记录纸，并在上面写下“120”这个数字。然后问：“先生，在您看来，这锅能使用多少年呢？”

“大概是永久性的吧。”

“那您想用多少年呢？”

“几十年吧。”

“好。那么以最短的 10 年为例，这种锅每年比其他锅贵出 12 美元，您看对吗？”

“是这样的。”

“如果是这样的话，那么您每月就要多花 1 美元了。”

“是的。”

“那您想过没有，那些价格比较低的锅，你能用多长时间呢？”

“还不清楚。”

“这样算来，您买我的产品就不算贵了吧。”

结果，两个人的交易还真就做成了。

**(5) 顾客对服务产生异议。顾客对企业或销售人员提供的服务不满意而拒绝接受产品时，处理的关键是销售人员应坦诚地接受并耐心解释，以树立企业良**

好的形象。在市场竞争日益激烈的今天，优质的售后维修与服务往往能够最终赢得顾客。

### （三）结束阶段

当销售人员推销的产品得到对方的认可后，就要及时结束谈话，尽快完成购买行为的过程达成交易。因为在推销实践中，时间是宝贵的，推销人员应注意把握时机，及时结束某个推销活动，好再开始下一个。推销员要能熟练地识别和掌握成交信号，及时运用一定的方法，刺激顾客的购买欲望，增强顾客的购买信念，顺利实现交易行为。销售人员促成产品交易常用的语言技巧与方法主要有：

1. 商量成交法。销售人员在顾客的热情被充分调动起来后，可采用商量的语气完成交易。例如："先生，请这边坐。您要点什么？咖啡？牛奶？还是……"

2. 帮助成交法。销售人员在顾客最后做出决定前，帮助顾客下决心最终完成交易。例如："您决定了吗？现在只要您签一个字，我们马上就可以给您装货了！"

3. 请求成交法。销售人员在顾客在进行商谈后，直截了当地向顾客提出购买产品，完成交易的方法。例如："大姐，您既然这么喜欢，今天就买吧！"

4. 机会成交法。销售人员直接向顾客表示这是最后的机会，"机不可失，失不再来"。这样往往可以促使顾客当机立断、直接购买，从而完成交易。例如："这批货销路很好，卖得很快！您最好今天就做出决定，如果您过一两天想好了再来买可能就没货了！"

5. 优惠成交法。销售人员向顾客表明购买该商品后，厂家或商家可以向顾客提供某种程度的优惠，促成顾客购买该商品，从而完成交易的方法。例如："先生，您好！如果您真心购买这套房子，您可以享受九折的优惠！"

以上各种促成产品交易的方法，既可以单独使用，亦可以相互交叉、配合使用。不论使用何种方法，都要求销售人员根据销售时的具体环境和顾客购买时的心理灵活使用，以达到最终完成交易的目的。

## 强化训练

**【训练要求】**

结合专业实际，有针对性地展开训练，要持之以恒。

【训练指导】

教师要有针对性地做好专业分类指导，引导学生以学习小组为单位进行练习，指导学生认真点评与小结。

学生要结合专业与自身实际，有针对性地进行练习，要将课堂演练与岗位实习结合起来。

**训练一　规定情景练习。**

抽签分组，每小组 4 人，其中 2 人扮演销售人员，2 人扮演顾客，根据下列要求模拟销售人员为上门的顾客提供服务。

1. 规定情景：

(1) 顾客到某商场购买某商品。

(2) 顾客到某售楼部购买房子。

(3) 顾客到某专卖店购买品牌商品。

2. 演练步骤：

(1) 销售人员用礼貌用语接待顾客；

(2) 销售人员运用各种语言技巧销售商品；

(3) 顾客在购买商品时有意产生异议；

(4) 销售人员想办法化解产生的异议；

(5) 销售人员完成商品成交；

(6) 销售人员与顾客告别。

**训练二　模拟情景练习。**

抽签分组，每小组 4 人，其中 2 人扮演销售人员，2 人扮演顾客，根据下列要求模拟销售人员上门推销产品。

1. 演练内容：

销售人员任选一种商品上门推销。

2. 演练步骤：

(1) 销售人员用礼貌用语接近顾客；

(2) 销售人员运用各种语言技巧推销商品；

(3) 顾客在购买商品时有意产生异议；

(4) 销售人员想办法化解产生的异议；

(5) 销售人员完成商品成交；

(6) 销售人员与顾客告别。

# 项目4 谈判口才训练

谈判是指谈判双方或多方的有关组织、机构和个人对涉及自身利益的有待解决的重大问题进行反复磋商，寻求解决问题的途径和达成协议的过程。美国谈判学会会长尼尔伦伯格曾说过：只要人们是为了改变相互关系而交换观点，只要人们是为了取得一致而磋商协议，他们就是在谈判。因此，谈判是人际之间一种特殊的双向沟通的交谈形式。

谈判是一个为了维护自己的利益而与他人进行语言交锋的过程，具有以下特点：一是施受是互动的，双方追求的是共同获利的结果，某方单一的强求与施舍都不能算作是谈判；二是既有对抗又有合作，谈判各方都希望能在对己方最有利的条件下达成协议，所以，谈判必须在有合作诚意的前提下为了己方的利益与对方进行对抗，形成合作与对抗的统一。也正因为如此，为了达到谈判成功的目的，作为谈判的主体，不仅要有广博的知识、丰富的阅历、深厚的专业本领，还要有敏锐的观察力、清晰的判断力、良好的竞争力和勇敢的冒险精神。

## 一、谈判口才要求

### （一）功利性

谈判语言是一种目的非常明确的语言交流，不管是谈判中的陈述、说服，还是提问、回答，都是为了己方的利益需要而进行的。不带有任何功利目的、也无求于对方的谈判是不存在的。

### （二）策略性

谈判是一种智慧的较量，在谈判中，一方为了获得尽可能多的利益，往往采用各种策略，想方设法让对方按照己方的条件达成协议。成功的谈判者常常在谈判双方的利益冲突和利益协调中，从合作的立场出发，以其特有的机警和敏锐，不放过有利于自己的任何一个机会。

### （三）灵活性

谈判是一种动态过程，瞬息之间，变化万千。在一般情况下，谈判双方尽管事前都做了充分的准备，并对谈判的内容、己方的条件、可能做出让步的幅度、对方的立场、对方可能采取的策略等都进行了研究和筹划。但是，谈判过程常常是风云变幻、复杂无常的，任何一方都不可能事前设计好谈判中的每句话。具体的言语应对仍然需要谈判者临场组织，随机应变。谈判中，谈判者要密切注意信息的输出和情况反馈，根据不同内容和阶段，针对谈判对象、主客观环境的变化，及时、灵活地调整谈判的语言。

### （四）反馈性

谈判中双方斗智斗勇，往往会出现许多稍纵即逝的机会，谈判者要立即做出判断和回答。抓住了机会，也就抓住了成功。所以，谈判的语言一方面要对己方的谈判条件争取做到最大的满足；另一方面要迅速捕捉对方说话中的矛盾之处或者漏洞，不失时机地加以利用。

## 二、谈判口才技巧

谈判是谈出来的，靠的是语言，所以，谈判的成败在很大程度上取决于谈判中的口语表达技巧。

### （一）营造开局气氛

在谈判开局导入阶段，谈判双方见面寒暄、打招呼、相互问候、谈论一些与谈判无关的轻松话题，表面看来无关紧要。实际上，在整体谈判中不可缺少。它是让双方快速进入谈判状态的最好方式，还有助于敏锐地捕捉各种信息，如对方的性格、态度、意向、风格、经验等，为以后的谈判工作提供帮助。如果刚见面就开门见山，单枪直入，很容易让人觉得突兀，态度不免就会强硬，不利于商谈的展开。总之，为创造出一个合作良好的谈判气氛，谈判人员应做到以下几点。

1. 寒暄恰到好处。寒暄又叫打招呼。刚与对手见面时，数分钟的寒暄，谈论一些与谈判无关的轻松话题，如各自的见闻、体育比赛、新闻以及以往的共同经历和取得的成功等，使对方找到共同语言，为心理沟通做好准备。切记不要涉及令人沮丧的话题。

2. 动作自然得体。动作和手势也是影响谈判气氛的重要因素。特别值得注意的是，由于各国、各民族文化、习俗的不同，对各种动作的反映不尽相同。比如初次见面时的握手就颇有讲究，有的外宾认为这是一种友好的表示，给人以亲近感；而有的外宾则会觉得对方是在故弄玄虚，有意谄媚，就会产生一种厌恶感。

因此，谈判者应事先了解对方的背景、性格特点，区别不同的情况，采用不同的形体语言。

3. 破题引人入胜。如果说开局是谈判气氛形成的关键阶段，那么破题则是关键中的关键。因为双方都要通过破题来表明自己的观点、立场，也都要通过破题来了解对方。由于谈判即将开始，难免会心情紧张，出现张口结舌、言不由衷或盲目迎合对方的现象，这对正式谈判将会产生不良的影响。为了防止这种现象的发生，应该事先做好充分准备，做到有备而来。比如，可以把预计谈判时间的5%作为“入题”阶段。

4. 讲究表情语言。表情语言是无声的信息，是内心情感的表露，包括形象、表情、眼神等。

谈判人员是信心十足还是满腹狐疑，是轻松愉快还是紧张呆滞，都可以通过表情流露出来。是诚实还是狡猾，是活泼还是凝重也都可以通过眼神表现出来。谈判人员应时刻注意自己的表情，通过表情和眼神表示出自信、友好以及合作的愿望。

### (二) 谈判中的“说”

谈判是一种信息交流，谈判者不但要准确地表达自己的观点与见解，而且要表达得有条有理、恰到好处，这就需要拥有高超的陈述技巧，即“说”的艺术。再者，谈判的最终目的是为了达成协议，为自己或单位赢得更多的利益。因此，必须要掌握一些“说”的技巧，为谈判成功增加砝码。

1. 适当使用弹性用语。对不同的谈判者，应当做到“见什么人说什么话”。如果对方很有修养，语方文雅，己方也要采取相似的语言，旁征博引，谈吐不凡；如果对方语言朴实无华，那么己方用语也应当以平实准确为主，不必过多修饰；如果对方语言爽快、耿直，那么己方就无须迂回曲折，可以打开天窗说亮话，干脆利索地摊牌。这样说话，会更对对方的胃口。总之，在谈判中，要根据对方的学识、气度、修养，随时调整己方的说话语气、用词。这是双方沟通思想、交流感情的有效方法。

2. 尽量不用否定性用语。在谈判中，不宜直接使用“不”“没有”等否定性用语，应避免出现激烈的对抗，使谈判陷入僵局，可运用肯定性的句型来表达否定的含义。例如：“在目前情况下，我们最多也只能做到这一步了。”如果必须使用否定性用语，就要注意语气一定要委婉，尽量使谈判气氛趋于缓和。例如，“我不认为你这种观点完全正确”，就比直接说“我认为这种观点不对”好一些，否定的意思虽然一点没变，语气却缓和了许多。

3. 及时使用转折用语。在谈判中，如遇到问题难以解决，或者有话不得不说，或者接过对方的话题转向有利于自己的方面去，都要使用转折用语。比如："可是……""但是……""虽然如此……""不过……""然而……"等，这种用语既可以起到缓冲作用，防止双方闹僵，又可以使对方不至于太难堪，并且可以让问题向有利于自己的方向转化。

4. 巧妙使用解围用语。当谈判出现困难，无法达成协议时，为了突破困境，可以运用一些说法帮助解围。比如："我们双方就只有这一点点分歧，就这样放弃，太可惜了！""行百里者半九十，最后的阶段最难啊！""这样做，肯定对双方都不利，我们谈判的目的是双赢，而不是双输。""再这样拖下去，只怕最后结果不妙啊！""既然事情已经到这个地步了，懊恼也没有用，还是让我们共同再做一次努力吧！"这样的一些解围用语，有时能产生较好的效果。只要双方都有谈判诚意，对方可能会接受你的意见，促成谈判的成功。

5. 恰当运用赞美之辞。在说服别人接受自己的意见时，如果先赞美对方一番，然后再进行说服，效果要比直截了当好得多。例如："你做的已经相当不错了！如果再把这唯一的不足改掉，相信会更加完美！"此外，在谈判中，如果能满足对方在知识、能力、判断力方面的自尊心，也是对对方的一种极好的称赞。比如："我想，这件事你一定很了解，请谈谈你的高见。""你的决策确实很果断。"

6. 善于运用幽默语言。成功的谈判者在需要的时候要善于运用打比方、类比等手法，会使自己的语言变得生动幽默、富有感染力。如果运用得当，不但可以活跃谈判气氛，而且可以使自己的观点变得让对方容易接受，有利于谈判向合作的方向发展。

7. 采用肯定性语言结束谈判。从人的听觉习惯去考察，在某一场合，他所听到的第一句话和最后一句话，常常能留下很深的印象。所以，在谈判结束时，最好能给予谈判对手以正面的评价，或是肯定这一天来所取得的进展。如"您在这次谈判中表现很出色，给我留下了深刻的印象。""我们双方在今天的谈判中取得了很大的进展，照这个速度下去，用不了多久，我们就可以完全达成一致了，大家也就可以'解放'了！"

### (三) 谈判中的"听"

在谈判中，要想处于主动，不仅是要说服对方，而且要了解对方，而了解对方的最好办法就是倾听对方的谈话。

1. 用心地听。就是要在谈判桌上，在极短的时间里，集中精力，全神贯注地去听对方所阐述的观点，从而了解对方，以便己方做好更充分的准备。

2. 会心地听。俗话说:“外行看热闹、内行看门道”,会心地听,就是要求听话者通过聆听对方说话的语气、语调、措词及表达形式,听出对方的弦外之音,言外之意,从而发现对方态度的变化及其背后隐含的真实思想。

3. 耐心地听。谈判往往要经历一段艰苦和漫长的过程,谈判双方都要学会耐心地倾听。在谈判过程中,不要轻易打断对方的话题,不要显得心不在焉,更不要显得不耐烦。谈判者还应学会用眼神与对方交流,并通过一些恰当的语言、动作应对对方的话题。

### (四) 谈判中的“问”

在谈判过程中,不仅要会说与听,还要会问。通过问,可以鼓励对方参与意见,发现对方的需求与动机,以获得更多的信息,这对谈判有很大的指导作用。一般来讲,要问一些能够了解对方背景材料的问题,以便掌握对方的情况;要问一些能引起对方兴趣的问题,以便形成热烈的谈判气氛;要问一些能使对方答得上来的问题,保证谈判顺利进行。然而,对于同一个问题,我们可以用不同的方法、从不同的角度进行发问。对于不同的话题,我们还要选择合适的方式进行提问。因此,每个谈判者都需要掌握一些“问”的技巧。

1. 引导性发问。是一种对答案具有强烈暗示性的发问。这是一种反意疑问句的句型,在谈判中,这种发问方式可以逼迫对方做出我方想要的回答。比如:“讲究商业道德的人是不会胡乱提价的,您说是不是?”“成本不会很高吧,是不是?”“这样的报价,对你我都有利,是不是?”总之,这一类问题几乎会令对手毫无选择的余地,只能按发问者所设计的答案作答。

2. 坦诚性发问。是一种向对方推心置腹友好性的发问。这一发问方式,一般是在对方陷入困境或有难办之处,而我方出于友好,准备帮其排忧解难的时候使用。比如:“告诉我,你至少要销掉多少?”“你是否清楚,我已经提供给你一个很好的销售机会?”“要改变你的现状,需要花费多少钱?”这种类型的问题,最能够制造出某种和谐的气氛。

3. 证实性发问。是一种针对对方的答复重新措辞,使其证实或补充的发问。比如:“您说,贵方对所有的经销点都一视同仁地按定价给予30%的折扣。请说明一下,为什么不对销售量较大的经销点给予更大折扣作为奖励呢?”“您刚才说,对目前所进行的这笔买卖,您可以作取舍,这是不是说,您拥有全权跟我进行谈判?”等。这一类问题,不但可以确保谈判双方在沟通上不会产生误解,而且可以进一步发掘出我方想要的信息,并且可以让对方感受到我方对对方答复的重视。

4. 封闭式发问。是一种足以在特定领域中带出特定答复的发问。比如："我们能否得到最优惠的价格?""你们给予W公司的折扣是否比我们优惠得多呢?""贵公司第一次发现食品变质是在什么时候?""你是否认为'上门服务'没有可能?"等。这一类问题,可以使发问者获得特定资料或确切回答。

5. 开放性发问。是一种能够在广泛领域内获得广泛答复的发问。比如："假如你方再延迟交货,则我方将止付已到期的贷款。这样做,你方有何意见?"这一类问题,因为不限定答复的范围,通常无法以"是"或"否"等简单的措辞作答,回答者可以畅所欲言,同时发问者也可以从中获悉对方的立场与感受。

当然,在谈判过程中,为了获得良好的提问效果,探寻到谈判对方的实际需求和真正意图,发问还需注意以下事项。

1. 提前准备好问题。谈判前,应将谈判中所提的问题事先列出来,尤其是一些对方不能迅速想出合适答案的问题,以期收到出其不意的效果。有时,可以先提些看上去很一般且比较容易回答的问题,实质上这些问题与后面比较重要的问题间有关联,等对方思想比较松懈时,突然转入某一个重要的问题,使对方在措手不及的时候漏了底,以把握主动权。

2. 掌握好发问的速度与时机。谈判时,应以正常的速度发问。发问太急,易给对方留下不耐烦的印象或被审讯的感觉。这样,会招致对方敌对、反感的情绪,破坏谈判的气氛。当然,发问的速度也不能太慢。否则,会令对方疑惑或感到沉闷。此外,不宜重复、连续不断地提问。这会导致对方厌倦、乏味而不愿回答,即使回答也是马马虎虎,甚至答非所问。

3. 要给对方充足的回答时间。在提问后应闭口不言,等待对方回答。这时,对方处于沉默之中,这会给对方施加一种无形的压力——必须以回答问题来打破沉默。这样,打破沉默的责任就由对方来承担。此外,谈判者最好不要同时提出一连串的问题,让对方无所适从,应等对方将一个问题表述完毕后再提问。这是礼让的基本要求,也有助于全面理解对方的意图,以便下一步更恰当准确地发问。

4. 态度要诚恳。发问前,应先取得对方的同意,尤其是向陌生的谈判者提问更应如此。对于敏感问题,发问前应先作解释或先打招呼,以免不妥。还应尽力避开各种带有敌意的问题。

### (五) 谈判中的"答"

在谈判过程中,有问就有答。谈判者想在谈判中妥善回答对方的问题并不是一件容易的事,因为他不但面对对方各式各样的提问方式,并且还要把问题尽可能地讲清楚，使提问者得到满意的答复。更何况，他对自己回答的每句话都是负有责任的，因为对方会把他的回答理所当然地当成是一种承诺，这就给回答问题的人带来很大的精神压力。因此，一个谈判者水平的高低，很大程度上取决于是否善于妥善地回答对方提出的问题。想要成为一个谈判高手，掌握一些谈判答复技巧是非常必要的。一般来说，谈判中答复对方的提问有如下一些技巧：

1. 有备而答。古人云："凡事预则立，不预则废。"谈判者对答复必须"有备"方能"无患"。在谈判前，除了对谈判的中心议题、对方的矛盾焦点、我方的论据资料应力求了如指掌外，还应对对方的经营情况、贸易意图及需求、谈判成员的组成、对方有可能提出的问题及其策略进行更多的了解和更全面透彻的分析。在谈判中，对对方提出的每个问题都必须站在谈判全局的利益高度上认真思考、冷静斟酌、谨慎从容地应对。要记住，在回答对方提出的每一个问题之前都必须想一想："他为什么问这个问题？"越是在对方催逼自己作答的情况下，越要沉着冷静、深思熟虑。你应意识到，答复前进行充分的思考不仅是谈判的需要，也是你的权力。尤其是碰到对手提出一些旁敲侧击、模棱两可的问题时，更需要冷静三思，辨其意旨，权衡利弊，明智作答。切不可掉以轻心，随口而答，以免上当。

2. 局部作答。在谈判中有一种"投石问路"的策略，即借助一连串的提问来摸索、了解对方的成交意图及策略，分析对方的成本、价格等情况，以做出明智的决策与选择。在这种情况下如果我方"和盘托出"地答复，常常会使自己陷人被动的不利局面。鉴于此，我方可以根据需要只做局部的答复，留有余地，以使对方摸不清我方的底牌。比如对方连珠炮似地提出："假如我们增加50%的订货量，在价格上能否优惠？""假如我们与贵公司签订3年的合同，价格上能有多少折让？""假如我们减少保证金，你方有何考虑？""假如我们自己提供工具或材料呢？""假如我们采取分期付款的方式昵？"这里每一个提问都是一颗探路的"石子"，它不但会使我方穷于应付而无法主动出击，而且会让对方探测到我方的虚实。因此，我方不应有问必答，而应有选择性地局部作答，对某些问题采作哑、听而不闻等方式搪塞过去。

3. 含糊应答。当遇到一些比较棘手的问题，一时难以确切回答，而如果拒不回答又会影响到谈判的合作气氛。这时，可以运用含糊其辞的应答法，即借助一些宽泛模糊的语言，看似已作答，实则留有余地，具有某种弹性，确保在任何情况下都无懈可击。含糊应答通常有以下三种方式：

(1) 笼统式。笼统式通常是以大略的猜测、估计、指望与暗示等来代替明确的特指。例如卖方问："您对我们这次交易能否获得成功怎么看，是充满了信心吗？"买方这时出于策略的需要，答道："我想贵方应当是已经充分理解了我们在产品质量、价格上的立场，按正常的情况，我们应当是有信心的。”买方的答复似乎在最后亮出了“有信心”三个字，表明了自己的决心与诚意，但其实这包含了一个暗示性的假言判断，即：假如你方在价格、质量上按我方要求，我们就可以成交；假如你方的产品不符合要求，就不可能成交。

（2）抽象式。即答复时通过将话题不断抽象化，令对方陷人一大堆如迷雾般的抽象术语中，想理也理不清，只好带着迷迷糊糊的心理停止了催问。

（3）两可式。回答对方的提问时，运用一些模棱两可的语言，使答复似乎既包含肯定的因素，又仿佛包含未被肯定的因素。让对方感到自己的观点已得到了某些方面或者某种程度的理解，同时又感到我方并未完全同意，从而无法准确地把握我方的答案。比如，“你方提出的问题和要求我方完全理解，会给予适当考虑。不过，有的因素也是不能完全忽略的，如××方面。我想，只要我们通盘考虑是容易取得共识的。”

4. 拖延回答。在谈判中如果对方所提问题的动机不明，或我方觉得说实话于我方不利，或问题很棘手，而对方又频频催问，我方又不便表示拒答，则可以施行“缓兵之计”，拖延回答。比如可以说：“很抱歉，因为没估计到贵方会提到这个问题，我们所带资料不全，待我们回去找到资料后即答复你们。”也可以说：“对你所提出的问题，请允许我们向上级有关部门请示后再答复好吗?”还可以说：“你提出了一个很重要的问题，我想你是希望我们给出一个详尽、圆满的答复。而这需要时间，请让我们充分考虑一下好吗?”当然，实施这种拖延策略后要酌情在答与不答之间做出选择：一是先延后答，即对待应答的提问，我们在做好准备，能够回答时，再进行恰当的回答；二是延而不答，即对待经过考虑觉得没必要回答的问题，则采取“不了了之”的办法，因为提这类问题的用意双方都心照不宣，延而不答并不是无视的表现。

5. 答非所问。当谈判对手提出的问题我方不好回答，或做出回答会带来某些风险与不利，而对方又一再催逼我方作答时，如我方拒不回答，会被指责为对谈判缺少诚意；而勉强作答，说不定会落入对方陷阱。在这种情况下我们可采用“答非所问”的策略，即以回答问题的语气开始表述，但其实只点了题，尚未表态就从原题的侧面巧妙“滑”过，谈了与原题相关而实际是对另一个问题的看法，从而有效地避开了对方正面的锋芒，使谈判能够继续进行下去；或者在看似正面作答的语句中“偷梁换柱”，另起炉灶，谈到了某件事的细节，再反过头征求对方的看法，将“皮球”踢回给对方。比如，“你提的这个问题我方也认为确实重要，我们的看法是必须切实解决，而这就涉及一个更为关键的问题，这就是……”又比如，“刚才你提到的问题很值得讨论，我方就遇到过这样的事，不知你们对此有何看法?”

6. 有偿作答。当对方在谈判中运用“投石问路”的策略时,高明的谈判者绝不会轻易就范,而会沉着冷静,因势利导,根据对方所提问题反过来试探对方。这种答复策略既有助于试探对方的虚实,又有助于增进谈判双方的合作气氛,并促使协议达成;还有助于抑制对方的“投石问路”策略的实施。比如对方问:“如果我方增加1倍的订货量,你方能给予多少个百分点的优惠?”卖方可以回答说:“如果我告诉您,可以给予一定的优惠,咱们就签订成交合同,怎么样?”又如买方问卖方:“如果我们要求按我方设计的规格生产,那么价格是否可以维持不变?”卖方答道:“我们这种规格的产品在市场上适应面广,销量很大,供不应求。如果要重新按贵方的设计规格来生产,那么将意味着很多工序都要做出新的调整,这就势必加大成本,而且要求你们的订货量至少要达到五万个,价格要提高四个百分点,请问贵方是否可行呢?”

7. 反客为主。当对方提出试探性的问题,试图摸索我方的底细时,我方为了不露底牌,想抑制对方的发问,甚至为了反过来探明对方的虚实,找出并扫除成交的障碍,可以在接过话题后通过抓住关键问题向对方反问,从而反客为主,掌握主动。例如一个买主审阅了卖方的一个报价单后说:“我看你们的报价,在研究成交细节前,你能否更完整地解释一下,价格上涨了50%是用什么方法计算出来的?”这是一个很难应付的试探性问题,答不好,可能为买方压价提供许多依据,而这正是买方提问的动机。因此,卖方可以这样回答:“物价上涨与成本提高的关系是不言而喻的。当然,如果你对这个提价的幅度感到不满意的话,我很乐意就你认为不妥的某些具体问题予以澄清,请问什么方面你认为不妥?”

8. 沉默反观。对于一些明显不值得回答或不便回答的问题,如果不回答对方也不会被指责的话,完全可以不予理会。当然,不要只是简单地沉默不语,可以“顾左右而言他”或辅以某些相应的“体态语言”。比如微笑中断、皱眉头,以手按眉下部、双方在胸前交叉而两脚重叠、目光旁视等,以此向对方发出所提问题无法回答的信息。

此外,拒答式的沉默还会给对方造成一种压力,压出对方本来不想透露的情报。如在一次谈判中,卖方向买方提问:“你能在本月底以前决定成交吗?”买方沉默。卖方又问:“本月底以前,你如果订一大笔货的话,我可以保证向你提供一定的优惠,有兴趣吗?”买方若有所思,但仍缄默不语。卖方沉不住气了,说:“我们公司计划在近期内大幅度涨价,如果你过了这个月不成交,就恕我爱莫能助了。”这样,一言未答,一举未动,却获得了宝贵的信息,做了一笔大生意。

## 强　化　训　练

**【训练要求】**

结合专业实际，有针对性地展开训练，要持之以恒。

**【训练指导】**

教师要有针对性地做好专业分类指导，引导学生以学习小组为单位进行练习，指导学生认真点评与小结。

学生要结合专业与自身实际，有针对性地进行练习，要将课堂演练与岗位实习结合起来。

**训练一　分析下列谈判习惯用语所表达的含义。**

1. 对不起，请你把这个问题再说一遍。
2. 你说的问题，我还不十分了解。
3. 我记不清了。
4. 这已经是另外一个问题了。
5. 到目前为止，我们仍无意更改付款条件。
6. 这一个问题，最好让我们以后再作专题讨论。
7. 请你把这个问题分成几个部分来说。
8. 喔！事情并不像你说的那样。
9. 在回答这个问题之前，你必须了解一下详细的经过。
10. 这就在于你们的看法如何了。
11. 如果是这样，我们就没有商谈的必要了。
12. 我不同意你这个问题的某个部分。
13. 你所给的期限太短，我们很难接受。
14. 对于这种事情我没有经验，但是我曾听说过……
15. 这个价格很合理，我们愿意接受。

**训练二　推演讨论。**

在二手车市场，一位客人看上了某牌子已经跑了10万千米的小轿车。卖方要价5万元，作为买方你究竟如何同卖方讨价还价，让对方便宜卖给你？

**训练三　案例分析。**

分析下面案例中谈判失败与成功的原因，并谈谈对你的启示。

1. 一位客商来到果园收购苹果。

“多少钱500克?”

“8角。”

“6角行吗?”

“少一分也不卖。”

目前正是苹果上市的时候,这么多的买主,卖主显然不肯让步。

“商量商量怎么样?”

“没什么好商量的。”

“不卖拉倒!”

几句说呛了,买卖双方不欢而散。

不久,另一个客商也来到果园收购苹果,他先递过一支香烟,

问:“多少钱500克?”

“8角。”

“整筐卖多少钱?”

“零买不卖,整筐8角500克。”

卖主仍然坚持不让。买主却不急于还价,而是不慌不忙地打开筐盖,拿起一个苹果在手里掂量着,端详着,不紧不慢地说:“个头还可以,但颜色不够红,这样上市卖不上价呀。”

接着伸手往筐里掏,摸了一会儿摸出一个个头小的苹果:

“老板,您这一筐,表面是大的,筐底可藏着不少小的,这怎么算呢?”

边说边继续在筐里摸着,一会儿,又摸出一个带伤的苹果:

“看!这里还有虫咬,也许是雹伤。您这苹果既不够红,又不够大,有的还有伤,无论如何算不上一级,勉强算二级就不错了。”

这时,卖主沉不住气了,说话也和气了:

“您真的想要,那么,您还个价吧。”

“农民一年到头也不容易,给您6角钱吧。”

“那可太低了……”卖主有点着急,“您再添点吧,我就指望这些苹果过日子哩。”

“好吧,看您也是个老实人,交个朋友吧,6角5分500克,我全包了。”

双方终于成交了。

2. 某企业需购置一辆卡车。

卖方1:“你们需要的卡车,我们有。”

买方:“吨位多少?”

卖方1:“四吨。”

买方:“我们需要两吨的。”

卖方1:“四吨有什么不好呢？万一货太多,不是挺合适吗?”

买方:“我们也得算经济账啊,这样吧,以后我们要时,再通知你们。”

……

卖方2:“你们运的货每次平均重量是多少?”

买方:“很难说,大致两吨吧。”

卖方2:“有时多,有时少,是吗?”

买方:“是的。”

卖方2:“究竟需要哪种型号的卡车,一方面要看你运什么货,一方面要考虑在什么路上行驶,对吗?”

买方:“对,不过……”

卖方2:“假如你在坡路上行驶,而且你那里冬季比较长,这时汽车的机器和车身承受的压力是不是比正常情况大一些?”

买方:“是的。”

卖方2:“你们冬天出车的次数比夏天多吧?”

买方:“是的。我们夏天的生意不太兴隆。”

卖方2:“有时货物太多,又在冬天的坡路上行驶,汽车不是经常处于超负荷状态吗?”

买方:“对,那也是事实。”

卖方2:“你在决定车的型号时,是不是留了余地?”

买方:“你的意思是……”

卖方2:“从长远利益看,怎样才能算买了辆值得的车?”

买方:“当然是马力大、载重量大的了!”

卖方2:“我们的四吨卡车正符合这个要求。”

双方达成了买卖意向。

**训练四　模拟训练。**

抽签分组,每组分成甲乙两方,每方三人。自行拟定单位及个人身份,就购销某种商品或产品进行谈判。要求每个组甲乙双方要自行设计谈判方案和执行计划,然后进行模拟谈判。

# 项目5 教学口才训练

百年大计，教育为本。教育的振兴，关键在教师。教师的工作职责之一是“传道、授业、解惑”，而这些靠的是教师的表达，表达的主要技巧是语言艺术。因此，口语表达是教师开展工作的主要方式与手段。

## 一、教学口才要求

教学口语是教师根据教育教学任务，用标准的民族共同语进行口语表达，并符合教育教学规律的言语技巧。

### （一）规范准确

教师职业口语表达应当使用标准的普通话，不但要求声音要有一定的力度，洪亮和持久，而且要发音清晰，语言通畅，节奏明快。

另外，教学用语中的语音、词汇、语法不但要规范，而且要准确，不能有半点含糊。叙事状物、说理抒情都要做到用词恰当、条理清晰、表达得体。

### （二）生动形象

教师口语的生动形象符合青少年的心理特征，也有利于教师口语信息在传输过程中发挥最佳效率。生动形象和富有情感的教师口语能激发学生的学习兴趣和上进心，从而大大提高教育教学的效率。在教学中，生动的教学口语能调动学生的无意注意，延长注意力集中的时间，也能使学生加深对知识理解的程度。

1. 教师口语的生动形象，表现在教师语言形象的活泼鲜明上，这样的教学讲述使学生如临其境、如见其人、如闻其声，使抽象的道理具体化、深奥的道理浅显化。

2. 教师口语的生动形象，表现在教师运用口语修辞上，这样能增强语言的表现力。妥帖的比喻，能诱发学生的想象；精当的设问、反问，能造成悬念，启发学生深究根底；强烈的对比，会激起学生感情的波澜。

3. 教师口语的生动形象，表现在教师在口语中倾注了充沛、真挚的感情。教师往往对学生晓之以理，动之以情，让学生既获得知识的滋补，又得到感情的陶冶。

4. 教师口语的生动形象，表现在教师讲究用姿态、表情、动作来增强口语表达效果。富有变化的态势语，能形象地表达不同的思想感情，不仅可以增强话语的气势，使讲述更加动人，还可以引起学生丰富的联想，在脑海中留下清晰而鲜明的印象。

### (三) 通俗易懂

教学口语要求教师在教学中要用通俗明白的语言，去讲述那些生僻、深奥、抽象的知识，使学生听得懂、学得会。用学生喜闻乐见的语言，去阐释教材深刻的含义，用由浅入深、由表及里、观点鲜明、表达明确的语言去指导学生学习。

### (四) 富于启发

教学口语的教育性决定了口语表达的启发性。即在教学过程中，教师要根据教学的规律和学生的发展特点与需要，运用适当而巧妙的话语给学生以启迪、开导和点拨。只有充分运用启发性的语言教学，才能引导学生正确思考，更好地分析问题和解决问题，使学生易于接受；才能活跃课堂气氛，激发学生的学习兴趣，提高学生的自觉性和主动性；才能培养学生的学习能力和活力，造就学生不断进取的精神，进而因势利导，促进学生思想转变。

## 二、教学口才技巧

教学是一个复杂的过程，教师在教学过程中经常使用导入语、讲授语、提问语、小结语等表达技巧，提高课堂教学效率。

### (一) “导入”的技巧

导入语又叫导语、开讲语。“良好的开端是成功的一半”，好的“开讲”，可以安定学生情绪，吸引学生的注意力；可以激发学生对教学内容的学习兴趣，调动学习的主动性；还可以为课堂教学定好基调。导入语的使用，应该做到目的明确、简明扼要、新颖有趣、具有启发性。“导入”主要有以下几种：

1. 解题诱导法。即从课题这个课文的“窗口”入手，帮助学生审题，揭示题意，带领学生了解课文的奥秘，为深入理解课文打下基础。它具有开门见山、揭示主旨、突出重点的作用。

**范例** 有位老师讲授《飞夺泸定桥》是这样导入的：

师：“今天我们学习第十四课《飞夺泸定桥》。”

师:“泸定桥在泸定城西,又叫铁索桥。红军长征时从这里渡过大渡河,北上抗日。请同学们想想,课文为什么不用《过泸定桥》作为题目,而用《飞夺泸定桥》作题目?‘飞夺’是什么意思?过桥就行了,为什么还要‘夺’呢?”

生:“因为桥头有敌人的重兵把守,你不夺,他不让你过。”

师:“夺桥就行了,为什么还要用这个‘飞’呢?”

生:“‘飞’就是飞快,不快就过不去了。”

师:“不快,为什么过不了桥?我们带着这个问题学完就知道了。”

这个导语直截了当,简明清晰。从解题入手,抓住课题的“夺”“飞”重点词语,引导启发学生理解课文的内容。

2. 轶事吸引法。即通过讲述与教学内容有联系的神话、传说、典故、轶事等吸引学生。它可以充分调动学生的心神、智力。

3. 设问激趣法。即以设问句、疑问句的形式,用疑惑、不解的语气以及不宜太快的语速,来牵动学生的思维,激发学生展开联想,引起学生的高度注意和学习兴趣。

**范例** 一位教师在讲授“摩擦力”时的导入语:

师:“同学们,我问大家一个问题:如果把一个一吨重的铜球放在光滑的地板上,请问一只蚂蚁能不能推动它?”

生:“推不动!”

师:“推不动?”

生:“推得动!”

师:“怎么能推动?”

生:“……”

师:“好吧!现在要知道结果,就让我们学习一下其中的科学道理是什么?”

4. 故设悬念法。即通过巧设悬念吊起学生的胃口,让学生在产生迫切学会或弄清某个问题欲望的同时,产生思索与想象,使之成为学生获得知识的动力。

**范例** 一位教师在讲授《科学的大门》一文时的导入语:

师:“同学们,你们知道科学的大门在哪里吗?我们怎样才能走进科学的大门?”

生:(讨论、发言)

生:“科学的大门在学校里!”

生:“科学的大门在书本里!”

生:“科学的大门在脑子里!”

师："科学也有大门，但这扇大门究竟在哪里呢？学习了课文之后，我们就知道了。"

5. 讨论入题法。即提出在教学中可能出现的模糊问题来让学生讨论。运用此法须注意的是讨论的话题要能展开，并且教师要适当引导。

**范例** 教师在讲"矛盾普遍性和特殊性的关系"一节时的导入语：

师："同学们，今天我们学习和了解什么是'矛盾普遍性和特殊性的关系'。为了让同学们更好地理解，我向大家提出一个问题请大家讨论！"

生：（专注的听教师提问）

师："人与张三、李四、王五的关系是不是普遍性与特殊性的关系？人包括张三、李四、王五是不是等于普遍性包括特殊性？"

生：（讨论热烈）

同时，教师要抓住关键及时引导，巧妙点拨，使学生从迷雾中解脱出来，问题便迎刃而解。

6. 情景描述法。即用语言描述教材中所表达的意境，把学生带入与教材内容相适应的气氛中，让学生在一开始就有一种身临其境的感觉。

**范例** 有位教师在讲《富饶的西沙群岛》时的导入语：

师先打开了一幅彩色简略地图，边指点边描述说："我们祖国的南部紧靠一片辽阔无边、碧波滔滔的海洋，它就是南海。南海上有一群美丽的小岛，像颗颗晶莹的珍珠镶嵌在一块巨大的碧玉上。这群小岛就是祖国的西沙群岛。这里风景优美，物产丰富。阳光初照的时候，晨风轻轻地吹着，南海一片金光灿烂，岛上高大的椰子树在晨风中摆动着绿叶，群群海鸟展翅飞翔……啊！西沙群岛多像神话故事里的海中仙岛啊！……"

教师的形象描述，很快把学生带入诗情画境之中。

### （二）"讲授"的技巧

讲授语指教师较系统、完整地阐释教材内容的教学用语。设计讲授语的方法主要有：

1. 画龙点睛法。教师不能把教材内容不加选择、不分重点地讲出来，要善于寻找教材中的重要概念、关键语段，来设疑、激趣、精心点拨，使学生的思维就像"点睛"之龙一样自由腾飞，以收到"心有灵犀一点通"的教学效果。

**范例** 有一位教师在讲授《祝福》时，从中提出一个问题让学生思考。

师："作者为什么让祥林嫂反复讲'我真傻'？"

生:(学生回答不得要领)

师:"请大家想一想祥林嫂的悲惨命运究竟是谁造成的?是吃掉阿毛的狼吗?再想想祥林嫂为什么认为自己傻,祥林嫂到底'傻'在什么地方?"

生:"(领悟到)祥林嫂看到自然界的狼吃掉了阿毛,却看不到社会的'狼'正在吞噬着自己。"

师:"'我真傻'这句辛酸的话,深刻地揭示了祥林嫂受迫害而不自觉的性格特征。"

这位教师大量运用了设问句、提示语,较好地启发了学生的思考。

2. 分层讲授法。即分门别类、划分层次,做条理明晰的讲授,讲授的语言要做到清晰、严谨。

**范例** 语文教学中各种文体一般的讲授思路:

讲授议论文的思路:提出问题—分析问题—解决问题。

讲授小说的思路:故事的开端—发展—高潮—结局。

讲授说明文的思路:说明的对象—说明方法—说明顺序—说明的语言。

3. 对比点拨法。将不同性质的事物、不同特征的形象、不同事理的知识、不同含义的概念,选准重点进行对比、找出差距点拨,从而增加各自的强度。或把相似的、相近的事物、形象、知识、概念等放在一起对比,找出其中细微末节的差别,从而获得较深刻的印象、更深层次的理解。

**范例** 有一位老师是这样讲授分解法的:所谓分解法,就是把一个比较遥远的大目标分解为若干个十分具体的小目标,然后一一完成各个击破。比如有两块长短大小皆一样的麦田,A和B二人将要在这里比赛收割小麦,看谁割得快。A的做法是,先在麦田里插上十面红旗,每隔三米插一面,然后开始收割。由于一面面旗帜代表着一个个并不遥远的目标,因此,始终有一种成功在望的感觉,干起来总觉得浑身是劲,很快就完成了任务。而B的麦田里没有插小红旗,就这么低头拼命地割,由于总觉得目标还远,干着干着就渐渐产生一种总也干不完的感觉,结果速度越来越慢,失败了。这充分说明了巧妙分解的确有用,它能使人生活在成功在即的希望之中。既然如此,当我们面对一个虽然宏伟却又有点遥远的大目标时,不妨先来个巧妙分解,先一步步走向小目标,直到奔向终极目标。

4. 归纳讲授法。即归纳内容要点的讲授方法,是教师最常用的语言方式。对此,叶圣陶先生指出:讲说的内容如果较多,时间较长,那么"也得在发挥完毕的时候,给学生一个简明的提要。学生凭这个提要,再去回味那冗长的讲话,就好像有了一条索子,把散开的线都穿起来了。这种简明的提要,当然要使学生写在笔记本上，但尤其重要的是写在他们心上，而且要教他永不磨灭。”这种边讲、边归纳，给学生以简明提要的方式，有利于学生消化、巩固所传授的知识，能取得较好的教学效果。

（三）课堂“提问”的技巧

1. 提问的形式。从提问的语句形式、语气特点来看，主要有如下几种形式：

（1）设问。即教师自己提问，自己作答。例如：“为什么在胡克定律公式中的 K 不能等于 1 呢？（停顿）是不是可以这样理解……。”运用设问时，要把握好语气，好似问大家，当在大家思索不得其解时，教师才讲解。

（2）商问。即教师采用与学生商量、探讨的语气发问，可以教师自答，也可以学生作答。例如：“你们说，能不能这样看呢？”“这种说法对不对呢？”

（3）反问。即教师用寓答于问的口气向学生提问，语气之中暗含着“不对”的答案。例如：“这种讲法难道是对的吗？”“你们说，他这种说法对吗？”

2. 提问的技巧。

（1）语言明确，难易适度。教师提问，不仅要突出教学重点，有针对性，而且要明确具体。提出的问题，难度与深度要适度，如果问题难度太大，超越学生的知识水平和接受能力，学生会望而生畏，丧失回答问题的兴趣和信心；难度太小，大大低于学生的已有知识水平和接受能力，学生不假思索就可以回答，不仅不利于学生的智力发展，久而久之，就会感到索然无味，失去学习兴趣。提问设计，还应全盘考虑，前一个提问要为后一个提问打基础，后一个提问又是前一个提问的引申和推进。

（2）提出问题，质高量少。在课堂上，教师不能一味地问，过多提问，势必面面俱到、繁杂琐碎，不但会模糊重点，也会由于提问太多减少了直接阅读、练习和独立思考的机会；不能随意地问，任意提问会使学生产生厌问、拒问、厌答的消极心态。提问的总量不宜过多，提问的内容应围绕教学重点与难点，要讲究质量。能用一个问题解决的就不提两个问题，尽可能使一个大问题包容几个小问题，用丰富问题的内容来控制问题的数量，做到质高量少。

（3）逻辑严密，启发引导。教师设计问题，要体现教材的系统性、逻辑性。设计的问题要前后连贯、层层深入，具有由浅入深、由易到难的逻辑顺序，要符合学生的思维规律，能促使学生在紧张而有趣的思索中寻求答案，获取新知识。切忌用东放一枪、西放一枪的方法进行提问，搞乱学生的思维，破坏知识的系统性。提问还要具有启发性。有难度、富有启发性的问题，才有思考的价值，才能激发求知欲，才能锻炼思维能力。反对用暗示法把答案告诉学生，也要防止在提问中包含答案。

(4) 师生问答,恰到好处。师生问答时,要从鼓励学生积极探索的角度来说,不能讽刺挖苦;问答不仅仅是只说出答案,还要说出寻求答案的思路和方法,具有启发性;问答还要留有余地,使学生进一步思考。

### (四)“结课”的技巧

“结课”,即课的结尾、结语。好的结尾可使整个讲述在归纳中升华,在练习中得以巩固。结语主要方法有以下几种:

1. 归纳小结法。即经过详尽的讲述、精彩的分析、严密的论证后,学生较全面地了解了所学内容,教学已近尾声时,教师用寥寥数语,巧妙小结,使知识在学生大脑中“定格”。

**范例** 特级教师于漪讲《茶花赋》的结尾语:

“祖国如此伟大,人民精神如此感人,一朵茶花能容得下吗?能给人启发、深思吗?能。为什么能?这是由于作者运用丰富的想象,进行巧妙的艺术构思,不断开阔读者视野,由情入手,写景,写人,写理,水乳交融。从茶花的美姿和饱蕴春色,我们看到祖国的青春健美,欣欣向荣;从茶花栽培者的身上,我们感到创业之艰难,任重而道远;从茶花的含露乍开,形似新生一代鲜红的脸,使我们对未来充满着无限希望。这三幅构图各具一格,意境步步深化,十分传神……”。

2. 开拓延展法。即通过言行引导学生由此及彼地思考,举一反三地运用,将课堂教学的成果延伸到课外的学习与实践。

**范例** 一位物理老师讲授《法拉第电磁感应定律》的结尾语:

“好!今天我们学习了关于感应电动势的方向,发生电磁感应的导体电源作用以及它的电极性问题。从这些物理现象的探讨中,我们知道:学习某个物理定律时,最重要的是理解定律所描述的规律实质,切实掌握公式中各个字母所代表的物理意义和适用条件,包括单位制的使用。只有这样,才能在分析问题和解决问题中成为‘百胜将军’,成为解决问题的‘行家里手’”。

3. 研究探讨法。即提出一些有争议或有一定难度的问题,引导学生运用讨论、论辩或其他方式进行深入的研究探讨,借以提高学生的思维能力和分析问题、解决问题的能力。

**范例** 一位老师讲授《蝉》的结尾语:

“这一课,我们学完了。可是有一个问题还没有解决:蝉有没有听觉?课文里说‘恐怕’没有,到底有没有?请大家课下去认真观察研究,也可以去请教别人，希望有一天你们能揭开这个谜！”

## 强　化　训　练

**【训练要求】**

结合专业实际，有针对性地展开训练，要持之以恒。

**【训练指导】**

教师要有针对性地做好专业分类指导，引导学生以学习小组为单位进行练习，指导学生认真点评与小结。

学生要结合专业与自身实际，有针对性地进行练习，要将课堂演练与岗位实习结合起来。

**训练一　导入语训练。**

1. 每人从教师提供的初中或高中教材中选择一篇课文，认真设计一段导入语，写成讲稿后交给老师。

2. 教师把选择同一课文的同学编为一个小组，让同一组的同学先在小组里试讲。

3. 分组到大班试讲。(最好录音、录像)

4. 学生听讲、讨论、评议：哪些导语设计得好，也讲得好？

5. 教师点评。

**训练二　讲授语训练。**

1. 从本专业的某一门课程中找出一段5分钟左右就能够讲析明白的概念、原则或事理，分组讨论后集体完成讲稿的撰写工作。

2. 每个小组推选一名代表上台当众讲授。

3. 全班评议。

4. 教师点评。

**训练三　提问语训练。**

1. 分组，任选一个研究课题，以初中或高中学生为教学对象，设计一组提问语。

2. 每一小组选派一名代表模拟课堂情景教学当老师，进行提问，大家回答。

3. 全班评议。

4. 教师点评。

**训练四 结束语训练。**

1. 分组后，从教师提供的初中或高中教材中选择一篇课文，全组共同讨论为此篇课文设计一个或两个不同类型的结束语。

2. 每小组选派一名代表上讲台把设计好的结束语向全班同学说说，并说明为什么要设计这样的结束语?

3. 每个小组的代表发言后，其他组推举的代表进行评议。

4. 教师点评。

# 参考文献


1. 姚迪雷.一本书掌握说话艺术.北京:光明日报出版社,2011.
2. 翟文明.卡耐基口才全书.北京:光明日报出版社,2011.
3. 龙辉编.赢在口才.北京:中国纺织出版社,2011.
4. 乔梁编.实用口才知识与技巧大全.北京:中国纺织出版社,2011.
5. 张英奇.开口说话·校园演讲.长春:北方妇女儿童出版社,2011.
6. 战晓书."话"说成功:成功人生的几堂口才课.北京:中国经济出版社,2011.
7. 张易山.金口才成就一生.北京:中国华侨出版社,2011.
8. 海平.会听不如会说.北京:新世界出版社,2010.
9. 赵浩辰.年轻人一定要学会能言善辩的好口才.北京:京华出版社,2010.
10. 李珉.普通话口语交际(第三版).北京:高等教育出版社,2010.
11. 田超颖.魅力说话 100 招.北京:新世界出版社,2009.
12. 张波.口才训练教程.北京.机械工业出版社,2006.
13. 翟杰.口才是练出来的.北京.新华出版社,2006.
14. 何书宏.演讲与口才知识全集.北京:北京工业大学出版社,2005.
15. 舒丹.演讲口才必备手册.长沙:中国电影出版社,2005.
16. 舒乡,呼志强.好口才赢天下.北京:石油工业出版社,2005.
17. 欧阳友权,朱秀丽.口才学教程.北京:高等教育出版社,2004.
18. 程在伦.讲演与口才.北京.高等教育出版社,2003.
19. 毛世桢.诗海扬帆中外朗诵诗精选.银川:宁夏人民出版社,2001.
20. 朱川.参赛普通话朗诵诗文精选与指导.银川:宁夏人民出版社,2001.
21. 周彬琳.实用演讲与口才.大连:东北财经大学出版社,2000.
22. 赵修琴.口才成功术.北京:民族出版社,1999.
23. 刘建祥.演讲与口才应用知识大全.湖南:湖南人民出版社,1998.

24. 石丹林. 金口才. 北京:同心出版社,1996.
25. 王箕裘. 口才训练教程. 北京:中共财政经济出版社,1996.
26. 刘秋玲,彭莉萍. 演讲与口才. 北京:中国财政经济出版社,1993.
27. 张泓平. 中师生口语技巧训练. 广西:广西民族出版社,1993.
28. 董兆杰. 口语训练. 北京:语文出版社,1986.
29. 徐世荣. 普通话语音知识. 北京:文字改革出版社,1980.